NHK BOOKS
1217

自民党政治の変容

nakakita koji
中北浩爾

NHK出版

はじめに

自由民主党は、二〇一二年末に実施された総選挙で勝利を収め、三年三カ月ぶりに民主党から政権を奪還した。そして、五年三カ月ぶりに安倍晋三が首相に復帰した。中国・韓国のみならず、アメリカやイギリスなどを含む海外のマス・メディアは、これを「右傾化」の表れだと報道した。それから一年後、安倍首相が靖国神社に参拝すると、こうした警戒感は再度、高まりをみせた。しかし、当の安倍は、そのような見方を明確に否定して、こう発言した。「右傾化などでは決してない。国民をとりまく現実を直視した責任ある政治にほかならない[1]」。

ところが、自民党の総裁を務めた経験を持つ河野《こうの》洋平は、「右傾化の傾向は歴然だ」と語っている。「かつての自民党は右の人もいれば、左の人もいて、社会主義的な福祉政策もとってきたし、アジア政策も対米政策も慎重にやってきた」と述べ、「自民党は立党精神に「自主憲法」を掲げながらも非常に抑制的だった」と振り返った上で、憲法改正や「従軍慰安婦」に関する河野談話の見直しといった安倍の持論について、「内向きで、安っぽい民族主義を駆り立てる発言」と批判を加えた。また、河野は、以下のようにも語っている。「穏健で歴史を大事にして問題解決するのが保守の手法。戦後の日本を全部否定するのは、保守ではない[2]」。

もっとも、河野の批判を受けた安倍は、「「保守主義」、さらにいえば「開かれた保守主義」がわたしの立場である」と書くなど、自らを「保守」と規定している。[3] かつて安倍は、河野が総裁を務めていた際に綱領的文書から憲法改正の文言を削除しようとし、それに抵抗した自分の過去を振り返りながら、次のように発言したことがある。「党として改憲の立場にある自民党に入ってくる政治家であれば、当然、改憲をめざさなければなりません。そうでない考えの人がなぜ自民党に入るかといえば、たんに与党に入りたいということだけであって、それは政治家としての堕落です」。[4] 安倍からすれば、自民党は「自主憲法の制定」の党是《とうぜ》のもとで一致結束すべきだということになる。

安倍と河野のいずれが自民党の中心を担うべき正統な保守であるかは、見方によって異なる。したがって、本書では「保守派」という言葉を使うのは避け、安倍と河野の政治的立場をそれぞれ「右派」「リベラル派」と呼ぶ。[5] 以前は「タカ派」「ハト派」と呼ばれることも多かったが、両者を最も明確に分かつのは、憲法改正の是非、より正確に言えば、押しつけ憲法論に基づく「自主憲法の制定」の党是に肯定的なのか、否定的なのかである。つまり、日本国憲法に体現される戦後的価値、安倍の言葉を使うと「戦後レジーム」からの脱却を目指すのが右派であり、それを擁護するのがリベラル派である。

以上のように「右派」と「リベラル派」を定義するならば、曖昧さゆえに論争を招きがちな「右傾化」という概念も、かなりの程度、客観的に意味づけることが可能になる。すなわち、本書では、自民党におけるリベラル派から右派への主導権の移行、およびそれに伴う政策的な変化を「右傾化」と定義する。それは、あくまでも価値中立的な概念である。少なくともこのように定義する限り、近年の自民党が右傾化しているのは、安倍の再登板を一つ取ってみても、否定し得ない事実であろう。そして、問われるべきは、なぜそうなったのかである。

本書の目的は、一九五五年の結党以来、今日に至るまで、自民党が理念と組織の両面でどのような変化を遂げてきたのかを、具体的な事実に即して明らかにすることにある。自民党は、非自民八党派の細川護熙《もりひろ》内閣と羽田孜《つとむ》内閣の八カ月、民主党の鳩山由紀夫・菅《かん》直人・野田佳彦《よしひこ》内閣の三年三カ月を除き、長期にわたって政権を担当してきた。それが可能となったのは、長らく野党第一党の座を占めてきた日本社会党やその系譜を一部引く民主党などに対抗しつつ、自らの理念と組織を作り変えてきたからにほかならない。近年の自民党の右傾化も、その絶えざる変化の歴史の一局面なのである。

本書は、約六〇年間の自民党政治の変容を描くにあたり、独自の視角を採用する。従来、自民党の歴史は、一九五五年体制下を対象として、派閥の合従連衡《がっしょうれんこう》とそれに伴う総裁・首相の交代、あるいは個人後援会や族議員にみられる利益誘導政治の発展として記述されることが多かった。[6]それに対して本書は、派閥と個人後援会を基礎とする利益誘導政治からの脱却の模索の歴史として描き出す。利益誘導政治とは、政府の政策決定に影響力を持つ政党や政治家が、選挙での票や政治資金を得る見返りとして、特定の個人・地域・企業・団体などに個別的な利益を供与する政治手法であるが、[7] 一九五五年体制下の自民党についても、党近代化論や日本型多元主義といった党改革の動きを追い、「自主憲法の制定」の党是をめぐる綱領的文書の改訂を重視する。

以下、本書の構成と内容について簡単に述べておきたい。まず第一章では、一九五五年の結党から一九七〇年代初頭にかけての党近代化について扱う。党近代化とは、台頭する社会党に対抗するため、党員や支持団体に基礎を置く集権的な組織政党を建設し、国会議員による分権的な議員政党から脱却しようという動きであり、それを通じて利益誘導政治を克服しようとする試みであった。しかし、右派の岸信介《のぶすけ》・福田赳夫《たけお》とリベラル派の三木武夫の二つの構想が対立し、鳩山一郎内閣と田中角栄内閣の二度にわたって小選挙区制の導入に失敗したこともあり、党近代化は難航した。

第二章では、ロッキード事件が発覚した後の一九七七年の総裁予備選挙、すなわち全党員・党友の参加による総裁選挙の導入とその意味を検討する。これは、同じく党員や支持団体を重視しながらも、集権的な党組織を目指す党近代化論者と、分権的な党組織を指向する日本型多元主義者の同床異夢《どうしょういむ》によって実現した。前者が三木と福田であり、後者が香山《こうやま》健一をブレーンとする大平正芳《まさよし》である。結果として、リベラル派でもある日本型多元主義者が勝利を収め、保守復調を経て、一九八〇年代半ば、中曽根康弘内閣の頃に全盛期を迎える。河野がイメージする古き良き自民党に最も当てはまるのは、この時期である。

第三章では、一九九四年の政治改革を中心に分析する。リクルート事件の発覚後、漸進《ぜんしん》的改革を説く日本型多元主義を乗り越えて利益誘導政治を打破すべく、再び小選挙区制の導入が主張されるようになった。それは二大政党間の政権交代を目指すものであったが、小沢一郎を中心に唱えられ、小選挙区比例代表並立制として実現した。これを受けて自民党は組織的に変容し、「選挙の顔」となる総裁のもと、次第に集権化が進んだ。ただし、河野総裁率いる自民党は、小沢らの新生党・新進党に対抗して、社会党および新党さきがけと連立を組んだため、理念的にはリベラル派が優位に立つことになった。

最後の第四章では、一九九八年に自社さの枠組みが崩れ、二大政党の一角として民主党が台頭するなか、自民党が右傾化していく経緯をみる。二〇〇一年に総裁・首相に就任した小泉純一郎は、小選挙区制のもとで鍵を握る無党派層からの支持を求めて、新自由主義的改革を推し進め、利益誘導政治を本格的に解体していった。党員や支持団体は減少を続け、自民党は選挙プロフェッショナル政党に近づいた。しかし、自民党の支持基盤は脆弱《ぜいじゃく》化してしまった。だが、かつてのような利益誘導政治には回帰できない。かくして、憲法改正を掲げて「草の根保守」の動員を目指す安倍晋三の時代が訪れたのである。

本書は、非常に論争的なテーマを扱っている。それゆえ、自民党が発行してきた機関紙誌に全て目を通すなど、[8] 可能な限り多くの文献や資料を利用し、典拠を示した。ただし、基本的な歴史的事実については、『朝日新聞』『読売新聞』『毎日新聞』といった一般紙のほか、『朝日年鑑』や『読売年鑑』を参照し、煩雑になるのを避けるため注を付けない場合が多い。また、内閣支持率などのデータは、特に断らない場合、朝日新聞の世論調査を用い、選挙結果については、石川真澄・山口二郎『戦後政治史』の巻末資料に従った。[9] 最後に、自民党が編纂した『自由民主党党史』および『自由民主党五十年史』を活用したことを付記しておく。[10]

目次

引用文中の……は省略、〔　〕は引用者による注記を示し、改行は省いた。

校　閲　大河原晶子

ＤＴＰ　コンポーズ（濱井信作）

図版作成　原　清人

第一章
党近代化と小選挙区制導入の試み

党近代化の旗手たち。首相官邸における内閣制度創始90周年の祝賀会で、右から三木武夫、岸信介、福田赳夫
（1975年12月22日撮影、写真:毎日新聞社）

一　岸信介と小選挙区法案の挫折

一九五五年体制の成立

一九五五年、日本の政党政治は大きく変容した。左右両派の二つに分裂していた日本社会党が一〇月一三日に再統一を果たし、一一月一五日には日本民主党と自由党が合併して、自由民主党が結成された。この自民党を政権党、社会党を野党第一党とする一九五五年体制の成立は、長い年月を経て、階級対立が政党システムの形状を規定するようになったことを意味した。

自由民権運動を通じて自由党と立憲改進党が成立し、一八九〇年に議会が開設されて以来、日本の政党政治の主役は、両党の系譜を引き、地主や資本家といった有産者に支えられる二つの保守政党であった。一九二〇年代後半には、立憲政友会と憲政会・立憲民政党が交互に政権を担う政党内閣制が成立した。ところが、第一次世界大戦を契機とする労働組合や農民組合の台頭、男子普通選挙制度の導入などを背景として、社会民主主義政党（合法無産政党）が議会に進出し、一九四五年に第二次世界大戦が終わると、戦後改革を受けて議席を著増させた。社会党首班の片山哲内閣の失敗に伴い、一時的に後退を余儀なくされるも、次第に党勢を回復させ、一九五五年二月二七日の総選挙では、左派社会党と右派社会党が合計で四六七議席中一五六を獲得し、三分の一に達した。
保守合同は、両派社会党が統一した一カ月あまり後に断行された。それを後押ししたのは、経団連（経済団体連合会）、日経連（日本経営者団体連盟）、同友会（経済同友会）、日商（日本商工会議所）の経済四団体を中核とする財界である。社会党統一の主導権を握ったのは、マルクス主義に基づく綱領を掲げる左派社会党であった。左派社会党は、階級闘争を標榜する労働組合のナショナル・センターの総評（日本労働組合総評議会）の支援を受け、穏健な全労（全日本労働組合会議）が支える右派社会党に対して優位に立った。それゆえ、社会党の政権獲得を阻止しようと、財界は保守合同を求めたのである。自民党は、農地改革によって自作農化が進んだ農民や中小企業者を中心に集票を行う一方、財界に政治資金を大きく依存した。

もっとも、この階級対立の枠組みには、第二次世界大戦後に特有の性格が付与された。一九五一年のサンフランシスコ講和条約と日米安全保障条約の批准をめぐって、アメリカの冷戦政策に同調する保守とそれに反対する革新という分岐が明確化し、階級対立と重なり合ったからである。そして、一九五三年に朝鮮戦争が休戦を迎え、緊張緩和が進展すると、左派社会党を中核とする革新勢力の「非武装中立」論が勢いを増し、それに危機感を抱いたアメリカの後押しを受けて、保守合同が実現した[1]。アメリカの圧倒的な影響下に置かれた冷戦期の日本では、外交・安全保障政策が最大の政治争点となり、そうした意味合いを帯びて、保守―革新という言葉が用いられるようになった。

階級対立と保革対立の間には、微妙なずれが存在した。自民党の内部は対米協調で概ね一致していたが、一九五六年の日ソ国交回復をめぐり対立が顕在化した。より深刻な亀裂が走ったのは、社会党である。冷戦の緩和・解消を目指す社会党の基本方針は、東西両陣営に対する中立であったが、最左派はソ連や中国など東側諸国に好意的な立場をとり、他方、最右派はアメリカを盟主とする西側寄りの態度を示した。一九五九年、社会党は安保改定をめぐる論争を一因として再分裂し、翌年一月二四日に全労の支援のもと、民主社会党が結成される。こうした外交・安全保障政策をめぐる社会民主主義勢力の内部対立の深刻さが、自民党長期政権を可能にする大きな原因となった。ただし、社会党が第九条をはじめ日本国憲法の擁護（護憲）を唱えたことは、憲法改正をめぐる自民党内の意見の分岐を生じさせた。

階級対立が、保革対立と重なり合いながら、政党システムの基本的な対立軸を構成するようになった一因として、ヨーロッパの政治発展が当時の日本のモデルであったことが挙げられる。[2] なかでも、保守党と自由党の二大政党制から、保守・自由・労働の三党鼎立《ていりつ》を経て、保守党と労働党の二大政党制へと移行したイギリスの政治が、政界でも学界でも理念型とみなされた。そして、統一した社会党の衆議院の議席は、自民党の二分の一にすぎなかったとはいえ、都市化と工業化の進展によって労働者の比率が上昇していたこともあり、着実に増加していくことが予想された。それゆえ、その後の展開を知っている我々からは想像がつかないほど、社会党の実力は高く評価されたのである。

近代的組織政党の建設を目指した岸信介

保守合同の最大の立役者は、戦後、A級戦犯容疑者として逮捕され、一九五三年四月一九日の総選挙で政界に本格的に復帰したばかりの岸信介であった。[3] なぜ岸は保守合同に邁進したのか。その総選挙に際して発表された岸の論文には、「英国の保守党と労働党の例に見られるように、近代国家の民主政治は二大政党が最もよい」「保守政党は、労働者或いは広く勤労階層に対しても社会政策的見地に立って相当なことをやらなければならない」「革新党も社会主義の公式論にとらわれないで、現実を直視していくように」などと書かれている。[4] 岸は、イギリスをモデルとして、階級対立に基づきながらも協調的な性格を持つ保守政党と社会民主主義政党の二大政党制を実現したいと考え、保守合同を推し進め、自民党の初代幹事長に就任したのである。

岸の認識において、社会党の主導権は右派によって握られなければならなかった。そもそも岸は、政界への復帰にあたって一度は入党を打診したほど、右派社会党に対して親近感を抱いていた。しかし、分裂時に衆議院議員の数で優位にあった右派社会党は、一九五三年の総選挙で左派社会党に逆転されてしまい、一九五五年の総選挙ではその差が一層拡大した。この結果、社会党統一は左派の主導下に行われた。そこで、岸は、社会党統一に危機感を募らせるようになり、保守合同の目的として、社会党との協調的な二大政党制の実現よりも、社会党による政権獲得の阻止を強調するようになった。

保守合同の四カ月前の岸の論文は、次のように説いている。「昨今に於ける左翼勢力の進出については、真剣に之に対決する方法を講じなければならない段階に来ている。その為には政策に於て、組織に於て、全く新なる角度から検討して構想を立て、今日の難局打破に当たらなければならない。……特に年々増加する新有権者層を確保する為にも、保守勢力は早急に近代的政党に脱皮し、より進歩的な政策と共にその発展を期さなければならない」[5]。つまり、保守合同だけでは不十分であり、保守新党は進歩的な政策と近代的な組織を持たなければ、左派主導の統一社会党に対抗できない、というのである。

ここでいう近代的な党組織とは何か。それは、従来の国会議員を中心とする分権的な議員政党から脱皮して、党執行部の強力な指導のもとに全国各地に支部を設置して党員を大量に集め、党費納入などの義務を負わせる代わりに役員の選出などへの参加を認める、つまり社会民主主義政党のような、多くの党員を持つとともに集権的な組織政党を建設することであった。もっとも岸は、社会党の実態が組織政党としては不十分なことを見抜いていたが、それでも支持団体である総評などを通じて社会党が多数の労働者を組織していることに脅威を感じていた。

自民党の結成時の「組織活動要綱」は、「「議員だけの政党」は、大衆から孤立したハダカ政党で最も弱体である」という認識に基づき、「従来の所謂《いわゆる》「選挙組織」から脱皮しなければならない」と訴えた。「広く国民大衆に基礎をおく進歩的国民政党として、地域、職域、産業機構の各般に亘り、強力にして清新なる民主的組織政党の体系を整備確立する」という基本方針を掲げ、「強力な組織的指導力」と「同志的規律」を強調し、「党の中核指導部」の役割を重視したのである。当面の重点目標には、全国組織委員会の設置による中央指導部の強化、市区町村支部や都道府県連といった地方組織の強化、党員登録・党費制度の確立、青年・婦人組織の充実、中堅党員の養成と政治教育の実施などが据えられた。[6]

以上のように自民党が議員政党から組織政党、政治学者のモーリス・デュベルジェの用語を使うならば、[7]幹部政党から大衆政党への脱皮を目指した背景としては、この当時、それこそが歴史的な傾向であり、かつ実現されるべき目標であるという認識が、政治学者をはじめ広く浸透していたことが挙げられる。[8]西欧の近代を規範とする近代主義の一種である。近代的組織政党の建設という言葉が使われ、やがて党近代化と呼ばれるようになったのは、それゆえであった。ただし、現実のモデルとして考えられたのは、イギリスでも労働党ではなく保守党であり、国会議員の個人後援会を党の地方支部に切り替えつつ「ピラミッド形の組織」を作り上げていくという、漸進的なアプローチが採用された。

自民党の党則は、全国組織委員会の設置を明記し、その指揮のもとで党本部事務局の職員の身分を持つ地方駐在組織員が地方組織の拡大・強化にあたることを定めた。社会民主主義政党などでいうところのオルグ（オルガナイザー）である。[9]そこで、当初、全国組織委員長は、総裁・幹事長・総務会長・政調会長と並ぶ党五役の一つとして位置づけられた。また、総裁公選規程によって、党所属の国会議員と都道府県連選出の二名の代議員とが平等に投票権を持ち、総裁が党大会で公選されることが決められた。[10] イギリス保守党が一九六四年まで党首の公選を行っていなかったことに鑑《かんが》みると、総裁公選の採用は画期的であったといえる。

保守の理念と「自主憲法の制定」の党是

総裁公選の導入には、大きくいって二つの目的があった。一つは、総裁人事をめぐる民主・自由両党の対立を解決し、保守合同を実現するためである。自民党は総裁を決められず、四名の代行委員制で発足せざるを得なかったが、前自由党総裁の緒方竹虎《たけとら》の急死を経て、一九五六年四月五日の第二回臨時党大会において総裁公選が実施され、前民主党総裁で首相の鳩山一郎が圧倒的多数で当選した。総裁公選のもう一つの目的は、組織政党の建設である。党費を納入するなど党の活動に積極的に参加する党員を多数獲得するためには、党内民主主義が不可欠だと考えられ、都道府県連選出の代議員にも投票権が与えられたのである。総裁公選が実施された第二回臨時党大会までに四三の都道府県連が結成を終え、市区町村支部の設置も精力的に進められた。

結成当初の自民党が保守の理念を前面に打ち出したことも、組織政党の建設という目標と密接に関係していた。左派に主導される社会党の脅威とは、マルクス主義というイデオロギーの脅威でもあった。それに対抗するには、保守の理念を高らかに掲げ、活動家や党員を積極的に獲得し、強い動員力を持つ堅固な組織を作り上げていくことが必要だと考えられた。先に紹介した「組織活動要綱」も、「政治理念とその行動において統一された同志の結合体」を目指して、「青壮年、婦人層の理解と共感をかち得るに足る政治理念を明白にし、これを強力に推進すること」を説いている。

それでは、自民党はマルクス主義に対抗するために具体的に何を主張したのか。結党時に発表された「党の性格」には、階級独裁に対する議会制民主主義の擁護、国有化や官僚統制などの社会主義経済に対する修正資本主義と福祉国家の実現、階級的利益に対する国民的利益の代表といった主張が盛り込まれた。この「党の性格」で、「国民政党」「平和主義政党」「民主主義政党」「議会主義政党」「進歩的政党」「福祉国家の実現をはかる政党」という自己規定を行い、同じ趣旨の「綱領」を制定したことからも分かるように、当時の言葉を使えば、「進歩的」な保守の理念が掲げられたといってよい。

ところが、「党の性格」と同時に策定された「党の使命」の次の一節を読むと、そのイメージは大きく揺らいでしまう。「憲法を始め教育制度その他の諸制度の改革に当たり、不当に国家観念と愛国心を抑圧し、また国権を過度に分裂弱化させたものが少なくない。この間隙が新たなる国際情勢の変化と相まち、共産主義及び階級社会主義勢力の乗ずるところとなり、その急激な台頭を許すに至ったのである」。ここでは反共産主義や愛国心がかなり赤裸々に強調されている。同じく結党時に決められた「党の政綱」では、こうした認識に基づき、「祖国愛を高揚する」ための「教育の改革」、現行憲法の「自主的改正」などが打ち出された。[11] この押しつけ憲法論に基づく「自主憲法の制定」という方針が、後に党是とみなされることになる。

岸を会長とする自由党の憲法調査会が一九五四年一一月一八日に作成した憲法改正試案は、前文で日本の歴史と伝統の尊重や自主的憲法の確立を謳《うた》い、自衛軍（国防軍）の設置、法律による基本的人権の制限、家族の保護と尊重、子の親に対する孝養の義務、国防や国家に対する忠誠の義務、国会の最高機関性の廃止、参議院への推薦制の導入、内閣の緊急命令権、裁判所の違憲審査権の制限、地方公共団体の長の直接公選制の見直しなどを盛り込んでいた。天皇については、反対意見が出されたため決定には至らなかったが、元首であることを明記し、国会の停会、宣戦・講和の布告、緊急命令の公布などの権限を付与する案がまとめられていた。[12]

そして、自民党の憲法調査会が一九五六年四月二八日に発表した中間報告「憲法改正の必要と問題点」も、天皇の元首化、自衛のための軍備の保持、家族に関する規定の補充、国土防衛の義務、直接公選以外の手続きによる参議院議員や地方公共団体の長の選出、内閣の臨時の応急措置などに言及し、自由党の憲法改正試案と同一の方向性を示した。[13] 国民主権をはじめとする日本国憲法の基本原則の維持が謳われながらも、そこには戦前への回帰という意味で復古的な傾向がみられたのである。[14]

財界から後押しされた党近代化

これまでみてきたように、議員政党から組織政党への脱皮を目指して結成された自民党は、総裁公選の導入や保守の理念の強調によって、党員や活動家を積極的に獲得し、党の足腰を強め、日常活動を活発に行おうとした。それに加えて試みられたのが、国会議員に対する党執行部の統制力の強化である。個々の国会議員が党執行部から高い自立性を持ち、党の方針に従わなかったり、あるいは非制度的な議員集団である派閥が活発に活動し、その領袖《りょうしゅう》が大きな影響力を行使したりすることは、党執行部の政治的リーダーシップを弱めるとともに、党員や活動家の党活動への参加意欲を損ねてしまうからである。

なかでも深刻なのは、民主・自由両党それぞれの内部に複数存在する派閥の問題であった。派閥を通じて、領袖は自らの影響力を高めることができ、メンバーも政治資金を得たり、政府・党・国会のポストを獲得したりすることができる。要するに、派閥は党執行部から自立した国会議員の互助組織なのである。もっとも、当時の派閥は制度化が進んでおらず、多分に流動的であり、複数の派閥に重複して所属する者も少なくなかったが、政策ではなく人脈、そしてポストやカネで動く派閥の存在は、近代的組織政党にふさわしくないと考えられた。

こうしたなかで党執行部の統制力の強化を後押ししたのが、財界であった。一九五三年七月二七日の朝鮮戦争の休戦後、特需の減少に見舞われた日本経済は、国際収支を改善するための緊縮政策を必要とし、安定政権を求める財界は、保守合同による単独過半数内閣の樹立を要請した。しかし、それだけでは不十分であった。なぜなら、国会の各委員会に利害の一致する議員が超党派的に集まり、関係省庁や業界団体と結び付き、「お土産法案」と呼ばれる予算措置を伴う議員立法を成立させ、財政を膨張させていたからである。こうした利益誘導政治の典型例が、一九五三年度予算案が修正された際に実現した造船利子補給であり、それをめぐる贈収賄が造船疑獄として発覚し、自由党の吉田茂内閣を弱体化させただけでなく、財界をスポンサーとする保守支配を動揺させた[15]。

そこで、保守合同と並行していくつかの措置がとられた。その一つが国会法の改正である。従来、国会議員は一人でも議案を提出できたが、一九五五年一月二四日に国会法の改正案が成立した結果、議員立法を提出する要件として、衆議院で議員二〇名以上、参議院では一〇名以上の賛成者が必要となり、とりわけ予算措置を伴う法律案の場合には、それぞれ五〇名以上、二〇名以上と、非常に厳しくなった。予算を伴う議員立法を減少させた原因としては、その後の政府・自民党の方針が重要であったともいわれるが[16]、この国会法の改正が党執行部の統制力を強めたことは間違いない。

これに対して財界が自ら試みたのが、政治資金の一本化である。その直接的な契機となったのは、造船疑獄であった。各企業・業界から個々の国会議員への献金が金権腐敗を生じさせ、国民の批判を招いたことに対して、財界は強い危機感を抱き、一九五五年一月二七日、経団連が中心となって経済再建懇談会が結成され、「自由経済体制を今後とも堅持するための保険料」として、各企業や業界から政治資金を集め、保守政党を中心に提供することになった。結果的には、各企業・業界から政治家や派閥への政治資金のルートが存続し、経済再建懇談会に一本化されなかったとはいえ、自民党の支出の大部分を賄うなど、一定の役割を果たした。[17]

経団連・日経連・同友会・日商の経済四団体に象徴される財界は、いわゆる個別資本に対する総資本として、国民経済全体の観点に立つ。それゆえ、自民党の執行部の統制力を強化し、選挙区や企業・業界の意向に影響されがちな国会議員の自立性を抑制する動きを後押ししたのである。なかでも、経営者の個人加盟組織として財界の総資本的な性格を最もよく体現する同友会は、社会党統一と保守合同を受けて、一九五五年一一月一〇日の大会で「議会政治擁護に関する決議」を採択し、自民党を「近代化」するよう訴えた。[18] そして、一九九四年の政治改革に至るまで、利益誘導政治の克服は、財界の政治活動の重要なモチーフとして続いていくことになる。

中選挙区制という問題

党執行部の統制力を強める手段として最も重視されたのは、選挙制度改革であった。具体的に言えば、衆議院の単記非移譲式の中選挙区制が問題視された。すなわち、一つの選挙区から二―六名（通常は三―五名）の議員を選出する中選挙区制は、規模が大きい政党において候補者中心の集票活動が行われ、党執行部の統制力が弱まってしまうという弊害を生じさせる。なぜなら、そうした政党は一つの選挙区に複数の候補者を擁立するため、候補者は同じ政党の候補者と争わなければならず、所属政党の政策や組織に頼ることができないからである。しかも、有権者が一票しか持たず、ある候補者が当選に必要な数を超える票を得ても、その票が他の候補者に移譲されない単記非移譲式で行われるので、同一政党の候補者間の競合は非常に激しくなる。

以上の中選挙区制の弊害は、保守合同や社会党統一によって同じ政党に所属する国会議員の数が増えると、一層深刻化することが予想された。そこで、中選挙区制を廃止して、一つの選挙区から一名の議員を選出する小選挙区制を導入すべきだという意見が急速に広がった。小選挙区制のもとでは、候補者は当該選挙区で唯一の公認候補になるので、所属政党の政策や組織に依存して選挙戦を行う傾向を強めるし、その公認候補を最終的に決める権限を持つのは党執行部であるから、所属議員に対する党執行部の統制力が高まると考えられた。自民党の機関誌は結党まもなく、小選挙区制を導入する必要性について、以下のように書いている。[19]

> 二大政党対立となって、従来の選挙区で選挙をやればどうなるかを考えて見れば、一番よく判る。党が大きくなつただけの選挙は、反対党に対するよりも、同じ党派の候補者の間の同志打ちである。これは差当り保守党において甚しかろうが、しかし社会党においても同じことが必ず起る。かかる選挙は、主義も政策もない個人本位の争いである。情実因縁、サービ

ス、利害誘導等々の酷い戦いとなる。党本部からの応援などおよそ意味がないのである。これが、ひいては党内の融和と結束をみだす。目のあたり、一番仲の悪いのは、同選挙区から出た同党派の者であるというのが、覆いがたい実情ではないか。党内派閥もここに胚胎する。また、地方支部を作っても、形だけのものとなって、何某後援会こそ真の支部となるのである。

中選挙区制のもとでの同士討ちの問題を誰よりも痛感していたのが、同じ山口二区で実弟の佐藤栄作と争っていた岸信介であった。二人の関係は良好だったが、地元では親戚が二派に分かれて熾烈《しれつ》な選挙戦を展開していた。[20] 岸は次のように述べている。「われわれが選挙において一番激しく闘うのは何であるかというと、社会党とじゃない、同じ政党の間における闘いですね。それは大体支持する票が同じなんです。それをあっちでとるかこっちでとるか――社会党の票はなかなかとれないから、同じ政党内の票をとり合う。ところが、小選挙区にすれば……あくまでも社会党、反対党と闘うということにしていけば、党内の統制はある程度つく」[21]。

岸が指摘しているように、小選挙区制が導入されれば、各選挙区では自民党と社会党の候補の一騎打ちになる。小選挙区制は、自民党を組織政党に変える梃子《てこ》になると同時に、二大政党を固定化する役割を果たすと考えられたのである。しかも、イデオロギー的に中間に位置する有権者がどちらの政党を支持するかで当選が決まるから、自民・社会両党の対立は求心的なものとなり、自民党は左に寄り、社会党は右に接近する。このように、階級対立に基づきながらも協調的な性格を持つ二大政党制を実現するという岸の目標は、イギリスと同じ小選挙区制の導入を通じて実現するはずであった。

自民党の結成に伴い発足した第三次鳩山内閣は、小選挙区制の導入を急いだ[22]。一九五五年末までに政府の選挙制度調査会の小委員会が小選挙区制の採用を決め、党総務会が法案の国会提出を承認したことを受けて、自民党に選挙制度調査特別委員会が設置され、岸幹事長の腹心の川島正《しょう》次郎《じろう》が委員長に就任した。この頃、岸は次のように語っている。「私が小選挙区制の立場をとるのは、これにより保守党の数が維持できるとか伸びるとかいうためではなく今後日本の政党が組織政党、国民政党として健全な発達をとげるためには絶対にこれによらねばならぬと信じているからだ[23]」。

鳩山内閣による小選挙区法案の失敗

だが、小選挙区法案の作成は、区割りと定数をめぐって紛糾した。政府の選挙制度調査会の案は、完全な一人一区で、選挙区の境界線も地勢・交通や市区町村界などを考慮して比較的合理的に定められた。しかし、自民党の選挙制度調査特別委員会の案は、全国に二〇の二人区を設けたほか、瓢簞《ひょうたん》型や飛び地など合理性を欠く不自然な形状の選挙区が少なくなかった。党所属の衆議院議員が、それぞれの選挙区事情から強い圧力をかけたためであった。選挙制度改革の難しさは、それに影響を受ける国会議員自身が決定することにある。最終的に鳩山内閣は、問題の多い自民党案に基づいて、定数四九七、一人区四五七、二人区二〇という内容の小選挙区法案を作成し、一九五六年三月一九日、第二四回国会に提出した。

社会党の内部には、右派を中心に左派の一部を含め、イギリスの二大政党制をモデルとして小選挙区制を支持する意見も存在していたが、最終的に一致して反対することを決めた。その理由は、鈴木茂三郎《もさぶろう》委員長の「小選挙区制は憲法改正と保守政権維持の陰謀である」という発言に示されている。勝者総取りの小選挙区制は、最大政党に極めて有利な選挙制度である。当時の衆議院の議席は自民党二九九、社会党一五四であったが、小選挙区制が導入された場合には、自民党が四〇〇を超える議席を獲得することが予想された。少なくとも、自民党が憲法改正の発議に必要な三分の二の議席を確保することは確実だとみられた。

他方で、小選挙区制が導入されれば、社会党は議席を一時的に大きく減らすとしても、中長期的には過半数の議席を獲得し、政権の座に就く可能性が高まるという見方も存在した。しかし、この時点における小選挙区制は、階級対立や保革対立を背景として一九五五年に成立した自民・社会の二大政党を固定化するものであり、それゆえ政権交代をもたらすよりも、規模に勝る自民党の政権を長期化させるものであった。結局、社会党が一致して反対したのも、そのことを強く危惧したからである。もっとも社会党も当時、二大政党間のキャッチボールのような政権交代ではなく、自らの政権の永続化を目指していた。

社会党が反対したもう一つの理由は、憲法改正への懸念にあった。だが、この時点で鳩山内閣が、憲法改正を主たる目的として小選挙区制の導入を図ったとは言い難い。鳩山首相は一九五六年四月一八日、衆議院の公職選挙法改正に関する調査特別委員会で、次のように発言している。「憲法を改正するために小選挙区制を選んだわけではございません。小選挙区制は二大政党のあり方においては一番いい制度だと思いまして、小選挙区制をこの際やっていただきたいと思ったのであります」。しかし、社会党がこの言葉を信用できるはずもなかった。鳩山内閣は同じ第二四回国会に憲法調査会法案を提出していたからである。事実、岸は後年、小選挙区制の導入を目指した理由として、派閥の解消と二大政党制の実現を挙げるとともに、以下のように回想している。「社会党は自民党が小選挙区制によって議席の三分の二以上を獲得し、憲法を改正するのが狙いだと宣伝した。私はもしそうなるならば保守合同の効果は満点であり政治家の冥利《みょうり》に尽きると思った[24]」。

社会党にとって追い風となったのは、アメリカのゲリマンダーをもじってハトマンダーと呼ばれた鳩山内閣の不自然な区割り案に対して世論の批判が高まったことである。新聞をはじめとするマス・メディアや学界では、小選挙区制への賛否は、当初相半ばしていたが、政府案が明らかになると反対が強まった。世論の動向を背景として、社会党の反対は一層激しくなり、国会審議が混乱を続けると、小選挙区制の導入を支持していた財界ですら、政府案を修正するよう鳩山内閣に申し入れた。

ここで決定打となったのが、自民党の反主流派の動きである。小選挙区制が導入されれば、公認権を有する党執行部の統制力が強まり、党組織が集権化してしまう。そのため、池田勇人《はやと》をはじめとする吉田派や三木武夫などの旧改進党系は、岸幹事長ら主流派が推進する小選挙区法案に批判的な態度をとった。そして、社会党が閣僚への不信任決議案や牛歩戦術などを駆使して抵抗するなか、自民党執行部が強行採決を決意すると、吉田派の益谷秀次《しゅうじ》衆議院議長は、社会党と謀って議場を混乱させ、流会に持ち込んだ。[25] 小選挙区法案は結局、六月三日に参議院で審議未了・廃案になった。

以上からみて、小選挙区法案が失敗した最大の原因は、自民党の執行部が国会議員や派閥を十分に統御できなかったことにあった。すなわち、自民党が国会で社会党を遥かに凌駕する議席を持ち、世論も小選挙区制に必ずしも反対でなかった以上、党執行部が所属議員の要求を抑え込み、世論の納得を得られる合理的な区割り案を作成した上で、反主流派の動きを封じ込めて採決を行いさえすれば、小選挙区法案は成立したはずである。小選挙区制を導入する目的は、党執行部の統制力を強化することであったが、まさに党執行部の政治的リーダーシップの欠如が、それを挫折に導いたのである。

二　三木武夫と党近代化の失敗

派閥と個人後援会の発達

小選挙区法案が挫折すると、自民党は組織政党の建設という目標から遠ざかっていった。注目すべきは、党員や活動家を獲得するために導入された総裁公選が、逆説的に派閥抗争を激化させたことである。鳩山首相の引退を受けて、一九五六年一二月一四日の第三回党大会で実施された総裁公選においては、八個師団と呼ばれる派閥が熾烈な多数派工作を展開した。第一回投票では、岸信介、河野一郎、佐藤栄作の三派が推す岸が二二三票、石橋湛山《たんざん》、大野伴睦《ばんぼく》、三木武夫の三派が推す石橋が一五一票、石井光次郎《みつじろう》と池田勇人の両派が推す石井が一三七票を得たが、二・三位連合が成立した結果、決選投票で石橋が二五八票を獲得し、二五一票の岸を破った。石橋を勝利に導いた立役者は同派の石田博英《ひろひで》であり、官房長官に就任した[26]。

この総裁公選を通じて、それまで多分に流動的であった派閥が、ポストとカネの両面から固定化し、複数の派閥に重複して所属する者がほとんど存在しなくなった。岸は、総裁の座を逃したばかりか、組織政党の建設という目標でも後退したのである。しかし、その責任の一端は、巨額の政治資金を用いて多数派工作を行った岸自身にあった。僅差で勝利を収めた石橋は、党内融和のために派閥を尊重する派閥均衡内閣を発足させざるを得なかったが、数の力を背景としてそれを強いたのも、岸であった。岸は自派の閣僚・党役員の候補者の推薦を行い、自らも副総理格の外相として入閣した[27]。

石橋が病気のため二カ月あまりで首相を辞任すると、一九五七年二月二五日、第一次岸内閣が石橋内閣の閣僚を引き継いで成立した。岸首相は、「小選挙区で一人一区になれば党内の派閥も解消するだろうしまたなんといっても二大政党の下では一人一区制が原則であることは何人も認めるところだろう」と述べるなど、ハトマンダーについての反省を口にしつつも、小選挙区制を導入する意図を繰り返し表明した[28]。そして、岸内閣は、七月に臨時国会を召集して小選挙区法案を提出し、成立させた上で、八月もしくは九月初めに解散・総選挙を実施するというシナリオを真剣に検討した[29]。

ところが、このシナリオは実行に移されなかった。第一次岸内閣は七月一〇日に本格的な内閣改造を行ったが、党内融和を図るために派閥均衡主義をとらざるを得ず、小選挙区制を導入するのに十分な統制力を欠いていることが明白になったからである。そこで、政府と自民党の首脳は、次の総選挙を中選挙区制のまま実施し、勝利を収めて政権を強化した上で、小選挙区法案を国会に提出する、という方針に転換した[30]。ただし、その間にも、岸は一つの手を打った。派閥の解消を提唱したのである。しかし、派閥が選挙制度などを背景として存立していた以上、全く実効性を持ち得なかった[31]。

それどころか、派閥の動きは総選挙に向けて活発化した。総選挙は自民・社会両党の「話し合い解散」の結果、一九五八年五月二二日に実施されたが、その半年以上も前から事実上の選挙戦に入っていた。そうしたなか、自民党の各派閥は勢力拡大を目指して、党の公認の獲得、選挙資金の提供、応援演説の実施など、あらゆる手段を駆使して自派の候補者を支援した。先の総裁公選を通じて、数の力を実感したからである。他方、それぞれの候補者も、中選挙区制のもとで同じ自民党の候補者と競合する以上、派閥の支援に依存せざるを得なかった。新聞も「自民党、内情は「派閥選挙」」と報じている。[32]

中選挙区制による総選挙のもう一つの帰結は、個人後援会の普及である。[33]この総選挙では、候補者が個人後援会を結成して組織的に事前運動をすることが「全国的な流行」になった。後援会本部の指揮のもとで選挙区の各地に支部や連絡所が設置され、常勤の運動員が配置されるようになったという。[34]確かに個人後援会はそれ以前から存在したが、高度成長などに伴い地方名望家の集票能力が衰えたことに加え、保守合同の結果、保守系の公認候補が自民党に集約され、ますます党組織に依存できなくなったため、有権者を直接的に組織化する個人後援会が急速に広がったのである。そして、その費用を捻出するためにも、派閥の支援が必要となった。

派閥と個人後援会の発達に加えて、この総選挙で顕著であったのが、農協、遺族会、医師会など各種の圧力団体の活動であった。自民党も、票を獲得するために支持団体の意向を積極的に代弁し、一九五八年度予算では、遺族会が求める恩給費の増額、道路整備特別会計の新設などの復活要求を認めさせた[35]。派閥が経済再建懇談会と別ルートで集める政治資金は、個別利益の見返りを期待するものであったし、各候補者の個人後援会も、票の代償として有権者の個別利益に応じるものであった。要するに、一九五八年の総選挙を通じて、利益誘導政治が大々的に展開されたのである。

岸内閣による小選挙区制の先送り

この総選挙で、自民党は勝利を収めた。自民党は前回の総選挙での民主・自由両党の合計より一〇減の二八七議席、社会党は前回の両派社会党と労働者農民党の合計から六増の一六六議席であったが、自民党は選挙後に保守系無所属の一一名を追加公認して二九八議席とし、結党時の二九九議席をほぼ守り、他方、小幅な議席の増加にとどまった社会党は、政権獲得の見通しを当面失った。岸は、第二次内閣を組織するにあたって派閥均衡主義をとらず、派閥の希望やその内部の序列を無視して閣僚を選び、派閥に打撃を与えた。党執行部の統制力が著しく強化されたのである。

しかし、総選挙の一カ月後にダグラス・マッカーサー二世駐日アメリカ大使と会談した岸首相は、小選挙区法案の国会への提出について、その必要性を力説しながらも、社会党や世論の反発を招き、次の参院選に悪影響を及ぼすおそれがあるので、その後に先送りしたいと述べた[36]。

一九五九年六月二日の参院選で、自民党は社会党の三八議席に対して七一議席を獲得し、勝利を収めた。だが、その直後の内閣改造の最中、岸は小選挙区法案の国会への提出について「現在予定していない」と述べた。今度は新安保条約の締結を優先し、それに向けて党内の結束を固めるためであった。

もちろん、小選挙区制の導入は決して断念されたわけではなく、安保改定の後に再び先送りされたにすぎなかった。例えば、川島幹事長は、一二月一九日の記者会見で、「小選挙区制の問題は安保改定が終われば当然とり上げる課題だ」と語り、岸も同様の発言を行っている。[37]また、小選挙区制の導入は、党の活動家からの要望でもあった。ある地方駐在組織員は、次のように語っている。「一選挙区から公認が二人、三人と出た場合には、これは悲しむべきことに党組織の機能が著しく阻害されます。それを防ぐには、私の個人の意見では、衆議院を小選挙区制にしなければダメですね[38]」。

組織政党の建設は、強力に進められていた。その契機となったのは、一九五七年三月二一日の第四回党大会であった。そこでの決定を受けて、同年七月一日、党本部職員や地方駐在組織員などを務める中堅党員を養成すべく、中央政治大学院が開設された。一九五八年一月二四日の第五回党大会では、五〇〇万党員獲得運動を実施する方針を定め、翌年一月二四日の第六回党大会において、党員一五〇万人、地方駐在組織員六一〇〇名という報告がなされた。また、この党大会では青年部や婦人部から動議が提出され、それに従い、一九五九年三月一七日に清瀬一郎を会長とする党基本問題調査会が設置された。さらに、機関紙『自由民主』と機関誌『政策月報』に加え、同年一一月一日から党本部と地方組織をつなぐ旬刊の『組織情報』が発刊された。[39]

保守の理念の明確化も図られた。党基本問題調査会の第一部会が作成し、一九六〇年一月二七日の第七回党大会で承認された「保守主義の政治哲学要綱」が、それである。この文書は、社会民主主義や共産主義に対抗するイデオロギーを確立する必要がある、という青年部と婦人部の要請に応えるものであり、「保守主義の精神は、良き伝統と秩序はこれを保持し、悪を除去するに積極的であり、且つ、伝統の上に創造を、秩序の中に進歩を達成するにある」という保守主義の定義を示した。それは、「破壊的急進主義」とも、「反動的保守主義」とも異なる世界観であるとされ、具体的な内容としては「中庸の精神」「正しい愛国心」「民主主義の擁護」「福祉国家の建設」などが唱えられた。[40]

とはいえ、岸が先送りし続けた結果、小選挙区制の導入は困難になっていた。この第七回党大会の三週間前、船田中《ふなだなか》政調会長は、安保改定後に岸内閣が小選挙区法案を国会に提出したとしても、成立する見通しはないと断言した。「社会党であれ自民党であれ、多くの国会議員は、現在の選挙区で長い時間を費やして地盤を培養してきた以上、強硬に反対する」という理由からである。[41]すでに自民党の派閥は、独自の事務所や資金源を持つ高度に組織化された「党中党」となり、選挙区では各議員の個人後援会が整備され、派閥の末端組織となっていた。[42]

岸は党組織を強化すべく、各種の団体との連携を深めることに努めた。一九五九年六月二日の参院選では、自民・社会両党間の支持団体の系列化が鮮明になり、労働組合と農民組合が社会党を支援したのに対して、自民党は、全国農業協同組合中央会、日本中小企業政治連盟、日本遺族会、軍恩連盟全国連合会、日本傷痍《しょうい》軍人会、日本医師会、日本歯科医師会、全国特定郵便局長会、および業界団体や宗教団体などの支持を受けた。自民党の全国組織委員会の吉江勝保《かつやす》副委員長によると、自民党が支持団体を本格的に動員したのは、この参院選が「初めて」だったという。[43]それは保守の理念に基づくよりも、主として与党の立場の利用によるものであり、一九六〇年度予算はそのための「組織化予算」といわれた。[44]

安保紛争を受けた党近代化への動き

安保改定は党外の反対運動と党内の派閥対立で難航し、新安保条約の批准とともに、岸首相は辞任を余儀なくされた。しかも、派閥間の激しい多数派工作の末に後任の総裁に選出された池田勇人は、そもそも組織政党の建設に熱心でなかったばかりか、安保紛争を引き起こした岸を反面教師とした。一九六〇年七月一九日に成立した池田内閣は、「所得倍増」や「寛容と忍耐」をスローガンに掲げ、社会党などの野党に対して「低姿勢」をとり、憲法改正や小選挙区制の導入を強行しないと明言する一方、自民党内の融和を図り、派閥均衡主義を採用した。

しかしながら、巨大な大衆運動を伴う安保紛争の発生は、社会党の脅威を改めて強く印象づけた。そこで、池田首相も、一九六一年一月二七日に開かれた第九回党大会で、「近代的な組織政党の実を整える」ことを強調した。この党大会で採択された組織活動方針も、「党近代化は結党以来の最も重要なる課題である」と述べ、ピラミッド型組織の構築や大衆的日常活動の重視を打ち出し、第一次組織調査会の設置、地方駐在組織員の配置などが決まった。この党大会を契機として、党近代化と呼ばれる組織政党の建設の動きが再び高まりをみせた[45]。

その推進力の一つは、財界であった。経済再建懇談会を通じた献金は、自民党の財界への従属を示すものとして、かねてから批判が寄せられていた。そこで、一九五九年一二月九日には、自民党を資金と組織の両面で支える国民的基盤を目指して、財界、中小企業、文化人、青年・婦人団体などの代表が参集し、自由国民連合が結成され、約一万人を組織した。しかし、それも広がりを欠いた。こうしたなか、安保闘争によって危機感を強めた経済同友会は、自民党の第九回党大会と同日、「政治刷新についての中間的見解」を発表し、経済再建懇談会の解消を前提として、小選挙区制の導入や自民党の近代的脱皮を進めるよう訴えた。

そこで、自民党に設けられた第一次組織調査会の最初の仕事は、資金の調達方法の検討となった。財務委員会の設置、国会議員の党費増徴に続き、一九六一年七月一五日、経済再建懇談会と自由国民連合を継承する新しい組織として、財団法人国民協会が設立された。国民協会は、自民党を近代的組織政党に脱皮させるため、社会党にとっての総評を念頭に置いて、国民各層にわたる広範な院外組織を作り上げ、その会費によって党の資金を賄うことを目指した。しかし、国民協会自身が認めているように、法人会員に比べて個人会員の数は伸び悩み、結局のところ、経済再建懇談会と同じく、財界の政治資金のパイプ役から抜け出せなかった[46]。

だが、その後も党近代化の動きは強まった。一九六一年八月一日、倉石忠雄を会長とする第二次組織調査会が発足し、派閥の解消、適材適所の人事、党運営の機関中心主義、人事局の設置、選挙制度の改正などを盛り込む中間報告をまとめ、一一月二三日に配布した。一九六二年一月三〇日には、その倉石ら二四人の国会議員を世話人として、党風刷新懇話会が結成され、「わが党の近代化と統一のため、これを妨げている派閥体制を打破し、党内デモクラシーを基盤とする強力な指導力を樹立する」「総裁公選にあたっては、一切の情実と派閥の拘束を排して党員の人格に基づく自主投票の原則を貫徹する」「党員たがいに相食《あいは》み派閥相克を激化させる現行選挙制度を改革して、政党本位による選挙制度を確立する」といった決議を行った。同年五月七日に一二〇人を超える衆参両院議員を集めて正式に創設された党風刷新懇話会は、数カ月後、党風刷新連盟に改称される。

この党風刷新連盟こそが、党近代化のもう一つの推進力であった。その中心人物は、岸の後継者の福田赳夫であった。福田は、生産ではなく消費を優先するものとして所得倍増政策を批判する一方、岸の持論に沿って、派閥の解消と小選挙区制の導入を強く主張し、池田内閣を牽制した。福田は当時、次のように書いている。「革新政党の組織力、動員力、統制力が安保闘争で完全に発揮されたのをみてびっくりしたわけですよ。これは自民党も、とにかく近代組織を持たなければ、いつの日にか追越されるぞ、こういうあせりというか不安をもったわけです」[47]。党風刷新連盟の主張は、自民党において正論とみなされた。有権者の間では派閥に対する批判が根強かったし、安保闘争にみられる社会党や総評など革新勢力の組織力は、自民党の現実的な脅威であった。また、議員政党から組織政党の方向に「近代化」してきたイギリス保守党が、目指すべきモデルと考えられていた[48]。そこで、池田首相も、党風刷新連盟から大義名分を奪うため、七月一四日の第一一回臨時党大会で「分派的行動を戒めつつ挙党一致、機関中心に党務を処理し、国民協会の拡充を通じて党財政の民主化を推進し、党の近代化につとめる」と表明せざるを得なかった。

派閥の解消を打ち出した三木武夫

かくして、池田総裁の指示に従い、一九六二年一一月一四日、三木武夫を会長とする第三次組織調査会が発足した[49]。すでに二次にわたる組織調査会の提言に従い、青年部と婦人部からの党大会代議員の選出、党友制度の導入、地方駐在組織員の配置、農村組織指導員の任命、国民協会の設立などが実現していたが、この第三次組織調査会は、より抜本的な問題について徹底的に調査・検討を行うべく、約一〇〇名の委員によって構成され、「政党の基本小委員会」「選挙制度小委員会」「党の組織小委員会」「資金小委員会」「団結小委員会」の五つの小委員会を備えた。それは自民党にとって、党近代化の一つの頂点を形作るものであった。

三木の意気込みは尋常ではなかったという。そのことは、自民党に至るまでの三木の経歴を無視しては理解できない。戦後、協同民主党、国民協同党、国民民主党、改進党、民主党と第二・第三保守党に属してきた三木は、協同主義の系譜を引く勢力の中心人物であり、政策的に吉田茂率いる自由党と社会党の中間的な位置を保つ一方、組織的には青年部などを影響下に置き、近代的組織政党の建設を目指し続けた。[50]自民党の全国組織委員会の事務局の書記は、全て旧改進党出身者であったという。[51]三木は、石橋総裁のもとで幹事長を務めていた際にも、「「派閥」の解消と「政党運営の合理化」を行い、「全国的な組織を確立」することなしには、「近代政党としての発達は期し得ない」」と訴えていた。[52]岸と並ぶ党近代化の牽引者が、三木であった。

しかしながら、岸と三木のアプローチは、重要な点で異なっていた。確かに、両者とも左派が主導権を握る社会党の台頭を重く受け止め、自民党の近代化を図ろうという点では一致していた。ところが、戦前への回帰という性格を帯びる岸の手法が、警察の強制力や政治制度の改革による社会党との対決に傾いたのに対して、三木は政策や組織などの面で社会党に接近することで、それに対抗しようとした。そのことは、岸が憲法改正や警職法改正などを推進し、三木が消極的な姿勢を示したことに端的に表れていた。一九五九年に社会党が分裂すると、岸は民社党の取込みを図り、社会党に対決しようとしたが、[53]三木は民社党のみならず社会党に対しても妥協的な態度をとった。[54]

同じような理由から、岸が執着した小選挙区制の導入についても、三木は必ずしも積極的に推進しなかった。後年であるが、「小選挙区制が好ましいのでありますが、与野党の反対が多く、容易に実現しそうにありません」「小選挙区というのは一つの方法だと思う。しかし野党が全部反対ですからね。選挙法というのはやはり与野党のある程度の合意が必要だよ」といった発言を繰り返している[55]。党近代化には小選挙区制が有効であることは、三木も認めていた。しかし、それに反対する社会党への配慮などから、岸のように推し進めようとは考えなかったのである。その意味で、「低姿勢」をとり、憲法改正や小選挙区制の導入を強行しないと明言した池田と同一であった。右派の岸・福田派に対抗するリベラル派としての三木派と池田派の提携関係は、後者が前尾派を経て大平派になっても続いていくことになる。

ところで、第三次組織調査会の会長に就任した三木は、派閥の解消を最重要の課題に据え、灘《なだ》尾《お》弘吉《ひろきち》を委員長とする「団結小委員会」に作業を急がせた。一九六三年七月八日、派閥の解消に向けて適材適所の人事や機関中心の党運営を行うよう求める中間答申が発表された。また、三木は活動家などに働きかけつつ党近代化を推進しようと、その前月の六月七日から八日にかけて開かれた全国青年部長会議に出席して、「党近代化と青年部の役割」と題する講演を行う一方、審議の参考にするため、地方組織の幹部と一般有権者に対するアンケートを実施した。一〇月一七日、第三次組織調査会は「党近代化に関する最終答申」を取りまとめ、池田総裁に提出した。

この答申は、「一切の派閥の無条件解消」を前面に打ち出した。灘尾によると、政策派閥や親睦派閥であれば容認してもよいという意見を斥《しりぞ》け、あらゆる派閥の解消を盛り込んだのは、三木の決断であった。[56] そして、派閥を解消するための具体策として、党人事局の新設による人事の適材適所主義、選挙対策委員会の強化による公認候補の厳選、政治資金の党への一本化、総裁公選の存置を前提とする総裁候補推薦機関の設置、政調会の拡充と自民党会館の建設などを提案した。また、近代政党の建設に向けて、政治倫理の確立とともに基本憲章と労働憲章の制定を打ち出し、代議員を一〇〇〇名程度に増員することによる党大会の民主化、地方組織の拡充、青年層の重視、個人後援会からの入党の促進、党機関中心の運営、国民協会の充実などを明記した。以上の大綱に加え、基本憲章と労働憲章の草案、各小委員会の答申も添付された。[57]

三木答申は、近代的組織政党の建設という結党以来の動きの集大成と呼ぶべきものであった。

石田博英と労働憲章・基本憲章の制定

この第三次組織調査会で理念に関して重要な役割を果たしたのは、副会長兼「政党の基本小委員会」委員長に就任した石田博英であった。三木と石田の関係は戦前、三木が初めて立候補した一九三七年四月三〇日の総選挙までさかのぼる。その当時、早稲田大学の学生であった石田が、助教授を務めていた吉村正に連れられ、応援に出かけて以来であったという。三木は石田が参謀役になった石橋内閣の樹立に協力して、幹事長と官房長官のコンビを組み、石田は石橋派が解消すると、三木派に合流することになる。[58]なお、両者をつなぎ合わせた政治学者の吉村は、後に党中央政治大学院の院長に就任する、当時の代表的な自民党のブレーンであり、かつイギリス保守党をモデルとする党近代化のイデオローグであった。[59]

二度にわたって池田内閣で労働大臣を務めた石田は、「保守党（自民党）があまりに旧態依然たる体質と反共イデオロギーに支配され、時代への柔軟な適応能力を欠いていることに、強い危機感を抱かずにはおられなかった」。そこで、第三次組織調査会の発足を受けて、自らの党近代化に関する基本姿勢を明らかにすべく、『中央公論』一九六三年一月号に論文「保守政党のビジョン」を掲載した。この論文は、高度成長に伴う農民の減少によって自民党の得票率が漸減するとともに、労働者の増大を背景として社会党の得票率が漸増する結果、一九六八年に社会党が得票数で自民党を上回ることを予測したことで有名であるが（図表1-1）、そのような認識を前提として党近代化を主張し、イギリス保守党のバトラー憲章に倣《なら》って労働憲章の制定を唱えたことが重要であった。

この石田の論文は、選挙制度を再検討する必要性を認めながらも、「小選挙区がかならずしも良いとは言えない」と指摘する一方、派閥の解消や個人後援会の党組織への編入を説いている。石田が最も主張したかったのは、「社会党という政党に対立して保守党をつくっている思想的基盤を明確にすること」であり、「労働憲章を持ちエンプロイーの利益を保障するという政策転換を行なうこと」であった。つまり、社会党の基盤となっている労働者にも受け入れられるような、当時

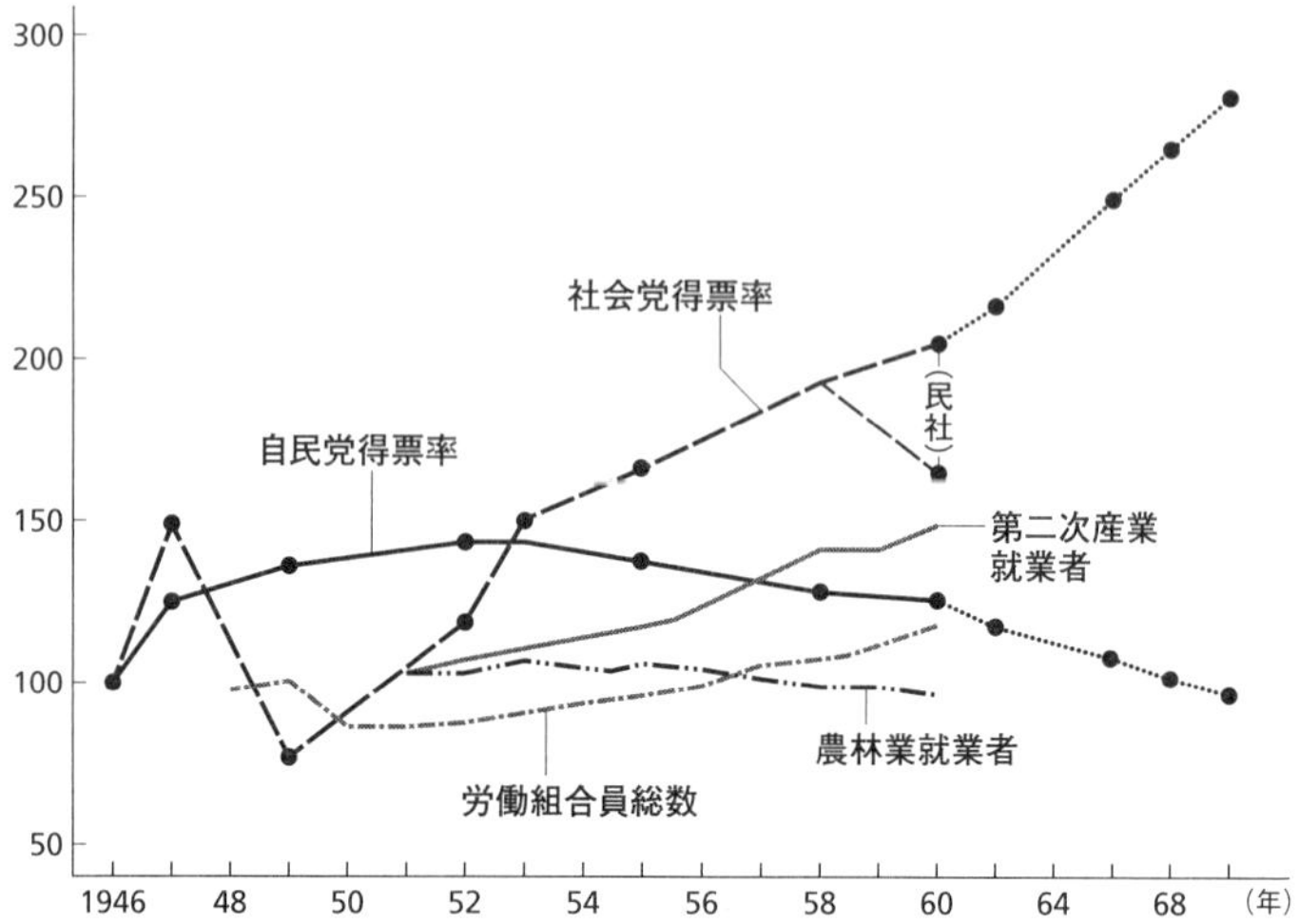

注)1946年を100としたもの。年号は西暦に直した

図表1-1　自民・社会両党の票の伸び
(石田博英「保守政党のビジョン」93ページより)

の言葉を使うならば「進歩的」な保守主義を掲げ、組織政党を建設しようというのである。こうした考えに従い、石田は「政党の基本小委員会」委員長として労働憲章の起草にあたった[60]。

三木答申に添付された労働憲章草案は、「労働者の国民の中に占める割合は、急速に増大し、その社会経済に於ける役割は重要である。従って労働者は、われわれの政治の重要な対象である」と謳った上で、完全雇用の実現、労働条件の向上、社会保障の充実の三つを労働政策の目標として設定した。労働組合については、「近代社会を構成する労働者の自由にして、民主的な団結」として位置づけた。そればかりか、経営者と労働者とは本質的な対立関係にはないと述べ、「われわれはかかる労使の関係に対して中立であり、時に国民全般を代弁して利害の調整者となる」とまで書いた。「不当な賃金格差を是正」といった言葉が用いられたことを含め、財界をスポンサーとする自民党としては最大限の労働者寄りの態度を示したのである。[61]

労働憲章の草案を作成するにあたって、「党の基本的な憲章があった上で労働憲章を作るならわかるけれども、なぜ労働憲章だけ作るんだ」という批判が寄せられた。[62] そこで、石田が執筆し、同じく三木答申に添付されたのが、基本憲章の草案であった。この文書には、占領政策への批判も、「自主憲法の制定」も書き込まれていなかった。そればかりか、愛国心という言葉もなかった。強調されたのは、自由と人格の尊重であり、平和な秩序の構築であり、福祉国家の建設であった。そして、末尾には、「真の意味で進歩的な、近代的大衆政党に脱皮しなければならない」という一文が置かれた。[63]

こうした石田の考えは、池田首相の方針に合致していた。例えば、池田の側近の宮沢喜一は、ニュー・ライトを標榜し、自民党は労働運動に敵対的ではないと力説するとともに、次のように書いた。「私は今の憲法でわが国は結構やってゆけると思っており、従って、憲法改正には賛成でない。……世論が、六・四とか七・三とか、そういう分れ方をしそうな場合には、改正はすべきであるまい。国の法律のいちばん基本になる憲法の改正を、数の力で争う場合に生じる国内の分裂を考えただけでも、それだけの労に値しないことは明らかだと思うし（安保騒動の場合を考えればわかる）、かりに押し切って改正が成立しても、そのような経過をたどった改正は、その後の国民生活に到底定着しないであろう」[64]。

ところが、右派に対するリベラル派の攻勢を意味する二つの憲章の制定は、難航した。石田によると、当時の自民党では労働問題を治安問題とみなす考えが強く、労働組合、なかんずく官公労の違法行為に対する義務的規定の欠如や、付属の「解説」に書かれた週四〇時間労働制という目標などについて、反対が巻き起こったからである。その結果、労働憲章の制定は、草案の作成から二年半あまり後、一九六六年六月二八日の両院議員総会までずれ込み、内容的にも大きく後退してしまった[65]。また、基本憲章の制定も一年間見送られ、「愛国心」という言葉を挿入するなどの修正が加えられた上で、一九六五年一月一九日の第一六回党大会で行われた[66]。

挫折に終わった三木答申

三木答申に対する直接的な反発は、解消の対象となった派閥から生じた。だが、この答申の提出後、総裁派閥の池田派を皮切りに、次々と派閥が解散した。大野伴睦や河野一郎など派閥有用論を説く領袖もいたが、大義名分には逆らえなかったのである。しかし、派閥は結局、政治資金規正法に基づく団体から親睦団体に再編されるにとどまり、名称を変えただけで存続した。実際、その翌月、一九六三年一一月二一日に実施された総選挙は、党主体の選挙とはならず、派閥を中心として戦われた。派閥の解消という三木答申の最大の目標は、否定されないまでも、失敗に終わったのである。

失敗の原因は、やはり衆議院の中選挙区制に求められよう。第三次組織調査会も、中選挙区制の問題を熟知していた。そこで、小選挙区制論者の小沢佐重喜《さえき》を委員長とする「選挙制度小委員会」が設置され、現行の選挙制度の弊害として、同じ選挙区で同一政党の候補者が争う同士討ちが生じるため、組織政党の建設が難しくなるとともに、選挙に多額の費用がかかるという認識のもと、現行の中選挙区制、単純小選挙区制、小選挙区制に比例代表制を加味する制度、移譲式の中選挙区制の四つの案に検討を加えた。しかし、結局、改革案を一本化して答申することができなかった。

その理由は、答申に明記されている。確かに党近代化には小選挙区制が「好ましい」が、「多年現行制度に慣れてきただけに」、所属議員の反対が強かったからである。最も賛成が多かったのは、ある候補者が当選に必要な数を超える票を得た場合、その票を同じ政党の他の候補者に移譲して当選者を決める、移譲式の中選挙区制であった。選挙区制の変更を避けつつ、同士討ちを多少なりとも緩和する案である。こうしたことから、中選挙区制を「自ら改革するには余程のリーダーシップが必要であり」「(政府の) 選挙制度審議会において目下検討中であるのでその結論を待つこととする」という結論が示された。

一九六四年一月一七日の第二三回党大会は「近代化大会」と銘打たれ、三木答申の具体化が図られたが、池田の総裁三選への布石とみた佐藤派と藤山派の反対もあって、総裁候補の推薦機関の設置が見送られるなど[67]、実質的な成果に乏しかった。その後も、組織調査会が一九六四年の第四次、六五年の第五次、六六年の第六次、六七年の第七次と毎年設けられ、一九六〇年代を通して党近代化の試みが続けられたが、いずれも報告書の作成に終わる結果となった。それは、保守合同から一〇年が経過し、中選挙区制のもと、派閥と個人後援会、そして利益誘導政治に特徴づけられる自民党政治が事実上定着したことを意味した。

そのことは自民党の地方組織の転換に示される。政治学者のジェラルド・カーティスによると、一九六二年に作成した文書で「後援会活動は県連の活動の範囲内で実施されるものに限って許される」と書いていた大分県連は、一九六六年までにそうした方針を放棄し、現行の中選挙区制が続く限り、各候補者がそれぞれの個人後援会を使って自由に選挙運動を行う方が自民党の得票総数を増やす上で得策だと考えるようになった[68]。三木答申が選挙制度改革を積極的に打ち出さなかったことと、こうした地方組織の転換は軌を一にしていたと考えられる。

事実、小沢佐重喜は、三木答申が小選挙区制よりも移譲式の中選挙区制に傾いた事情について、次のように語っている。「最初に三木会長が、学者、評論家、財界、新聞記者の代表に意見をきいたときは、異口同音に党の近代化、すなわち派閥を解消するためには、選挙法が悪いのだ——ということだったから、その方針できたのです。ところが、統一選挙がはさまれた関係もあり北海道ほか全国八ブロックを別々に呼んで意見をききましたところ小選挙区制論は、はなはだ影が薄くなったきらいがあるのです[69]」。安保紛争後、池田内閣のもと、自民党は一九六〇年の総選挙、六二年の参院選、六三年の総選挙と勝利を続けた。自民党の地方組織が小選挙区制を導入する必要性を感じなくなったのは、それゆえ当然であった。

当時の自民党の党組織の実態をみておこう。自民党の公式発表によると、一九六六年の党員数は一九〇万人に上ったが、党費を納入する党員の数は、約四〇分の一の五万人と推定された。そのうち四二〇名は国会議員、八六〇〇名は地方政治家であったから、実質的な大衆党員は約四万人ということになる。しかし、この大部分も、おおよそ二六〇〇ある市区町村支部を役員として支える活動家であると考えられた。それ以外の一八五万人は、八〇〇あまりの個人後援会の会員のなかから関係議員によって機械的に登録され、党費を自ら納めもしなければ、党員としての自覚も持たないという意味で、名目的な党員にすぎなかった。[70]

三　田中角栄と小選挙区制の再挫折

高度成長と利益誘導政治の発展

三木答申が事実上挫折した一九六〇年代半ば、結党から一〇年を経た自民党では、派閥と個人後援会に特徴づけられる分権的な党組織が固定化していった。組閣にあたって主流派の優遇人事が行われなくなり、派閥の勢力比に応じた閣僚ポストの配分が定着したことは、その一例である。また、国会議員の個人後援会が確立し、その結束を維持すべく二世議員が増加していった。この二世議員の増加の背景には、閣僚や党役員の抜擢人事が少なくなるなど、当選回数に基づく国会議員のキャリアパスの制度化もあったといわれる。[71]

政策決定過程も大きく変容した。自民党の政務調査会による政府提出法案の事前審査は、結党以来の基本原則であったが、[72]政調会の内部では当初、省庁に対応して設置されている部会から独立して中長期的な観点に立ち政策を総合化する役割が、政務調査会審議会（政審）に期待されていた。[73]ところが、一九六〇年代半ば、元政調会長の中村梅吉はこう語っている。「政調会が組織化されて部会制度が確立してきたのは非常にいいことですけれども、官庁がセクショナリズムのところにもってきて、議員側のほうも部会が強くなればなるほどそういう傾向が強くなってくる」[74]。政調会の内部で政審が形骸化して部会の役割が高まったのであり、一九六〇年代後半になると、省庁や業界団体と結びつきつつ部会に足場を置き、当該政策分野に強い影響力を持つ族議員が台頭した。[75]

かくして、分権的な自民党の党組織のもと、派閥の領袖とメンバー、国会議員と個人後援会の会員、族議員と業界団体など、恩顧主義（クライエンテリズム）的な利益誘導政治が重層的にでき上がっていった。それを可能にしたのは、日本経済の高度成長であった。前述したように、一九五五年に結成された自民党が集権的な組織政党を建設することで利益誘導政治を克服しようとした背景には、一九五三年の朝鮮休戦後に国際収支の危機が起こり、緊縮政策を実施しなければならなくなったという事情が存在した。しかし、高度成長が軌道に乗ると、自民党政権は財政・金融面で積極政策に転換し、そのもとで利益誘導政治が定着していったのである。

例えば、農業政策をみてみよう。占領終結後の一九五〇年代前半の農業政策は、「保護農政」と呼ばれ、食糧増産を目標として生産者米価の引上げや土地改良事業が積極的に推進されたが、一九五四年に緊縮政策が実施されたのを契機として、農業関係予算は一転して強力に抑制された。自民党の結成には、この「安上がり農政」に対する農民の不満を抑え込む目的があったが、一九五〇年代後半、農協を基盤とする農政団体が各地で結成され、野党と協力して福島県などの知事選挙で勝利を収めるとともに、そのなかから佐賀県を筆頭に農民政党の結成に向けた動きが高まった。

ところが、一九六〇年代に入ると、高度成長で大きくなったパイが予算を通じて農民に配分されるようになる。とりわけ農業基本法が制定された一九六一年以降、農協とそれを代弁する自民党議員の圧力によって、生産者米価が継続的に引き上げられた。農業と他産業の従事者の間の所得の均衡は、農業基本法が目標とした農業の生産性向上よりも、生産者米価の引上げによって図られたのである。土地改良事業も、農業基本法のもとで灌漑・排水から区画整理を中心とするものに変化しつつ、拡大された。さらに、道路建設をはじめとする公共事業が、農民の農外所得を生み出した。かくして、農民政党結成運動は鎮静化し、自民党の支持基盤が安定化した。[76]

こうした利益誘導政治を象徴する政治家として著名なのは、田中角栄である。土建業者出身の田中は、道路・橋梁・河川や土地改良などの公共事業を地元の新潟三区に誘致することで個人後援会の越山会《えつざんかい》を拡張し、強固な選挙地盤を築き上げる一方、議員立法を積極的に行い、族議員の先駆けとして建設省や郵政省などの省庁に影響力を扶植していった。田中の利益誘導政治は、一九六〇年代に入って大規模なものとなり、越山会がピラミッド型の組織へと変貌する。中央政界においても田中は、所得倍増を掲げる池田内閣で大蔵大臣や政調会長を歴任し、自らの手で高度成長を推し進めたのであった。[77]

台頭する野党と革新自治体

高度成長は利益誘導政治を可能にし、一面では自民党の支持基盤を強固にしたが、もう一面ではそれを大きく掘り崩した。自民党の総選挙での得票率は、高度成長が始まった年と同じ結党以来、継続的に低下し、一九六七年一月二九日の総選挙では四九・二％と、ついに五割を割り込んだ。高度成長のもと、農村から都市に人口が移動したからであり、また、第一次産業に対して第二次・第三次産業の比重が高まった結果、農業・林業・漁業の従事者が減少し、ブルーカラーやホワイトカラーの労働者が増大したからである。自民党の得票率の低下については、共倒れを防ぐ目的で候補者を絞り込んだ結果に過ぎないという分析も存在するが[78]、石田博英の論文「保守政党のビジョン」に代表されるように、少なくとも当時の自民党がそのように認識したことは重要である[79]。

もっとも、石田の予想とは違い、自民党に代わって社会党が勢力を伸ばしたわけではなく、社会党とそれから分裂して成立した民社党を合計した得票率も、一九六七年の総選挙以降、減少に転じた。社会・民社両党ともそれぞれ総評や全労の後身の同盟（全日本労働総同盟）を超える支持の広がりに欠け、労働組合員の両党に対する支持も漸減したからである。それに対して、この総選挙で二五議席を獲得し、一気に台頭したのは、三年前に結成されたばかりの公明党であった。また、日本共産党も、五議席にとどまったとはいえ、得票率を増加させていた。強固な組織政党であった公明党と共産党は、世話役活動などを通じて、団地をはじめ増加する都市住民を掌握していったのである[80]。

社会党の低迷にもかかわらず、公明党や共産党が台頭し、野党が全体として得票率を伸ばしたことは、自民党にとって脅威であった。それは特に都市部で顕著であり、一九六七年四月一五日に行われた東京都知事選挙では、社会・共産両党が支持する美濃部亮吉《みのべりょうきち》が当選した。過密化した都市部では、自民党政権が推し進める高度成長の歪みが露呈し、大気汚染や水質汚濁をはじめとする公害、交通渋滞、住宅難、学校不足などが深刻になっていた。都市問題の激化もあって、東京都を皮切りに革新自治体が全国に広がっていった[81]。

こうした事態に自民党はどう対応しようとしたのか。自民党の都市政策調査会の会長を務めていた田中角栄は、東京都知事選挙の直後に「自民党の反省」と題する論文を発表し[82]、「時代に対応した近代的な政策、思想内容、国民多数に密着した党組織を持つ〝新しい保守党〟の建設を目指して、一歩ずつ進み始めたい」と書いた。「人口の都市集中」「農家人口の激減」「エンプロイーの激増」という社会構造の変化によって、とりわけ太平洋ベルト地帯で自民党が劣勢に立たされていると指摘し、前述の石田博英の論文「保守政党のビジョン」と同じく、都市部の勤労者に支持されるような政策、そして近代的組織政党の建設の必要性を説いたのである。

政策面で田中が重視したのは都市問題であった。田中は、この論文のなかでも「均衡のとれた国土総合開発計画」の重要性を強調し、都市改造と地方開発の推進を唱え、民間資金の活用、土地に関する私権の制限、都市の立体化・高層化などを主張しているが、一九六八年五月二七日の自民党の「都市政策大綱」を経て、一九七二年六月二〇日には『日本列島改造論』を出版する[83]。そこに盛り込まれた都市部から農村部への工業の再配置、新幹線や高速道路などの高速交通網の整備といった地方開発の主張は、田中の持論の反映であったが、都市政策については、公害規制の強化など革新自治体の政策が大幅に取り入れられた。

総じて、一九七〇年代半ばまでの自民党政権の政策は、革新自治体あるいは社会党をはじめとする野党の政策を後追いする傾向が強かったといえる。公害対策基本法の制定・改正や環境庁の設置といった佐藤政権の環境問題への取組み、田中内閣による老人医療費の無償化や五万円年金の実現、すなわち一九七三年の「福祉元年」[84]などが、その代表的な例である。もっとも、コメの減反政策に関わる補助金の拡大、零細事業者向けの無担保融資制度であるマル経融資（小企業等経営改善資金融資制度）の創設など、利益誘導政治も行われた。とはいえ、高度成長に伴う歪みの深刻化ゆえに、革新勢力の政策的な攻勢は続いていたのであり、自民党は結党以来引き続き、それに政策的に接近することで対抗せざるを得なかったのである。

党近代化をめぐるジレンマ

同じことは、党組織についても当てはまる。社会民主主義政党に典型的にみられる組織政党モデルは依然として強固であり、第三次組織調査会の三木答申の失敗後も、自民党は党近代化を目指し続けた。例えば、第六次組織調査会は、一九六七年の総選挙の約二カ月前に作成した「大衆組織整備に関する答申」のなかで、「都市人口の急激な集中」による「保守、革新の得票率が逆転する可能性」を指摘していたが、そこで対策として掲げられたのは、個人後援会の党組織への編入や小選挙区制の導入などによる「近代的組織政党」の建設であった[85]。そして、一九六七年半ば以降、党費を支払う党員が約四万三〇〇〇人にすぎないことへの反省から、五〇万党員獲得運動が展開された[86]。

党近代化が依然として自民党において正論の位置を占めていたことは、強力な個人後援会の越山会を作り上げていた田中角栄ですら組織政党の建設を主張したことに示される。田中は、自民党幹事長として一九六五年九月二五日に「党近代化に関する幹事長試案」をまとめた経験を持っていたが、美濃部都政の登場を受けて執筆した先の論文のなかでも、東京都知事選挙の敗北の原因として、派閥や個人後援会によって構成される議員政党の限界を挙げ、組織政党である公明党や共産党のような国民に根差した地方組織を建設し、日常活動を強化するなど、党近代化を図ることが必要だと論じた。

問題は、小選挙区制にあった。田中は、「党内に派閥が存在し、国会議員などの個人後援会が事実上、党組織を支えているという実情は、なかなか改まらない。これは何故か。私は各級選挙制度の中心となる衆院選挙の区割りが中選挙区単記制をとっていることに起因することが多いと思う」と書き、党近代化のために小選挙区制を導入する必要性を認める一方で、「今日の政治情勢は、小選挙区制度の採用がきわめて困難なことを示している」と記し、「現行の中選挙区制はなお当分の間、続くことになる可能性が高い」という見通しすら示した。

田中は本音では小選挙区制に賛成していたようである。松野頼三《らいぞう》は、一九六六年頃、幹事長を務めていた田中と次のように話し合ったことがあると回想している。「田中君は、衆院選挙制度を小選挙区制にしないと政局が安定しない、と言う。私も小選挙区論者だから賛成だ。……田中君が言うのは、いまの中選挙区に自民党が五人いるとすれば、五つの派閥ができる。選挙で数はとれても党内が不安定になる。小選挙区にすれば、候補者は一人だから派閥は消える。また、いまの中選挙区制度ではどうしても衆院勢力の三分の二は取れない。政局の安定のためには小選挙区にして、自民党が三分の二をとらなければならん。三分の二が安定勢力だという」[87]。

にもかかわらず、自民党政権にとって、小選挙区制の導入は依然として容易に着手できる課題ではなかった。まず社会党をはじめとする野党が一致して反対していた。民主主義の根幹に関わる制度であることや世論の反発を考慮に入れると、自民党単独で押し切ることは難しかった。また、自民党の内部でも選挙区事情などから消極的な意見が少なくなかった。総論としては賛成であっても、各論たる区割りの段階で反対に転じる可能性があったし、それを抑えようとゲリマンダーを行えば、野党や世論の反対を強めてしまう。以上のことは鳩山政権の際に現実に起きたことであり、ゆえに池田内閣も佐藤内閣も政権運営上、避けて通ったのである。

手続き的にみると、一九六一年六月八日以降、選挙制度審議会が設置されており、政府は設置法上、その答申や意見を尊重しなければならなかった。しかも、そこでの審議が紛糾していた。選挙区制の改革について本格的に議論を行ったのは、一九六四年九月一五日に発足した第三次選挙制度審議会であったが、小選挙区制、小選挙区比例代表並立制、中選挙区制限連記制の三つの案が対立し、結論を得られなかった。その後も選挙制度審議会は、政党所属の特別委員の間の対立もあって、最終的な案をまとめることができなかった。これも一九六〇年代を通じて小選挙区制の導入が具体化しない一因となった。

党近代化を進めるために小選挙区制を導入する必要性を認めつつも、野党との関係など政治情勢上の考慮から、すぐには踏み出さないというのが、当時の自民党の支配的な態度であった。田中が先の論文で小選挙区制の効用を認める一方、「私は小選挙区制論者ではない」と書かざるを得なかったのは、こうしたジレンマを示している。しかし、自民党のなかでも、野党との対決を辞さない岸・福田派は、小選挙区制論を掲げていたし、野党との対決が不可避と思われる政治情勢になれば、自民党の大勢も小選挙区制の導入に一気に向かう可能性があった。そうした政治情勢は、一九七〇年代に入って訪れた。

「保守の危機」に直面した田中角栄

一九七二年七月七日、佐藤内閣に代わって、田中内閣が成立する。高等教育を受けることなく首相の座につき、「今太閤《いまたいこう》」と呼ばれた田中は、「コンピューター付きブルドーザー」と評される政治能力を兼ね備え、非常に高い内閣支持率を得た。首相に就任する直前に出版した著書『日本列島改造論』がベストセラーになり、外交面でも長年の懸案の日中国交正常化を実現した。財政・金融面の積極政策などによって地価をはじめ物価が騰貴《とうき》し、批判を招きつつあったとはいえ、田中は自信を持って衆議院の解散を断行し、一二月一〇日に総選挙が行われた（写真1-1）。

しかし、選挙結果は深刻なものであった。自民党は四九一議席中二七一しか獲得できず、追加公認を含めても前回より一六減の二八四議席にとどまった。それに対して、社会党は二八増の一一八議席と挽回し、共産党は二六増の四〇議席と躍進した。前年の大阪府知事選挙をはじめ革新自治体が増加していたこともあって、なかでも野党第二党となった共産党の進出は、自民党にとって脅威と映った。しかも、これをきっかけとして一年半後の参院選での与野党逆転が予想され、各野党によって連合政権構想が次々と提示された。かくして、それ以前から指摘されていた「保守の危機」が、一層深刻なものとして考えられるようになったのである。

おりしも、総選挙から一〇日後の一二月二〇日、第七次選挙制度審議会から田中首相に二年間にわたる審議経過の報告書が提出された。[88] 答申ではなく報告とされたのは、作成段階で衆議院が解散され、衆議院議員の特別委員が失職したためであったが、衆議院については、最終的な態度を留保しながらも、小選挙区制、都道府県単位の比例代表制、小選挙区比例代表並立制（当時の用語では併立制）と併用制の四つの案を取りまとめ、小選挙区制と比例代表制を組み合わせる案を中心に審議を行ったこと、参議院に関しては、全国区に比例代表制を採用する案をまとめたことを明記していた。田中首相は、二五日の記者会見で、

写真1-1 総選挙が公示され、第一声を発する田中角栄首相
（1972年11月20日撮影、写真:毎日新聞社）

「審議会の答申は尊重しなければならない。次の参院選までに何かやりたい」と発言した。

一九七三年一月二五日に開かれた自民党の選挙調査会でも、衆議院の選挙制度改革について積極的な意見が出され、これ以降、検討が進められた。総選挙の直後から自民党においては、共産党の進出を阻止するために衆議院に小選挙区制を導入すべきという意見が出されており、参議院で与野党が逆転した場合には、選挙制度改革が不可能になってしまうという懸念も強まっていた。そこで、急遽、党所属の国会議員全員に対するアンケートが行われ、小選挙区制を基調とする小選挙区比例代表並立制が七〇％の賛成を得た。選挙調査会は、三月二八日、小選挙区比例代表並立制の採用を決定し、あわせて参議院の全国区を非拘束名簿式の比例代表制に変更することも決めた。

この間、財界も小選挙区制の導入を熱心に求めていた。三月七日、田中首相を囲む財界人の集まりの「維新会」の席上、東京電力の木川田《きかわだ》一隆《かずたか》会長や日本興業銀行の中山素平《そへい》会長らが、「総理は日中復交を実現したが、いよいよ国内政治の基盤を直す時期だ。選挙制度の改正こそ、政治家に対するわれわれの期待だ」「小選挙区制は派閥を解消し、政治にカネがかからないようにするためにも必要だ。田中総理だけがこれを実行できる」などと発言した。これを聞いた田中は、大きくうなずいて、「小選挙区制で絶対多数を確保しなければならない」と語り、区割りの試案をいくつか示しながら、各党の議席予想を長時間にわたって熱心に説明したという[89]。

三月二九日、松野頼三選挙調査会長から報告を受けた田中首相は、開会中の第七一回国会で選挙制度改革を実現する意向を伝え、早急に法案をまとめるよう指示した。田中の決意は極めて固かった。比例代表制との並立制とはいえ、田中が小選挙区制を基調とする選挙制度の導入を推進したのは、三カ月前の総選挙で自民党が敗北する一方、共産党が急速に伸長し、与野党逆転が予想される状況のもと、自民党政権を維持し、安定化させるためであった。そのことは一連の経過からも、当時の関係者の回想からも明らかである[90]。まさに露骨な党利党略であったが、それゆえ自民党も機敏に動いたのである。

より中長期的にみるならば、小選挙区制の導入による近代的組織政党の建設という方針が自民党の内部に存在し、前述したように、田中もそれを共有していたことを無視できない。しかも、共産党の進出は、組織政党の優位を示していると考えられた。田中は一九七三年元旦の機関紙の記事で、次のように語っている。「私がいちばん指摘したいのは、彼らの絶え間ない日常活動、機関紙『赤旗』を中心にした積極的な広報、宣伝活動であります。これらが一部の国民の心をとらえ、その卓越した組織力、行動力が共産党の躍進をもたらしたといわなければなりません[91]」。田中は、一九七三年二月五日に開かれた衆議院予算委員会でも、「小選挙区になれば、これはもういやおうなしに政党活動が主体でございます」と述べている。

小選挙区制導入の再失敗

自民党総務会は四月二七日、衆議院の定数を五二〇とし、そのほぼ六割にあたる三一〇を小選挙区制、残りの二一〇を都道府県単位の比例代表制で選出する並立制の導入を党議として決定した。朝日新聞の試算によると、自民党が全議席の約八割の四一一議席を獲得し、社会党などの野党が議席を半分近く減らすことが予想された。[92]また、小選挙区と比例代表のそれぞれに投票する二票制ではなく、小選挙区の投票を合算して比例代表の議席を決める一票制が採用されたことも重要だった。これは小選挙区での野党の選挙協力を難しくする効果を有していた。

自民党政権の永続化を目指すものとして、これに野党が強く反発したのは当然であった。社会・共産・公明・民社の四党の書記長・書記局長は四月二四日に会談し、選挙制度の改悪阻止で共闘することを確認した。そこで、橋本登《と》美《み》三郎《さぶろう》幹事長ら自民党執行部は、国会対策上の考慮から法案の提出を断念する方向に傾いたが、田中首相は積極的な姿勢を崩さず、区割り委員会を発足させ、野党が国会審議を拒否する戦術を開始した翌五月一二日、その初会合を開いた。野党は労働組合などと提携して院外での反対運動に乗り出し、新聞をはじめとするマス・メディアも田中内閣への批判的な態度を強めた。

ここにきて、自民党の内部からも慎重論が噴出した。ライバルの福田赳夫は、小選挙区制論者として田中を支持した。しかし、衆参両院議長の中村梅吉と河野謙三に続いて、一四日に盟友の大平正芳外相が田中に自重を促し、一五日には三木武夫副総裁も法案の国会提出を見合わせるよう進言した。そもそも大平は、小選挙区制の導入には積極的でなかった。[93] 最終的に両院議長の斡《あっ》旋《せん》を受け入れるかたちで、一六日の閣議で法案の国会提出を断念することが決定され、二二日には区割り委員会も廃止された。かくして田中首相による小選挙区制導入の試みは、野党・世論の批判とそれを受けた自民党内の消極論という、鳩山一郎内閣とほぼ同じパターンで挫折してしまったのである。

これに危機感を抱いた福田恆存《つねあり》をはじめとする保守系の学者・文化人は、「自由民主党へ訴える学者の会」を結成し、小選挙区制の導入を唱えた。彼らは「自由民主党諸兄への訴え」と題する文書を作り、「昨年末の総選挙で、マルクス主義に立つ共産党と社会党の躍進が顕著な傾向として表面化し、わが国の議会政治と自由民主主義の将来は大きな危機にさらされることになった」という認識を示し、「小選挙区制の実施が自民党政権、したがって、わが国の「自由社会」の存続を確実ならしめるために残されたほとんど唯一の合法的手段である」と力説した。[94] 自民党政権を永続化させるために小選挙区制を導入すべきという、かなり露骨な主張であった。

その後も田中首相は小選挙区制を断念しなかったし、自民党も小選挙区制を導入する必要性を否定しなかった。例えば、一年あまり後の一九七四年七月七日の参院選の際、自民党は第七次選挙制度審議会の報告に基づく選挙制度改革を謳い、田中も小選挙区制の導入に強い意欲をみせた。しかしながら、田中内閣の失敗の結果、小選挙区制の実現可能性が改めて疑われるようになったことは確かであり、熱心な導入論者の松野選挙調査会長ですら、「小選挙区を実現する方針は堅持するが、今のところ改めて持ち出す状況にはない」と語らざるを得なかった[95]。ただし、これがきっかけとなって、官房副長官として区割り委員会を担当した後藤田正晴をはじめ、田中派の内部に小選挙区制論が根を下ろしたことは後々重要な意味を持った[96]。

田中を小選挙区制の導入に駆り立てた「保守の危機」は、ますます深刻化した。石油危機に伴う狂乱物価が国民の不満を高めるなか、田中首相は、一九七四年の参院選で「自由社会を守る自民党」というキャッチ・フレーズを掲げ、ヘリコプターをチャーターして全国遊説を行い、タレント候補を多数擁立するとともに、なりふり構わぬ「金権選挙」と「企業ぐるみ選挙」を展開した。しかし、自民党は、追加公認を含め六三議席しか獲得できず、非改選を合わせて二五二議席中一二七にとどまり、参議院で与野党伯仲に陥った。田中に対する党内の批判は一気に高まり、その金脈問題を取り上げた『文藝春秋』一一月号の立花隆の論文が発表され、社会問題化するに及んで、一一月二六日に田中首相は辞意を表明した。一年あまり後には、ロッキード事件が発覚する。

第二章
総裁予備選挙の実現と日本型多元主義

初の総裁予備選挙を受けて開かれた自民党第35回臨時党大会。
右から大平正芳新総裁、福田赳夫前総裁、中曽根康弘、河本敏夫
（1978年12月1日撮影、写真:毎日新聞社）

一　三木・福田と総裁予備選挙の導入

小選挙区制なき党近代化と椎名裁定

一九七四年七月七日に実施された参院選は、「保守の危機」を飛躍的に高めた。田中首相を先頭に全力投球で臨んだにもかかわらず、自民党の獲得議席は前回並みにとどまり、非改選を含めて過半数より一議席だけ多い一二七議席となり、与野党が伯仲するに至ったからである。深刻だったのは、石油危機に起因する狂乱物価が国民の不満を高めるなか、「金権選挙」と「企業ぐるみ選挙」が強い批判を浴びたことであった。この結果を受けて、選挙戦の最中から田中の「金権選挙」を公然と批判していた三木武夫副総理兼環境庁長官と福田赳夫蔵相は、同月一二日と一六日に相次いで辞表を提出した。そして、両者は会談して「党の体質改善」で一致した[1]。

かくして、三木が辞表を提出した後の記者会見で訴えたように、「党の近代化」という課題が急速に浮上していった。注目すべきは、その席で三木が「国会議員の選挙のあり方」や「政治資金の集め方、使い方」についても改革を要すると述べながら、「悪弊の根源である党総裁選挙の現状にも根本的メスを入れなければならない」と語ったことである[2]。小選挙区制論者であった福田も、総裁選挙の改革という三木の主張に同調した。そこには、田中に敗れた一九七二年の総裁選挙こそが金権腐敗の始まりになったという、福田なりの認識があった。六年前の参院選の際の幹事長であった福田によると、その当時は国民協会の一八億円に自己調達の五億円を加えた二三億円でやり繰りしたが、「総裁選挙で、金の価値が政界においては下がってしまった」ため、今回の参院選では「一千億とまではいかなくとも何百億円の金は動いた」のであった。[3]

党近代化を求める動きが中堅・若手議員をはじめ党内に広がりをみせると、田中も対応を迫られた。そこで七月二四日に総裁直属の機関として設置されたのが、「党基本問題及び運営に関する調査会」である。その会長に起用されたのは、副総裁の椎名悦三郎であった。椎名は六〇年安保の際の岸内閣の官房長官であり、岸派が福田派と川島派に分裂すると後者に参加し、それを継承する中間派の椎名派を率いていた。そうした経緯ゆえに福田との関係は良くなかったが、岸や福田と同じ強固な小選挙区制論者であった。そして、この椎名調査会の発足に際しても、「小選挙区制なしには党の近代化は非常にむずかしい、至難である。このように考えると、できるだけ早く小選挙区制を実現すべきなんです」と語り、調査会の提案の柱に小選挙区制の推進を据える意向を示した。[4]

ところが、一〇月二四日にまとめられた椎名調査会の党近代化に関する提言は、派閥人事を行わない、政治資金を党に一本化する、総裁選挙を記名投票にする、という三つの微温的な結論にとどまった。派閥の解消を直ちに断行するのは現実的ではなく、派閥の弊害を取り除いていくことが妥当であると考えたのである。しかし、そのことは派閥の効用を積極的に認めたからではなかった。提言のなかに明記されているように、「派閥は、基本的には政党本位の小選挙区制が取られなければ解決困難なことは事実であるが、現在の国会勢力の関係から見て、今直ちに小選挙区制に改正することは困難である」との判断に基づいていた[5]。椎名とて、田中内閣が失敗した小選挙区制の実現は当面難しいことを認めざるを得なかったのである。

　田中内閣の命運も尽きつつあった。一〇月一〇日発売の『文藝春秋』一一月号に掲載された立花隆「田中角栄研究」が、田中の政治資金に関する疑惑を詳細に明るみに出すと、国民の批判を背景として田中辞任の流れが党内で固まり、アメリカのジェラルド・フォード大統領の来日後の一一月二六日、田中は正式に首相退任を表明した。後継総裁を争ったのは、福田と三木に加えて大平正芳であった。田中と盟友関係にある大平が総裁選挙の実施を求めたのに対して、三木と福田は話し合いを主張した。さらに、いずれも離党を口にしたため、自民党は分裂含みとなった。こうしたなか、調停役として主導権を握ったのは、椎名副総裁であった。

　椎名暫定政権という構想が浮上した後、大平の「行司がまわしを締めた」という批判で潰れると、一二月一日、椎名は三木を総裁に推挙するという裁定を下した。清潔というイメージや党の分裂回避などとともに、三木が選ばれた理由となったのは、党近代化であった。党基本問題・運営調査会の会長でもある椎名は、この政治危機を党近代化のチャンスだと捉え、一九六三年に三木答申を作成し、派閥解消を訴えてきた三木を総裁に選定したのである。事実、椎名裁定には、三木を推す理由として、「新総裁は清廉なることはもちろん、党の体質改善、近代化に取り組む人でなければならない。国民は、わが党が派閥抗争をやめ、近代政党への脱皮について研さんと努力を怠らざる情熱を持つ人を待望していると確信する」と書かれていた[6]。公選を主張していた大平も最終的にこれを受け入れ、一二月四日の両院議員総会で三木が総裁に選出された。

総裁予備選挙の提唱

三木は、一九七四年七月一二日に副総理を辞任した後、党近代化に向けた改革案を固めていた。九月五日に行われた三木派の研修会では、自民党の支持率の長期低落傾向を食い止めるため、イギリス保守党に倣って国民の間に組織を拡大し、登録党員一五万人弱という現状を打開しなければならないと訴えた。その梃子として三木が示したのは、総裁選挙への全党員の参加であった。アメリカの予備選挙を参考に、地方支部で推薦投票を行い、その上位者について国会議員が選挙して、総裁を決めるという案である。党員を拡大すれば、党費収入や個人献金が増え、財界との癒着を免れることもできる。また、それに伴い、政治資金規正法や公職選挙法を改正する、といった構想であった[7]。

一二月九日、三木内閣が成立した。その二週間あまり後の二七日、三木は椎名副総裁に党改革の試案を提示したが、その中心はやはり総裁予備選挙の導入であった。すなわち、「諸悪の根源は総裁選挙のあり方にある」という認識のもと、総裁予備選挙を導入し、「投票の底辺を拡大すること」を主張したのである。具体的には、一〇名以上の国会議員の推薦によって立候補し、都道府県連単位で全党員が投票を行い、それを全国集計して上位二名について国会議員だけの選挙で総裁を選出する、というプランが説明された。この総裁予備選挙の導入に併せて、暫定的措置として公開の原則のもとで一定の限度を設ける政治資金規正法の改正、公職選挙法の改正による選挙公営の拡大や連座制の強化も提案された[8]。

この試案において、総裁予備選挙の効果として示されたのは、次の三点であった。「（一）全党員の参加により、党員意識の自覚と民意反映が期待されます。（二）派閥や金権の影響を最小限に食い止めることが期待されます。（三）党組織の拡大が期待されます」。要するに、総裁選挙の投票権を一般党員まで付与し、党内民主主義を一層徹底することで、多数の党員に基礎を置く近代的組織政党を建設し、派閥や個人後援会に象徴される議員政党から脱皮するというのが、基本的なねらいであった。同じく党近代化のために総裁選挙の改革を目指しながらも、総裁候補推薦機関の設置を提言した一九六三年の三木答申とは、逆の方向に変えようとしたのである。

総裁公選は中選挙区制と並んで党近代化の最大の障害物と考えられてきたが、一九六〇年代後半に入ると、第六次組織調査会が一九六六年一二月三日の「大衆組織整備に関する答申」で「全党員が党総裁選挙に参画する制度を設ける」と主張したように、党員の参加を重視する考えが次第に台頭してきた[9]。そして、三木も、一九七一年一二月一六日の講演で、「「参加」というのが時代の要請である以上、全党員の参加による総裁選挙にすべきであります」と語っていた[10]。飛鳥田《あすかた》一雄《いちを》横浜市政の「一万人市民集会」や美濃部都政の「対話集会」をはじめ、市民参加を標榜する革新自治体が台頭する状況のもと、自民党も「時代の要請」として草の根の参加を実現しようとしたのである。

この当時、一年生議員であった小沢一郎も、党近代化のための総裁予備選挙の導入を唱える一人であった。小沢は、田中内閣が成立して間もない一九七二年九月一〇日に出版された『自民党改造案』で、「弊害に目をつぶって派閥を安易に温存すべきではない」と書く一方、「党の日常活動を活発にさせて、広く国民の間に根ざした近代政党に脱皮するためには、党員数の拡大と党組織の整備を急がなくてはならない」と説いた。そのためには、「自民党総裁の選出にあたって、全党員の意思を直接に反映するシステムをつくること」が必要であり、「総裁公選にアメリカ大統領選挙における予備選挙方式を導入すべきだ」と主張した[11]。

ところが、三木内閣の生みの親でありながら、椎名副総裁は総裁予備選挙の導入に否定的であった。「小選挙区制が確立して、党の地方支部というものがキチッとしたものになれば、予備選挙をやる土台もできてくると思いますが、現状で予備選挙をやるということは、各支部の内容もまちまちだから、なかなかむずかしいじゃないかと思うね。ただ混乱するだけで、オモチャ箱をひっくり返したような状態になる可能性がある[12]」。党近代化には小選挙区制の実現が不可欠というのが、椎名の信念であった。ところが、その目途は立たなかった。しかし、こうした椎名の反対もあって、総裁予備選挙の導入は容易には進まなかったのである。

三木による党改革とその難航

三木による改革は、全体として難航した。政治資金規正法改正案は、公職選挙法改正案とともに一九七五年七月四日に成立したが、企業献金を三年で廃止して個人献金に切り替えるという三木の当初の案からみると、自民党内の反対ゆえにかなり後退してしまった。企業や労働組合の献金について規模別の制限を設定し、政党や政治資金団体などに一定額以上の献金の報告を義務づけ、個人献金は献金額を制限する一方で税制上の優遇措置を与えるという内容であり、政治献金の制限と収支公開の徹底が図られたとはいえ、不十分なものにとどまったといえる。

自民党と財界の関係も、なかなか変わらなかった。一九七四年七月七日の参院選で田中首相の要請に応じて二六〇億円を集めた経団連は、[13]強い批判を浴びて企業献金の斡旋の中止を八月一二日に決定せざるを得なくなった。電力・ガス・銀行・鉄鋼などの業界が、これに追随した。さらに、今里広記《いまざとひろき》日本精工会長をトップとする議会政治近代化委員会が設けられ、椎名調査会と連絡を取りながら提言をまとめ、これに基づき一九七五年三月二八日、国民協会が国民政治協会に改称することを決め、開かれた国民組織に発展すべく、元NHK会長の前田義徳を会長に、石川六《ろく》郎《ろう》、堤清二《せいじ》、牛尾治朗《じろう》、香山健一、黒川紀章《きしょう》を新理事に起用した。国民政治協会は、自民党の党近代化の一環として、一〇〇万人を目標に据えて個人会員を増やし、その会費で資金の六―八割を賄うことを目指した。

ところが、こうした転換も、失敗に終わった。「議会政治を守る野党なら献金しても構わない」という方針を示していた前田会長は、政治資金規正法の改正に伴い、国民政治協会が自民党の政治資金団体に指定されたこともあって、就任後わずか半年で辞任してしまった。個人会員を重視する方針も成果を挙げるに至らず、「企業こそ国の宝である」という企業立国論を持論とする元警視総監の江口見登留《みとる》が会長に就任し、政治資金規正法の改正をもって企業献金が肯定されたという認識を示すとともに、「企業が、自らを守ってくれる政党に対して、応分の政治献金を提供するのは、きわめて自然な行為である」との見解を述べた。結局、国民協会から国民政治協会への改称は、期待に反して、企業献金が再開される契機になったにすぎなかった[14]。

総裁予備選挙の導入も、田中伊三次《いさじ》を会長とする党則改正調査会で検討が進められたが、難航した。田中会長は一九七五年二月一四日、全党員の参加による市区町村支部単位の予備選挙を実施し、その上位二名について国会議員による本選挙を行うという試案を提出した。ところが、派閥対立が末端にまで拡大するとの懸念が出され、五月一五日の会合でまとまったのは、予備選挙を都道府県連単位、本選挙をその上位四名に変更する案であった。過去四人以上の立候補者があったのは稀であり、総裁予備選挙の形骸化という批判もなされたが、そうした声は押し切られてしまったのである。さらに、八月二七日に作成された改正要綱は、各都道府県連の最高得票者に本選挙で一票を加える一方で、いずれかの都道府県連の最高得票者は本選挙の候補者に残るとされ、一層後退した。三木はこれを受け入れず、総務会で党議決定が見送られ、党三役預かりとなった[15]。

一九七六年二月四日にロッキード事件が発覚すると、三木首相は真相究明に動き、それに対抗する「三木おろし」が始まった。「三木おろし」は七月二七日の田中前首相の逮捕を受けて本格化し、自民党内の対立は激化した。解散権の行使を断念する代わりに首相の座を維持することに成功した三木は、国民の金権腐敗に対する厳しい批判に加え、地方組織などからの党改革の要望を背景に、再び総裁予備選挙を取り上げ、その導入を訴えることで巻き返しを図ろうとした。九月二六日の党三役と田中会長の会合を経て、一〇月一三日の党則改正調査会で予備選挙の上位三名を本選挙に残すという案が作成され、翌年一月二六日の第三二回党大会に成案を提出する準備が進められた[16]。しかし、一二月五日の総選挙で自民党は敗北し、三木は同月一七日、その責任をとって退陣することを表明した。

かくして、三木による総裁予備選挙の導入の試みは、失敗に終わった。退陣声明において三木は、ロッキード事件の真相を究明して金権体質と派閥抗争を一掃することを訴えた上で、次のように語った。「私は、在任中に総裁公選制度の改革をはかったが、残念ながら改革はまだ実現していない。私は、各地区の全党員による総裁候補の推薦選挙と、その結果に基づく上位候補者の両院の議員による決定選挙の二段階方式を提案している。この党再生の主柱である公選制度の改革は、来年一月の党大会で是非とも実現を期さなければならない。私は、諸悪の根源は現行の総裁公選のやり方にあるといってきた。その考えは今も変わりない[17]」。

綱領・政綱をめぐるせめぎ合い

以上にみてきた一九七四年七月七日の参院選後の党近代化の動きは、綱領的文書の見直しを伴った。その中心を担ったのは、一〇年ほど前に三木を会長とする第三次組織調査会の副会長として、労働憲章や基本憲章の制定に尽力したリベラル派の石田博英であった。全国組織委員長を務めていた石田は、参院選から二日後の七月九日の党役員会で、綱領や政綱の見直しを提案し、了承された。これを受けて、石田を会長とする「党綱領及び憲章に関する調査会」が設置され、二〇年前に制定された綱領が現状に合わなくなっているとの認識に従い、西ドイツの社会民主党のゴーデスベルク綱領などを参考にしながら作業を進め、一一月二〇日に成案を得た。

この綱領草案は、憲法改正に触れなかった。「今後五年程度を展望」する綱領という位置づけのもと、近い将来に必要になるとも考えられないし、現実にもできないという理由からであった。その一方、この綱領草案で重視されたのは、「社会的公正の確保」や「国民生活優先の政治」であり、社会的公正を確保するために私権を制限すること、消費者の利益を保護するために不当な私的独占を許さないこと、国民生活の安定のために高い水準の社会保障を確立することなどが盛り込まれた。また、「恒久平和と全人類の繁栄をめざす外交」として、非核三原則の堅持が明記された。末尾では、「党の組織運営を改善し、体質の近代化を進める」ことなどを通じて、「国民の政治参加を具現し、真の国民政党に脱皮していかなければならない」と謳った。[18]

こうした内容を持つ綱領草案が作成された背景には、新聞報道によると、次のような党内情勢があった。「現在の綱領的文書は冷戦時代を反映して「共産主義、階級的社会主義勢力との対決」をむき出しにしている一方、国民道義の確立、教育改革、愛国心の高揚などを強調しており、自民党を支持する学者、文化人からすら「色あせたイメージ」と批判されてきた」。しかし、その一方で、石田は「「憲法改正」の表現があいまいだ、という雰囲気が党内に強かった」と振返っている。実際、草案の作成過程でも、右派から憲法改正を明記すべきという意見が出されていた。このようなせめぎ合いのなか、一一月二九日の党役員会に答申された綱領草案は、田中内閣の総辞職から三木内閣の成立に至る混乱もあって、事実上棚上げされてしまった[19]。

ところが、それから一年後、結党二〇周年を迎えるにあたり、新たな綱領と政綱(政策大綱)を作成することが、一九七五年一〇月一三日の政府・与党連絡会議で決まった。これを受けて、松野頼三政調会長を委員長とし、石田博英を含む長老クラスで構成される党政綱等改正起草委員会が設けられ、新政綱の起草が進められた。そのもとで、実際の作業にあたったのは、中堅・若手議員を中心とする幹事会であったが、改憲に消極的なリベラル派の河野洋平が座長に就任した。松野自身は改憲に積極的であったが、今はその時期ではないという理由から、右派を「押さえに回った」。また、石田も党幹事長代理として、河野をバックアップした[20]。

河野を座長とする幹事会が作成した新政綱草案は、焦点の憲法改正について、六項目目の「議会制民主主義の推進」のなかで扱っただけでなく、「社会の複雑化と国民意識の多様化に伴い、常に国民の合意を求めつつ、憲法を含め、選挙制度、行財政など諸制度を見直し、改革に努力する」という非常に緩やかな表現を用いた。幹事会の内部においても、「自主憲法の制定」を前面に押し出すべきとの意見が出されたが、現行憲法がすでに国民の間に定着しているといった理由から、こうした表現が採用されたのである。また、「国際社会への積極的貢献」の項目では、非核三原則の堅持が謳われた[21]。

ところが、この草案が検討された一一月六日の政綱改正起草委員会では、批判が続出した。強硬な右派として知られた青嵐会《せいらん》の渡辺美智雄、中川一郎、玉置和郎《かずお》らが、委員でないにもかかわらず出席して、「自主憲法の制定」を冒頭で謳うよう主張し、受け入れられなければ脱党も辞さないという態度を示した。また、委員からも憲法や非核三原則に関する記述を見直すべきとの意見が多数示された。これを受けて一三日の会合では、改憲を明示することが決まった。しかし、今度は改憲に慎重なリベラル派が反発し、二〇日の会合で宇都宮徳馬《とくま》、渋谷直蔵《なおぞう》、山口敏夫の三議員から、改憲の明示に反対する意見書が提出された。そこで、二六日、松野委員長と河野座長に、右派の中尾栄一、リベラル派の山口敏夫を加えた四者会談が行われ、結党以来の「現行憲法の自主的改正」を評価するとともに、「国民の合意を得て現行憲法を再検討する」と記述する案がまとめられた[22]。

しかし、これでも右派は収まらず、新政綱の制定は二九日の結党二〇周年の記念式典に間に合わなかった。そこで、党大会に向けて、一九七六年一月一四日、松野、河野、渋谷、中尾、中川の五名の間で会談が持たれ、「国民の合意を得て現行憲法を再検討し、改正をはかる」という表現に最終的に落ち着いた。二一日に開かれた第三一回党大会では、それを盛り込む新政綱の前文と項目が確定したことが報告された[23]。しかし、その後、新政綱の制定は棚上げされ、頓挫してしまう。六月一三日には、ロッキード事件の発覚を受けて、座長を務めていた河野や山口ら六名が自民党を離党し、二五日に新自由クラブを結成した。その一つの背景には、新政綱の制定をめぐる挫折があった[24]。

以上のように、三木総裁のもとでの新政綱の制定も、総裁予備選挙の導入と同じく難航し、最終的に失敗に終わった。しかしながら、全体としてみるならば、攻勢をかけていたのは憲法改正に慎重なリベラル派であり、右派が辛うじて「自主憲法の制定」という方針を守るのに成功したにすぎなかった。少なくとも、両者の勢力がかなりの程度拮抗していたのは確かであった。

福田赳夫による総裁予備選挙の導入

一九七六年一二月五日の総選挙の結果は、自民党にとって衝撃的であった。公認候補の当選者数が二四九と、衆議院の過半数を七議席も下回ったからである。追加公認を加えて二六〇議席になったが、それでも定数五一一の五〇・九％にとどまり、参議院に続いて衆議院も与野党伯仲に陥った。野党では新自由クラブが一八議席を獲得し、都市部を中心に躍進したことが注目された。

この結果は、ロッキード事件に象徴される金権腐敗や、三木おろしにみられる派閥抗争に対する国民の批判とみられた。これを放置しておけば政権から転落するのではないかという危機感が自民党を覆った。しかも、半年後には参院選が迫っていた。

こうしたなか、三木に代わって一二月二三日に総裁に就任した福田赳夫も、総裁予備選挙の導入を中心とする党改革を推進した。福田は、総裁に就任した際の記者会見で、「自民党が生まれ変わるぐらいの大改革をする。党名を変えるぐらい、解党新党ぐらいの心づもりだ」と述べて、派閥の解消をはじめとする党近代化の必要性を力説し、「政党の体質に一番かかわるのは選挙制度だと思う」と語りながらも、田中元首相の失敗を踏まえ、「小選挙区比例代表制がいわれているが、私は、これを今持ち出す考えはない」と表明した。[25] 福田にとって、長年の持論である小選挙区制の導入に踏み出せない以上、三木が退任声明で求めた総裁予備選挙を導入するしかなかった。福田は早速、二八日の党役員会で、自らを本部長とする党改革実施本部の設置を決めた。

党改革実施本部は、一九七七年一月二一日に発足した。その下には、第一委員会（総裁公選規程の改正）、第二委員会（党組織の強化並びに自由国民会議の結成）、第三委員会（党財政の確立）、第四委員会（広報活動の改革強化）、第五委員会（派閥の解消）の五つの委員会が置かれ、一月二六日の第三二回党大会を経て、三月三一日に本部長である福田総裁に答申が行われた。二カ月あまりという異例のスピードで答申がまとめられたことは、自民党に充満する危機感の強さを物語っている。こうして作成された党改革案は、党役員会、総務会、全国幹事長会議、両院議員総会、全国政調会長会議のそれぞれで承認を得た後、四月二五日、「党改革・躍進総決起大会」と銘打たれた第三三回臨時党大会において、最終的に決定された。

この党改革の中心は、何といっても総裁予備選挙の導入であった。具体的な内容としては、経過措置を講じるという前提のもとで引き続き二年以上党費を完納した全党員が参加し、国会議員二〇名によって推薦された候補者について、都道府県連単位で総裁候補決定選挙（予備選挙）を実施する。その結果を持ち点制度に基づいて全国集計し、上位二名について国会議員による総裁決定選挙（本選挙）を行う、というものであった。全党員の参加による党首選挙は日本初の試みであり、しかも三木の当初の試案と同じく上位二名しか本選挙に残さないものであり、思い切った内容のものであった。また、地域別、職能別、職域別に「自由社会を守る国民会議」（自由国民会議）を結成して幅広く会員（党友）を集め、それに総裁予備選挙への参加を認めることも決められた。そのほか機関紙『自由新報』の党員への配布などが盛り込まれた。[26]

この間、福田の強い意志もあって、派閥が解散していった。前年の一二月二三日に船田派（一新会）が解消を決めたのを皮切りに、二月九日の水田派（巽会）、三月九日の福田派（八日会）、一〇日の中曽根派（新政同志会）と大平派（宏池会《こうち》）、一六日の旧田中派（七日会）と続き、三一日の三木派（政策同志会）を最後に、全ての派閥が一応解散する結果となった。党改革案でも、派閥の解消が強く打ち出され、派閥が果たしてきた機能を党が代替すべく、当選回数別・地域別の議員連絡会の設置、リバティ・クラブと名付けられることになる議員サロンの開設、適材適所主義に基づく人事、議員の日常活動に対する支援などの方針が示された。

以上にみたように、総裁予備選挙の導入によって、自民党は結成以来の党近代化、すなわち近代的組織政党の建設という目標に向けて大きく前進したかにみえた。しかし、高度成長に伴う社会変動を受け、一九七〇年代に入って自民党では、三木や福田が主張してきた党近代化論とは異なる新たな党組織論が登場した。日本型多元主義政党論である。[27] それは党近代化論とは反対に、派閥や個人後援会を中心とする分権的な自民党の党組織を肯定し、その延長線上に総裁予備選挙の導入を位置づけた。実は、以上にみてきた総裁予備選挙の導入は、相異なる二つの潮流の同床異夢によって実現したのであった。

二　香山健一と日本型多元主義の台頭

画期的な学者グループの提言

田中角栄が首相に就任する半年前の一九七二年一月、「二十一世紀を準備する新しい型の政党へ——自由民主党組織活動のビジョン」と題された一〇〇ページを超える報告書が、自民党基本問題懇談会によってまとめられた。この組織は、代表の吉村正（政治学）、飽戸《あくと》弘（社会心理学）、犬田充《いぬたみつる》（情報社会学）、内田満《うちだみつる》（政治学）、香山健一（社会工学）、吉村融《とおる》（科学哲学）の六名の学者によって構成されたが、その前年の七月二四日に発足していた自民党の組織活動調査会の依頼に応じて、約三カ月間で「最新の社会科学の研究成果」と「学際的なアプローチ」を駆使しつつ、「自民党の直面する基本問題を取り上げて、調査、検討し、組織革新の基本方向についての提言をねりあげ」たのである。[28]

そこで取り上げられた自民党の直面する基本問題とは、支持率の低下であった。総選挙での自民党の得票率は、一九六七年に五割を切った後も下落し続けている。また、自民党は大都市や若年層の支持が弱いため、さらなる低下が予想される。だが、社会党の支持率も低くなっている。この報告書が注目したのは、自民・社会両党の支持者が「支持なし層」へと大量に流出していることであった。しかも、政治についての知識も関心もない伝統的な政治無関心型に対して、政治の知識や関心がありながら既成政党に失望し、是々非々的に政党を選ぶ独立型の「支持なし層」が増えている。この報告書は、現在からみても、都市部を中心とする無党派層の増大という一九六〇年代末から顕著になった現象を、かなり早い段階で的確に捉えていたといえる。

こうした世論調査で政党支持なしと回答する無党派層の増大は、高度成長下の社会構造の変化とそれに伴う国民意識の変容によって生じているというのが、この報告書の分析であった。すなわち、都市化の進展、生活水準の上昇、情報化社会の到来、ポスト産業社会への転換、国際化の進展といった社会構造の変化が、若年層を中心として個人主義的な態度を広げ、価値観を多様化させている。そこでは社会規範の拘束力が弱まり、是々非々的な態度が強まる。「支持なし層」の増大は、日本が第二の明治維新ともいうべき歴史的転換期を迎え、国民意識が変容していることの反映であるが、自民・社会両党をはじめとする諸政党は、それに十分に対応できていないというのである。

それに対応して出現すべき「新しい型の政党」とは何か。この報告書が示しているのは、社会の隅々にまで情報のネットワークを張りめぐらせ、多様な国民の要求を先取り的につかみ、政策と日常活動を通じて柔軟かつきめ細かく対処する一方、日本が目指すべき未来のイメージを提示し、その理想や目標に向けて国民を統合していく、そうした国民に根差した分権的な政党である。そこには、急速な社会変動の結果、従来の画一的で全体主義的な民主主義とそのもとでの保守と革新の対立が陳腐化し、「真に自由な、個人の創意と多様性を前提としたリベラルなデモクラシー」に移行しつつあるという認識が存在していた。

ここで重要なのは、自民党こそが、このような「新しい型の政党」の最短距離にいると評価されたことである。「わが国の諸政党のなかで、自民党ほど自由と多様性を尊重する組織原理を持っている政党はない。党内に多様な立場や意見が存在し、それらが自由に自己を主張し合い、競争し合っているという状態、その柔構造、多重構造の組織性格こそが自民党の生命力の根源である。この組織上の特質は、画一的な思想統制、同質性、一元性などを基本的な組織原理とする政党とは根本的に異なっている」。この報告書は、社会民主主義政党に代表される集権的な組織政党モデルを否定し、分権的な自民党の党組織のあり方を肯定したのである。

もちろん、自民党の現状は全面的には肯定されず、「体質改善」が必要とされた。「できるかぎり広範な国民的基盤の上に立たなければならない」という認識のもと、党員の増加、院外組織の拡充、各種団体との連携強化などが提案されたが、その場合にも、党員や支持者を目的・機能・関心別に分け、柔軟かつ多重構造的に組織することが必要とされた。そして、そのために提案されたのが、総裁予備選挙の導入であった。全党員に総裁選挙への参加の機会を与えることで、組織の拡大や党員の自覚の向上に寄与するだけでなく、候補者が公開の場で「自由で多彩な論争」を展開することで、国民のイメージを好転できると主張したのである。

この報告書の作成を主導したのは、香山健一だとみられる。自民党基本問題懇談会の代表で党中央政治大学院長でもあった吉村正は、前述したように、イギリス保守党をモデルとする党近代化論者であり、この報告書がまとめられた以降も、「党員の組織政党へ脱皮すべし」と論じている[29]。それに対して香山は、この報告書が提出される直前、自民党の機関紙で「新しい型の政党組織に生まれ代わる」ことを訴え、半年後にも報告書を引きながら、「自民党の活力の源泉の一つは、この党の多様性にある」と説いているからである[30]。ただし、香山も、その翌年、田中内閣が推進した小選挙区制の導入に賛成し、党近代化の観点から中選挙区制は望ましくないという発言を行ったように[31]、この段階では旧来の発想から完全に抜け出すには至っていなかった。

「日本の自殺」と『英国病の教訓』

香山健一とはいかなる人物だったのか。香山は学生時代、東京大学教養学部学生自治会の委員長や全学連（全日本学生自治会総連合）の委員長を務め、砂川闘争や警職法反対運動を指揮し、共産党から除名された後、共産主義者同盟（ブント）を結成した人物であり、安保闘争後は、清水幾太《いくた》郎《ろう》らとともに保守の立場に転向していた[32]（写真2-1）。学習院大学で社会工学や未来学を研究し、学際的かつ最先端の社会科学にも通じており、一九六八年末に発表した論文「情報社会論序説」では、文明史的な観点から情報革命について論じ、「新しい時代の人間は、なによりも狂信を拒否し、多様な意見の存在を尊重する自由な精神の持主でなければならない」と説いていた[33]。

写真2-1　中曽根康弘首相（左）と並ぶ、香山健一学習院大学教授
（1984年4月26日撮影、写真：毎日新聞社〔部分〕）

この自由と多様性の尊重という主張は、一面では高度成長下の巨大な社会変動に関する学問的な分析から導き出されたものであったが、もう一面では堅固なイデオロギーを奉じ、民主集中制を組織原理とする共産党に対する批判でもあった。そして、一九七二年の総選挙での自民党の後退と共産党の躍進を契機として「保守の危機」が深刻化すると、香山は堰《せき》を切ったかのように次々とオピニオンを新聞や雑誌に発表していった。また、一九七四年半ばには、ジョージ・オーウェルの小説を意識した「グループ一九八四年」の筆名で、長文の共産党批判を執筆し、『文藝春秋』に二度にわたって掲載された[34]。同誌の編集長の田中健五によると、グループ一九八四年の中心人物は香山であり、東京大学教授の佐藤誠三郎《せいざぶろう》や公文《くもん》俊平が加わっていたという[35]。

重要なのは、香山の批判が、共産党にとどまらず社会党を含む革新勢力全体、ひいてはそれに引きずられがちな自民党にも向けられたことである。『文藝春秋』一九七五年二月号に発表されたグループ一九八四年の論文「日本の自殺」は、その代表例といえよう。この論文は、香山が単独で執筆した可能性が高いようであるが[36]、ローマ帝国の没落を例に取り、文明を自壊させる「自殺のイデオロギー」として、平等主義を攻撃する。戦後民主主義は、そうした悪しき擬似民主主義の一種であり、イデオロギー信奉、画一的一元的全体主義、権利の一面的強調、建設的提案なき批判、大衆迎合主義としてあらわれていると主張したのである。

ここで反面教師として示されたのは、人々が物質的欲望を肥大化させ、国家の福祉への依存を強め、自立の精神と気概を失ったローマ帝国であり、「繁栄と都市化が大衆社会化状況を出現させ、それが大衆の判断や思考力を衰弱させることを通じて、「パンとサーカス」の活力なき「福祉国家」へと堕落し、エゴと悪平等主義の泥沼に沈んでいくという恐るべきメカニズム」に日本も陥りつつあると警告した。[37] こうした福祉国家に対する批判は、財界から歓迎された。後年、第二臨調（第二次臨時行政調査会）の会長として行政改革を主導することになる土《ど》光《こう》敏夫経団連会長は、この論文の内容に共感してコピーを知人に大量に配り、さらに香山に要請して会談を行ったという。[38]

ただし、注意しなければならないのは、これが古典的な保守主義の立場からの大衆社会論であり、国家の肥大化だけでなく、それと表裏一体のものとして利己的な個人が批判されたことである。すなわち、家族や伝統的な共同体が解体し、アトム化された大衆が生み出され、節度を持たない大衆は、物質的な欲望を肥大化させ、怠惰になるとともに、国家の福祉への依存を強める、というのである。国家に依存しない自立した個人が称揚されたが、それはあくまでも自己利益の追求を自制する個人であり、市場を原理とする考えとは大きな隔たりがあった。

一九七八年に入って香山は、この「日本の自殺」の延長線上に、それまで書き溜めていた文章をまとめて『英国病の教訓』を出版した。そこにおいてイギリスは、もはや日本にとってのモデルではなく、以下のような「福祉国家病」のメカニズムの悪しき代表例として批判された。

①医療、年金、教育、住宅など公共サービスの量的拡大→②公共財への依存心の増大、自立精神の衰弱→③自由競争原理の後退と自立自助の努力の低下、エゴの拡大→④公共財の一層の拡大→⑤国家財政の膨張、非市場経済部門の肥大化と市場経済部門の縮小、租税負

担率の高騰→⑥高度累進所得税、高い法人税、産業国有化→⑦勤労意欲、創意工夫意欲の低下、投資意欲、生産性向上のインセンティブの低下→⑧経済の停滞、生産性の低下→⑨歳出・歳入のアンバランスによる財政破綻→⑩社会的責任感の衰退と社会的統合の崩壊、政局不安定

このように香山は、西欧の福祉国家を批判し、国家の財政や規制をスリム化するための行政改革の必要性、国民の自立自助と自由競争の原則を強調したのであるが、同時に「個人主義の限界」を説いた。人間は個人だけで存在し得るものではないにもかかわらず、個人主義という考え方は、人間生命の時間的連続性や空間的つながりを見落としてしまうからである。「家族主義や国家主義を全面否定し個人主義だけを一面的に強調することはやはり間違いのもとだ」。そして、香山が日本の誇るべき長所として挙げたのは、「企業とか職場レベル家庭レベルで行なわれている福祉」であり、健康保険や年金についても、「分権化された、多元的、自立的な相互扶助システムで運用されるようにしていくことが望ましい」と主張した。[39] 香山にとって重要なのは、国家と個人の間に存在する家族・職場・地域といった集団であった。

日本的集団主義の称揚

香山は、こうした議論を単独で展開したわけではなかった。グループ一九八四年にみられるように、一九七〇年代に入って保守系の学者のネットワークが形成されていったのであり、香山はその中心人物の一人として大きな役割を果たしたのである。国会で与野党の議席数が伯仲し、自民党が政権から転落する危険性が高まるなか、保守再生に向けた知的プロジェクトが、いわば共同作業として精力的に進められたのであった。

そのようなネットワークの一つの核になったのは、一九六九年にウシオ電機の牛尾治朗社長が設立した社会工学研究所である。この研究所は株式会社であり、牛尾が社長、建築家の黒川紀章が所長を務めたが、地方都市の整備や都市交通問題などを取り上げたほか、奈良時代までさかのぼって日本の人口分布を調査・推定し、その上で二〇〇〇年までの予測を行うとともに、その背景をなしている社会・経済・文化や心理的要因を分析する、といった学際的な取り組みを行った。香山は、新進気鋭の学者として一九七〇年から加わり、佐藤や公文とともに、「現実世界」と「学問の世界」をつなげるカタリスト（触媒）としての役割を果たしたという[40]。

一九七六年には、経済同友会の企画担当者であった広田一が東京大学教授の村上泰亮《やすすけ》らと語り合って、政策構想フォーラムが設立された。村上が代表世話人となり、東京大学教養学部の同僚の佐藤、公文などの学者や、堤清二、飯田亮《まこと》、稲盛和夫、椎名武雄といった財界人をメンバーとしたが、その目的は保守の再生にあった。常任世話人の広田は、こう証言している。「保革・伯仲時代、オイルショックで、日本の将来に対する方向性が揺れていた。一方で現代総合研究集団

（正村公宏《まさむらきみひろ》代表）といった革新をサポートするシンクタンクが活動している。そんな中で、資本原理で日本の経済運営を行い、分権的方向で国民生活を充実させる革新的保守を目指した[41]」。この政策構想フォーラムのプロジェクトからは、次々と新しい議論が生まれていった。

第一に、現状認識に関する「新中間階層」論である。これは政策構想フォーラムの提言「脱「保革」時代の政治ビジョン」で打ち出され、『中央公論』の一九七七年二月号に掲載された佐藤・公文・村上の連名の論文によって広く一般に知られた。所得格差の縮小、大衆消費の高度化、マス・メディアの発達、高等教育の普及などが経済成長によって進み、その結果、国民が均質化し、その多くが中流意識を持つようになり、「新しい中間階層」が成立した。それは長い目でみれば、高度成長によって「追いつき型近代化」が達成された結果であり、欧米諸国をモデルとする革新の役割が失われたばかりでなく、保守も転換を迫られている。このような現状認識に基づき、「新しい中間階層」を取り込むべく、「公開の政治」への転換や「中央集権主義」からの脱却を求めたのである。[42]

第二に、歴史認識についての「イエ社会」論である。これは、村上・公文・佐藤の連名で『中央公論』の一九七五年六月号以降、断続的に発表した論文を、一九七九年に『文明としてのイエ社会』と題する著作にまとめたものであった。同書の「まえがき」によると、これも政策構想フォーラムの援助を受けた研究であった。その独自性は、日本がウジ社会から機能的で能動的なイエ社会に移行していたがゆえに、個人主義的な西欧とは異なる独自の集団主義的な近代化に成功したと主張した点にあった。近代的な個人主義の観点から後進性のあらわれとみなされてきた日本の集団主義を再評価しつつ、その歴史的ダイナミズムを強調することで、日本の家族や企業などが今後も変容しつつ発展していくという見通しを示したのである。[43]

第三に、将来構想に関する「日本型福祉社会」論である。その基本的な発想は、「日本型福祉社会のビジョン」という副題を持つ一九七五年に刊行された村上の共著『生涯設計計画』に示されていたが、政策構想フォーラムが一九七六年三月に発表した提言「新しい経済社会建設の合意をめざして」でも、「日本独自の福祉社会の建設」が唱えられた。イギリスや北欧のような一元的な価値観を前提とした集権的な社会保障制度が、政府に依存する不安定な弱い個人を生み出しているとの批判に基づき、「多元的な試みに対して開かれた分権的な制度でなければならない」というのが、そこでの主張であった。[44]香山の「英国病」批判も、西欧型の福祉国家モデルを否定して職場・家庭・地域における相互扶助を重視する「日本型福祉社会」論に立脚していた。

以上要するに、「追いつき型近代化」の終わりという時代認識に基づき、近代的な集権国家とともに個人主義を批判し、西欧をモデルとする近代主義から封建的と批判されてきた日本の伝統的な集団主義を再評価した上で、それを様々な政策的手段を用いて補強しつつ新たに発展させていくというのが、彼らの保守再生のビジョンであった。確かに「イエ社会」を肯定的に捉え直したとはいえ、高度成長を通じて生まれた「新しい中間階層」、政治的にみれば都市部に多い無党派層の取り込みを企図したことからも明らかなように、決して戦前への回帰を目指したのではなく、分権的な「日本型福祉社会」を作り上げ、集権的な福祉国家を乗り越えていくという展望を示したのである。香山らにとって、それは「近代化」に代わる「現代化」であった。

日本型多元主義政党の発展という主張

ところで、自民党の基本問題懇談会の報告書以降、その機関紙誌に頻繁に登場するようになっていた香山は、前述したように、一九七五年三月二八日に国民協会からの改称を決めた国民政治協会の理事に就任した。佐藤誠三郎によると、そのきっかけとなる提言をまとめた財界の議会政治近代化委員会にも、香山は協力したようである。[45] 確かに、その提言は、「自由民主党がその多様性と多元主義的な組織の特質を十分に生かしながら、新しい型の組織的国民政党に急速に脱皮していくことが強く要望される」と述べ、都市部の「支持政党なし」層に深く根を張ることを主張しており、[46] 香山の影響を読み取ることができる。ところが、「開かれた国民組織」を目指す国民政治協会の試みが挫折に終わったことは、既に触れたとおりである。

香山からみても、「保守の危機」は一層深刻化した。一九七六年二月四日にロッキード事件が発覚すると、グループ一九八四年は、『文藝春秋』の同年七月号に論文「腐敗の研究」を発表した。この論文は、「日本の自殺」の続篇としての性格を持つものであったが、「保守党が、野党の怠慢にも助けられて、いつしか自然的世界にのみ棲息するようになり、道義的自制を失って腐敗の許容限度を越えてしまった」と断定し、「戦後保守党の終焉」を宣言した。[47] そして、「解党して新たに再出発するという決意と気概がない限り、保守党の出直し的改革は不可能であろう」と指摘して、田中角栄と三木武夫を含む自民党の総裁や派閥の領袖に引退を勧告するとともに、「これまでの密室政治の組織体質を、もっと国民に対して開かれた組織体質に構造改革すべき」と主張し、抜本的な党改革を訴えた。

そのための最も有効な手段として香山が位置づけたのは、密室政治や金権腐敗の温床となっている総裁選挙の大胆な改革であり、具体的には全党員の参加による総裁予備選挙の導入であった。総裁予備選挙は立候補制にして、地方組織ごとに開かれる政見発表会で、各候補者が政治理念と政策体系を公表して実施する。そして、全国の得票総数で上位三名の候補者について、党大会で国会議員と地方代議員が投票を行い、最終的に総裁を決める。総裁予備選挙が導入されれば、党員は一挙に数百万人に増え、党費収入によって党財政が確立し、末端の組織活動が活発になり、次第に「開かれた国民政党」としての内実を備えられる、というのである。

重要なのは、以下にみるように、近代的組織政党の建設という目標を批判し、派閥や個人後援会に代表される分権的な党組織を積極的に擁護したことである。「開かれた国民政党を主張するからといって、われわれは単純な派閥解消論や党近代化論に与《くみ》するものではない。われわれは新しい保守党が西欧近代組織政党の抽象モデルを模倣すべきだとは考えない。反対に、日本の保守党は、日本社会の組織論的特質にしっかりと立脚した個人後援会―派閥―政党というゆるやかな組織原則を堅持すべきだと主張したい。それこそが日本型多元主義政党の姿なのであり、多様性を尊重する自由社会の政権担当政党にふさわしい組織体質なのである」。

総裁予備選挙の導入は、こうした日本型多元主義政党を発展させるためであった。「各個人後援会組織と党内各政策グループは、政治理念と政策を掲げて国民のまえで競い合い、それぞれ党組織の拡大に努力するようになる」。つまり、派閥やそれに連なる個人後援会を肯定した上で、そのエネルギーが密室政治や金権腐敗というマイナスの方向ではなく、政策上の切磋《せっさ》琢磨《たくま》や党組織の拡大という前向きの方向に発揮されるようにすることが、総裁予備選挙を導入する目的であった。「派閥の行き過ぎによる弊害は、勿論抑制しなければならないが、保守党の活力と創造力、多様性の源泉である派閥の積極的機能までをも全面否定するような発想と議論は陳腐である。それは欧米型「先進国」モデルの模倣に専念してきた明治維新以来の「近代主義」の先入観にとらわれ過ぎている」。

いわゆる近代主義のようにイギリスなどの西欧諸国をモデルとすることを否定し、福祉国家を批判した香山は、自民党の組織改革についても党近代化とは違う構想を示した。香山の考えによると、社会民主主義政党を理念型とする組織政党は、多数の党員を擁する点はよいとしても、集権的な組織である点で、無党派層の増大にみられる高度成長に伴う社会構造の変化に対応し得るものではなかったし、自由と多様性を尊重する上でも望ましいものではなかった。それゆえ、派閥や個人後援会にみられる分権的な党組織を肯定しつつ、それをバージョン・アップして「開かれた国民政党」になることこそ、ポスト高度成長期の自民党が追求すべき方向性であった。そして、総裁予備選挙の導入は、そのための手段として位置づけられたのである。

新自由クラブの結成から自民党の党改革へ

ロッキード事件の発覚後、三木が真相究明を進めると、かえって「三木おろし」の動きが起こり、派閥抗争が激化した。三木が進めた総裁予備選挙の導入も、難航していた。一九七六年六月一三日の河野洋平の自民党離党、二五日の新自由クラブの結成は、香山が前記の論文「腐敗の研究」を書いた直後のことであった。佐藤誠三郎によると、香山は、新自由クラブの綱領や基本政策などの執筆に関わったという。[48] その綱領の最初は、「われわれは、自由で多様な個人の自立と連帯に基づく、公正で活力ある自由社会の創造と、より秩序ある自由経済体制の発展を図り、簡素で効率のよい政府の実現をめざす」というものであった。自民党の改革に限界を感じた香山は、リベラル派の河野を代表として結成された都市型政党の新自由クラブに期待を寄せ、協力したのである。

一九七六年一二月五日の総選挙で自民党が惨敗し、新自由クラブが躍進した直後、グループ一九八四年は、『文藝春秋』の一九七七年二月号に論文「日本の成熟」を掲載した。その総選挙の評価は、「「民意」は、新自由クラブを大躍進させることによって都市中間層と青年層にとってより大きな魅力のある新しい自由主義政党の成長を促すとともに、自民党の再生にも強い刺戟を与え」たというものであった。そして、「自民党の「出直し的改革」が、ここ一～二年といった短期間のうちに可能だとは、いかにも考えにくい」と指摘し、「試練を新自由クラブが乗り越えることができ、かつ自民党が再生に失敗するならば、新自由クラブが第一党となる日もそれほど遠くはない」という見通しすら示した。[49]

ところが、この見通しは直ちに、しかも好ましい方向で裏切られた。三木に代わる福田総裁のもとで、自民党が総裁予備選挙の導入をはじめとする党改革を急速に進めたからである。そして、一九七七年一月二一日に自民党が党改革実施本部を発足させるにあたって、党外の数名の学識経験者が参加を求められ、香山は第二委員会の委員に就任した。この第二委員会は、党組織の強化と自由国民会議の結成の二つの課題を担当したが、委員長の竹下登によると、いずれかといえば党友を集めるための自由国民会議に比重を置いて審議を進めた。その理由について竹下は、「党員拡大が本来の道かもしれないが、残念ながら、わが党は、まだ幅広く党員を獲得していくだけの魅力がない。そこで、自由主義社会を希求する広い層の参加、提言を得るため、自主的な動きの出ている自由国民会議の結成に協力していくことになった」と説明している。[50]

香山にとって自由国民会議の結成は、自民党が無党派層を含めて重層的に国民を組織化していくための工夫の一つであった。「支持政党なし層というのは、従来の二十四時間フルタイムで活動しなければならないような党組織には入らない」と、香山は認識していた。もちろん、従来のような党員も必要ではあるが、それに一元化していくべきとは考えなかった。「もっと重層的にいろんな組織が重なり合っていくようなことを考えなくてはいけないし、また一人ひとりがもう少し参加の意欲と主体性を発揮できるような組織論を考えないといけないと思うんです。これがないと支持政党なし層の奪い合いで自民党は遅れをとってしまう」[51]。

最終的に四月二五日の第三三回臨時党大会で、全党員が参加する総裁予備選挙の導入が決まり、加えて自由国民会議の会員（党友）にも投票権が与えられることが決定された。香山は、一九七八年一一月二七日に総裁予備選挙が初めて実施される直前、かつて自らが関わった自民党基本問題懇談会の報告書に言及し、「今回の全党員・党友参加による総裁公選の実施は、こうした党改革の第一段階の総仕上げという性質を持った仕事であり、再生自民党の新しい出発でもある」と述べ、「日本型多元主義政党としての一種の新しい実験であることは高く評価されてしかるべき」と力説した[52]。三木や福田のような党近代化ではなく、日本型多元主義政党の発展として、総裁予備選挙の導入を意義づけたのである。

党現代化を唱えた大平正芳

以上にみてきた香山と同じ理由から、総裁予備選挙の導入を中心とする党改革を進めた自民党首脳がいた。福田総裁のもとで幹事長を務めた大平正芳である[53]。

すでに一九七〇年代初頭から、大平は日本が大きな歴史的転換期に差し掛かっているという認識を示していた。明治以来の国家目標である欧米先進国へのキャッチ・アップを達成し、自力で独自の道を歩む創造的発展に向けて転換しなければならない。一九七一年四月一七日、池田勇人が創設した宏池会の第三代会長に就任し、次の総裁選挙に立候補することを決意した大平は、その半年後の宏池会の研修会で「日本の新世紀の開幕」と題する演説を行い、こうした認識を「戦後の総決算」という言葉を使って表現した。そして、その二年後の宏池会の研修会では、「文化の時代の到来」という考えを表明した。経済中心の「近代化の時代」から文化重視の「近代を超える時代」への移行というのが、大平の時代認識であった[54]。

それゆえ大平は、三木や福田が長年主張してきた党近代化論に同意しなかった。後に首相となった大平の首席補佐官を務めた長富祐一郎は、次のような大平の発言を記録している。「党の近代化をしっかりやらにゃいかんというとる。わかっちゃいないな」「近代を超えなければならないときだというのに[55]」。大平は、社会民主主義政党をモデルとする組織政党こそが近代的であり、自民党もそれを目指さなければならないとは考えなかった。「人間が三人集まれば、二つの派閥が出来る」という言葉を頻繁に口にしたように、派閥を解消できるとも思っていなかった。政治家が親睦を深めて政治的エネルギーを蓄える場所としても、首相や総裁などの独裁をチェックする機能を果たす集団としても、派閥には効用があると認識しており、小選挙区制の導入についても否定的であった。

このような大平の派閥観は、新聞記者の宇治敏彦によると、村上・公文・佐藤の「イエ社会」論と共鳴するものであった。「三木おろし」が自民党内で本格化し始めた一九七六年五月六日の取材メモには、当時蔵相を務めていた大平の発言として、「『中央公論』三月号に佐藤誠三郎氏ら若手の学者がイエ（家）の研究を書いているが、「家」とか「派閥」といった、近代化されていない点に日本の強みがあるんだ。自民党だって派閥があるから活力がある。近代化政党にしたら自民党は共産党ぐらいになる」と書かれているという。しばらく後の講演でも、大平は次のように語っている。[56]

日本の政治の活力は、イエ的原理にあるのではないか。個人個人ではなく、家に対する忠誠を第一に置く。家を大きくしたものが企業であり、政党であり、国である。企業別組合、終身雇用といった制度は外国にはない。ビジブルなものには乏しいが、こうした目に見えない所に日本の活力があるのではないか。自民党の改革が話題を呼んでいる。派閥の問題を聞かれるが、派閥があるとかないとかが問題ではなく、問題はその政党が今の時代に課せられた課題にどれだけの対応力を持っているかが問われている。政党が厳格な党紀、精緻な組織を持っている立派な近代政党であっても、天下を預かる力量を持っていなければ困る。一つの商品しか売れない自民党ではなく、いろんな商品を売る自民党でなければならない。専門店ではなく、壮大なデパートでなくてはならない。

ところが、大平も福田総裁のもとで幹事長に就任すると、福田が唱える派閥の解消に同調せざるを得なくなった。大平は、機関紙の一九七七年の新年号に文章を寄せ、「従来のような〝党中党〟をなしてきた派閥の弊害は、直ちに改められなければならない。派閥と名のつくものをいっさい根絶するということは、人間の本能を抹殺するに等しいことだが、派閥のエゴイズムが政党の本来の任務を損なうものである以上、これを黙過することはできない」と書いている。[57] ここには大平の深い逡巡がうかがわれるが、やがて踏ん切りをつけ、「「派閥を解消すべきか、すべきでないか」なんて議論してたらダメですね。まず、解消の決心を固めることが肝心です」などと発言するようになった。[58]

しかし、大平の本音は違っていた。三月一八日のフォーリン・プレスセンターにおける外国人記者とのやり取りで、大平は以下のように語っている。「派閥解消とは、派閥の弊害を除去することである。親ぼくの場まで党で没収することはできないし、人の集まりまで認めないとすれば人間の組織する集団の存在さえ否定することになりかねない。自民党の党改革は、排他的な一枚岩の組織政党になることを意味するのではない。この問題をめぐる議論は大別すると二つあると思う。その一つは既成派閥の処理であり、他の一つはこれと表裏一体の関係にある党機能の強化である。本当に必要なのは後者、つまり党自体の機能強化と党員へのサービス充実を実現させることだ」。[59] 派閥を否定せず、党組織を強化することで、その弊害を少なくする。あくまでも大平は、近代的組織政党の建設という目標には反対であった。

一般の有権者の参加を求めながらも、分権的で緩やかな党組織を構想していた大平幹事長の主導によって進められたのが、自由国民会議の結成であった。大平は、一月一八日の全国幹事長会議で、「党外にあってわが党を支持していてくれる厚い層をいかに党組織に組み込むかがポイントだ」と述べ、従来からの党員の拡大という方針とは別のプランを示した[60]。かくして、党改革実施本部に自由国民会議の結成を検討する第二委員会が設置され、党外の学識経験者を起用したいという大平の意向もあって[61]、香山がその委員に就任した。そして、四月二五日の第三三回臨時党大会で、自由国民会議の結成を含む党改革が決定された。

その一カ月あまり後、大平は次のように語っている。「私は率直に言って党の現代化をはかりたいと考えている。自民党は今後も政権を担当していくために、あくまで過半数の議席を維持していく必要がある。そのためにはどうしても、党の体質を幅広い、弾力性のあるものにしていく必要があると考える。それというのも、共産党や公明党などのように、きゅうくつな硬い政党では国民多数の要望を受け止めることができないからだ。……自由民主党を改革し、国民に開かれたものにしていくことは、近代化ではなく現代化である、と信じている[62]」。大平にとって党改革とは党現代化、香山の言葉を使えば、日本型多元主義政党の発展でなければならなかった。

三　大平・中曽根と日本型多元主義の隆盛

初の総裁予備選挙における大平の勝利

以上にみてきたように、総裁予備選挙の導入をはじめとする自民党の党改革は、三木や福田の党近代化論と大平・香山らの日本型多元主義の二つの潮流の同床異夢によって実現したが、最終的に勝利を収めたのは後者であった[63]。

自民党は、党改革を決定した第三三回臨時党大会の後、二〇〇万党員の獲得を目標として、組織化を精力的に推進した。一九七六年度の登録党員数は四五万三四七〇名であったが、都道府県連、市区町村支部ともに最低でも有権者の三％以上の党員を獲得するという目標が設定された。そして、同年末に行われる総裁予備選挙への参加資格が与えられる一九七八年二月末日の登録党員数は、全有権者の約二％にあたる一五一万七七六一人に上った（図表2-1）。これは大方の予想を遥かに超える結果であった。全国組織委員長として「組織しつつ選挙し、選挙しつつ組織する。これが組織政党というものだ」と唱えながら陣頭指揮にあたった竹下登は、「今回の飛躍的な組織強化によって近代的組織政党としての体をなしたと思う」と成果を誇った[64]。

他方、党を支援する外郭団体の自由国民会議の会員、すなわち党友は、会費が年額一万円に設

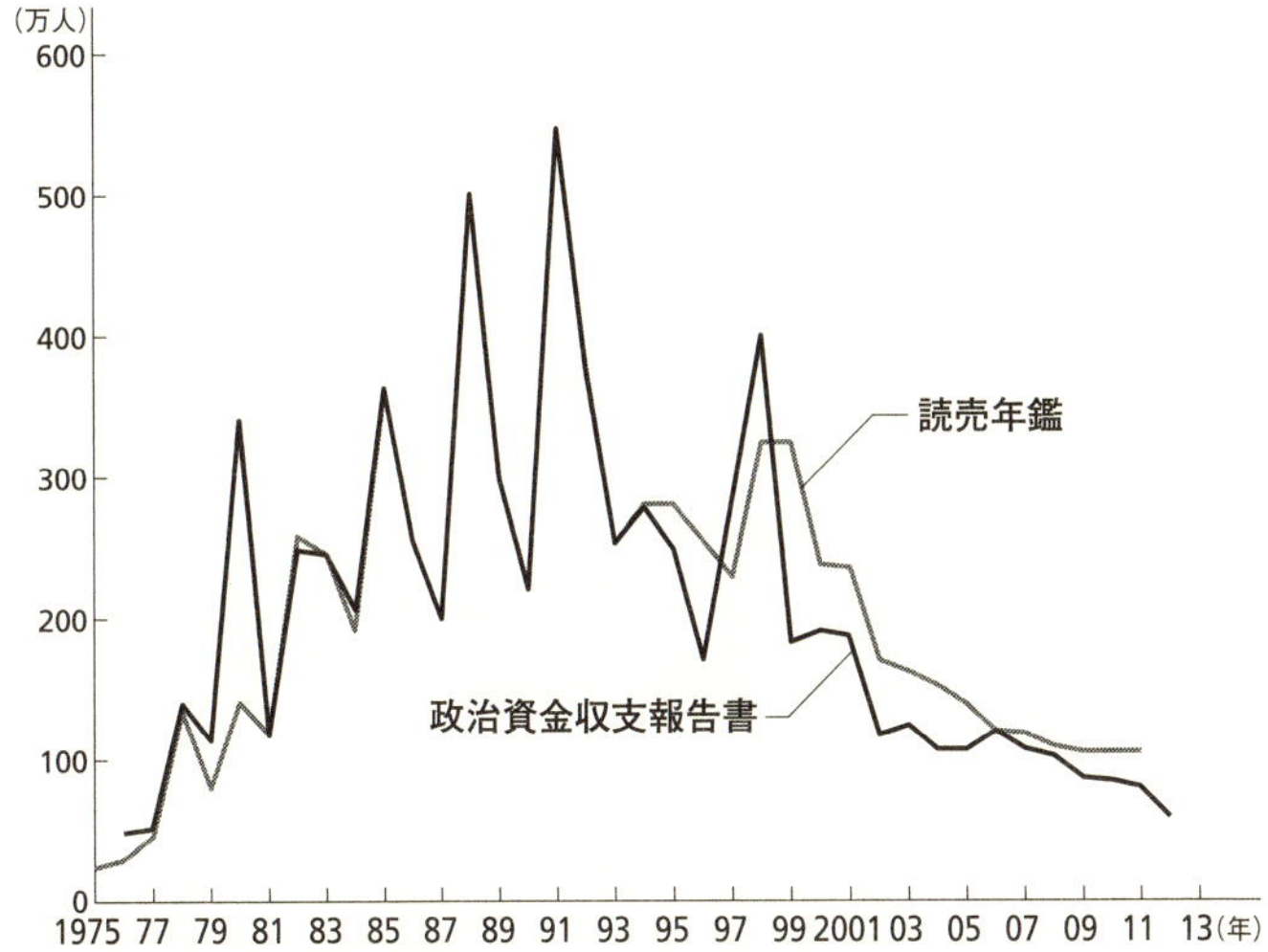

図表2-1 自民党の党員数の推移
(『読売年鑑』各年版および「政治資金収支報告書」より作成)

定されたが、三年間で一〇〇万人、当年は二〇万人を獲得することが目標とされた。そのために全国各地で「政経文化パーティ」を開催して「自由国民会議」の発足式に切り替えたり、全国特定郵便局長会、全国商工会連合会、石油連盟などの業界団体に働きかけたりといった方法で、党友の獲得が進められた。最終的に一〇月二〇日に総裁選挙管理委員会で確定された選挙人数は、党員が一三二万八六九六名、党友が一六万七六四六名、さらに国民政治協会の個人会員が二九二三名、合計で一四九万九二六五名となった。[65]

ところが、実態をみるならば、自民党が近代的組織政党になったとは到底言い難かった。前述したように、福田の総裁就任後、派閥は全て解散したが、とりわけ田中・中曽根・三木の三派は、政策研究集団と称して従来と同様の活動を続けた。そして、一九七七年七月一〇日の参院選では、各派とも旧派閥事務所に選対を設け、資金面その他で自派の候補者を全力で支援した。また、同年一一月二八日の福田内閣の改造においても、従来と同じく派閥ごとに閣僚ポストが割り振られた。そして、総裁予備選挙の実施に向けて、各派は党員・党友を獲得すべく、一斉に派閥活動を公然化させた。党員の飛躍的な増大は、総裁予備選挙での勝利を目指す派閥の党員獲得競争の結果であった。

一九七八年一一月二七日に開票された総裁予備選挙は、福田赳夫、大平正芳、中曽根康弘、河《こう》本《もと》敏夫の四名で争われたが、現職である福田の優勢という下馬評を覆して、田中角栄の支援を受けた大平が勝利を収めた。投票率は八七・七%、各候補者が獲得したポイントは、大平が七四八、福田が六三八、中曽根が九三、河本が四六であった。この選挙戦で、田中派は秘書団を動員して党員への徹底した個別訪問を行い[66]、派閥が地域の末端にまで拡散した。しかも、架空の党員が発見されたり、党費の立替えや本人の同意なき党員登録が明らかになったりした。また、これを契機に椎名派をはじめとする中間派が消滅して、五大派閥に集約された。敗れた福田は本選挙への出馬を辞退し、大平が一二月一日の第三五回臨時党大会で総裁に選出された。

結果として、総裁予備選挙を導入して投票権を一般の党員にまで拡大すれば、密室政治が不可能になって派閥やカネの力が及ばなくなり、金権腐敗や派閥抗争が収束するという党近代化論者のねらいは、完全に外れた。福田は、こう回想している。「予備選は中央の派閥解消が形だけに終わり、実態は旧態依然のままにとどまったため、所期の目的とは逆に全国への派閥の拡散につ

	党近代化論①	党近代化論②	日本型多元主義
代表的人物	岸信介、福田赳夫	三木武夫、石田博英	大平正芳、香山健一
派　閥	否定的	否定的	肯定的
小選挙区制	賛　成	慎　重	反　対
総裁予備選挙	賛成→反対	賛　成	賛　成
理　念	右　派	リベラル派	リベラル派

図表2-2 二つの党近代化論と日本型多元主義

ながって、政治刷新ができなかった。これは大変残念なことで、今でも心残りである」。そもそも小選挙区制の導入による党近代化を唱えていた福田は、自らが導入した総裁予備選挙の見直しを主張し始めるとともに、田中派や大平派に対抗すべく、一九七九年一月八日に清和会という名称で福田派を復活させた。[67]

日本型多元主義者の認識は全く違った。自民党の機関誌の一九七九年二月号の座談会で、香山健一は、「開かれた国民政党」を目指す党改革には、組織政党を建設しようという「近代化」と日本型多元主義政党を創造しようとする「現代化」の二つのモデルが存在したと振り返った上で、派閥を「自由と活力の源泉」と捉える後者の視点からみて、「今度の総裁公選というのは、明治以来の日本の政党史の中での画期的に重大な事件だった」と評価した。同じ席で佐藤誠三郎も、末端の個人後援会のメンバーが自民党員になり、党員としての意識を持つようになるとともに、派閥が理念や政策を掲げて争い、望ましい方向に変わる契機になったと指摘し、「今度の総裁公選のメリットは大きい」と強調した。[68]

総裁予備選挙の導入と実施は、自民党の党組織の変化と大平の勝利という二重の意味において、党近代化論に対する日本型多元主義の優位を確立させたのであった（図表2-2）。

大平ブレーンと九つの政策研究会

ここで注目すべきは、この総裁予備選挙のプロセスを通じて、大平と香山らの関係が緊密化したことである。社会工学研究所を主宰する牛尾治朗は、両者が結びついた事情について、以下のように証言している。[69]

一九七七年の暮れ頃だったろうか、幹事長としての大平さんと、佐藤誠三郎さんや香山健一さん等、社会工学研究所に集まる学者とで議論をしたことがある。学問に対して謙虚な態度を持つ大平さんに、若い学者達がとても感激をして、これからもこういう議論を続けたい、これからも喜んで協力したいという雰囲気になった。その後、大平さんの所へ行って「大平さん、総理大臣になることが目的ではありません。総理大臣になって何をしようとするのか、何がやりたいのかということをはっきり持つ人が、これからの総理になって欲しいと思います。」という話を生意気にもしたところ、「それは尤《もっと》もだ。この間の先生達と一緒に議論をして、何か纏《まと》めて貰《もら》えないか」ということになり、一九七七〔一九七八〕

年の五月頃から六か月にわたる勉強会を始めた。

こうして香山・佐藤・公文の三人は、大平のブレーンとなり、自宅にも頻繁に出入りするようになった。大平の女婿の森田一《はじめ》は、次のように振り返っている。「総裁選の準備をしているときは三人きちんとそろっていました。公文先生は、あまり大平邸に来なかった。香山先生と佐藤先生はセットで、しょっちゅう家に二人そろって来ていました」[70]。公文によると、三人のなかでリーダー格は香山であった。「一番、頻繁に大平総理と会っていたのは、多分、香山さんでしょうね。それから三人で行こうということもよくありましたけれども……。大体、彼（香山）がそういう役割分担を考えて、それぞれこんなことをするか、というような案を出して」いた[71]。

このようにして作成されたのが、総裁予備選挙に際しての大平の政見「政治に複合力を」であった。「自由民主党の活力の源泉は、党内に自由で多様な見解がつねに活き活きと息づいており、それが無数のパイプを通して日本社会のあらゆる階層、職能、地域と結びついていることである」。この結語の一文は、ブレーンとなった香山らの日本型多元主義を明らかに反映している。大平は、具体的な政策についても香山らの提案を取り入れ、「総合安全保障戦略を確立する」「民間経済の活力ある展開をはかる」「家庭を中軸とする日本型福祉社会を実現する」「田園都市を核に地方分権の政治を確立する」という四つの方針を打ち出した[72]。

首相に就任した大平は、一九七九年一月二五日の国会での施政方針演説において、「戦後三十余年、我が国は、経済的豊かさを求めて、脇目もふらず邁進し、顕著な成果を収めてまいりました。それは、欧米諸国を手本とする明治以降百余年にわたる近代化の精華でもありました」と述べた上で、「急速な経済の成長のもたらした都市化や近代合理主義に基づく物質文明自体が限界にきた」という認識を示し、「近代化の時代から近代を超える時代に、経済中心の時代から文化重視の時代に至ったものとみるべき」と主張した。こうした時代認識に基づき、大平は、「家庭基盤の充実、田園都市構想の推進等を通じて、公正で品格のある日本型福祉社会の建設に力をいたす方針であります」と語った。[73] 首席補佐官の長富祐一郎によると、この演説に向けて大平は特に熱心に推敲を重ねたという。[74]

このような経緯のもとで大平は、二一世紀を展望する九つの政策研究会を設けた。各研究会の議長は大正生まれであったが、それ以外は二一世紀を担うであろう四〇代や三〇代から選定された。実際に立ち上げの中心を担ったのは香山と長富であり、香山・佐藤・公文の三人で三つの研究会ずつ分担して人選などを進めた。香山が「田園都市構想研究グループ」「環太平洋連帯研究グループ」「家庭基盤充実研究グループ」「科学技術の史的展開研究グループ」、佐藤が「環太平洋連帯研究グループ」「総合安全保障研究グループ」「多元化社会の生活関心研究グループ」、公文が「対外経済政策研究グループ」「文化の時代研究グループ」「文化の時代の経済運営研究グループ」という割振りであった。最終的に全体の延べで学者・文化人が一三〇名、官僚が八九名参加して、大平の急死後に報告書が取りまとめられた。[75]

保守復調の明確化

少々話を戻そう。総裁予備選挙の導入をはじめとする党改革は、前述したように、一九七六年一二月五日の総選挙で、参議院に続いて衆議院でも与野党伯仲に陥ったことから、党勢を回復すべく実施されたものであったが、短期間のうちに大きな効果を発揮した。自民党の支持率は、一九七七年二月八・九日に行われた朝日新聞の世論調査で、保守合同以来最低の三八%まで低下したが、四月二五日の「党改革・躍進総決起大会」から一カ月後の五月二四・二五日の調査では、四一%まで回復した。そして、自民党は、七月一〇日の参院選で保守系無所属を含め六六議席を獲得し、非改選と合わせて過半数を超える一二五議席を確保した。与野党逆転が予想されていただけに、これは自民党の勝利とみなされた。

さらに一九七八年に入ると、自民党の総裁予備選挙の実施に大きな注目が集まり、マス・メディアの報道が活発になされた。自民党の支持率は回復を続け、一〇月一二・一三日の世論調査では、五〇%と五割の大台に乗った。これには党員・党友の増大による自民党の組織力の高まりも寄与したといわれ、一一月二七日の総裁予備選挙の実施後、一二月八・九日の調査では五一%となり、池田内閣の末期に記録した過去最高の五二%にほぼ肩を並べるに至った。そのあおりを最も受けたのは、新自由クラブであった。総裁予備選挙を通じて、右派の福田・中曽根とリベラル派の大平・河本が争い、自民党の幅の広さが印象づけられたばかりか、大平が勝利したことで、それと政策的に近い新自由クラブの存在意義が薄れる結果になったからである。

一九七九年四月八日には統一地方選挙が実施され、前年の京都府と沖縄県に続いて、東京都と大阪府で革新自治体が崩壊した。その背景には自民・公明・民社の三党の提携が進んだことがあったが、自民党が東京都で一二年ぶり、大阪府でも八年ぶりに知事の座を奪還したことは、いわゆる保守復調を広く印象づけた。前年末に発覚した汚職事件のダグラス・グラマン事件などの影響によって頭打ちの状態にあった自民党の支持率も、八月二九・三〇日の世論調査で五二％を記録し、過去最高となった。こうしたなか、大平首相は九月七日、衆議院の与野党伯仲状況を打破すべく、解散に踏み切った。衆議院の安定多数である二七一議席以上の獲得を見込んでいたといわれる。

ところが、一〇月七日の総選挙の結果は、予想に反して自民党の敗北に終わった。自民党が獲得したのは、解散時から一減の二四八議席にとどまり、保守系無所属の一〇名を追加公認して二五八議席とし、定数五一一の過半数を辛うじて超えた。各派閥が候補者を積極的に擁立し、乱立による共倒れが起きたこと、日本鉄道建設公団など政府関係機関の不正経理が次々と発覚するなか、大平が打ち出した一般消費税の導入が強い批判を浴びたことなどが原因であった。そして、総選挙後、大平・田中両派と福田・中曽根・三木の三派の間で抗争が激化し、一一月六日の衆議院本会議の首相指名選挙で、同じ自民党の大平と福田が争う事態に陥り、新自由クラブの支持を受けた現職の大平が福田を僅差で下した。「四〇日抗争」である。

しかし、保守復調の傾向そのものは明白だった。自民党の機関誌に掲載された論文「総選挙結果の徹底分析と提言」は、保守復調を確実にできなかった点で敗北と位置づけながらも、得票率の増加などをみると決して惨敗ではなかったと主張した。若者や女性、労働者の間で支持が高まり、年齢別でも職業別でも全体に厚みが増していることに加え、都市部で支持率が上昇していることに注目し、「自民党が〝農村党〟から脱皮する動きが、全国的に進んでいる」と指摘した。そして、保守復調をもたらした原因として、次のように書き、総裁予備選挙の導入をはじめとする党改革に高い評価を与えた。[76]

直接的には昨年一年間、自民党が総裁公選を控えて、猛烈な党員獲得運動を展開したという主体的な動きがある。その結果、それまで五〇万人に達することがなかった党員が一挙に一五〇万人に急増した。一部には「派閥の地方拡散」だとか「議員後援会員を党員に登録したにすぎない」などという批判もある。そういう面が全然ないとは言わないが、全体として見る場合、これは自民党結党以来の歴史の中で、画期的な成果だったと断言してもよい。そして自民党はこれらの党員・党友の投票によって総裁を選ぶという〝開かれた国民政党〟に一歩踏み出した。そこに派閥力学が作用したこともあるが、それだけの活力を組織に与え、また一般有権者に対しては、従来の「密室の中の総裁選び」という閉鎖的なイメージを払拭する効果をもたらし、自民党への信頼を高めたことは否定できない。

このような効果は続き、次の総裁予備選挙に向けて各派閥が党員獲得競争を繰り広げた結果、一九八〇年一月二〇日に登録が締め切られた一九七九年度の党員は三一〇万六七〇三名、党友は一〇万七〇七三名となり、合計で三二一万人を超えた。[77] だが、その一方で、派閥抗争はますます泥沼化した。三月六日に明るみに出た浜田幸一のラスベガス賭博事件などをきっかけとして、四月二日には福田・中曽根・三木の非主流三派を中心とする自民党刷新連盟が発足した。五月一六日、野党が提出した内閣不信任決議案が、福田・三木両派の欠席によって可決され、その三日後、大平が解散に踏み切った。この「ハプニング解散」の結果、史上初めての衆参ダブル選挙が実施されることになった。

ところが、派閥抗争は、これ以降急速に沈静化していった。中曽根派の離脱、参議院自民党の要請、財界の圧力などが重なり、反主流派も新党結成に踏み切れず、選挙に向けて挙党態勢が整えられた。そして、六月一二日に大平首相が急死すると、「弔《とむら》い合戦」の名のもとに党内の結束が強められ、有権者の同情もあって、二二日の衆参ダブル選挙で自民党は圧勝した。定数五一一の衆議院において公認候補だけで二八四、追加公認を含めると二八七議席を獲得し、参議院でも前回から四増の七〇議席を得て、二五一議席中一三七を占めた。ここに、長く続いた「保守の危機」は終わりを告げた。[78] 香山健一は、自民党の機関誌の座談会で、「自民党はずっと農村型政党だと言われ続けてきたのが、いよいよ都市型政党になり得る条件を持ってきた」と指摘し、「〝八〇年体制〟がはっきり姿を現してきた」と語った。[79]

総裁予備選挙の見直しと中曽根康弘の勝利

大平の急死と衆参ダブル選挙の大勝を受けて、自民党では後継総裁の選出が急務となったが、派閥抗争を避けるため、話し合いによって行うことで合意が成立した。機関紙によると、様々な会合を通じて、「派閥解消よりも派閥の効用を残しつつ弊害を除去すべきであるとの意見に落ち着いた」のであり、[80]福田派が推した大平派の鈴木善幸《ぜんこう》総務会長に田中派が同調し、中曽根派や三木派も追随した結果、七月一五日、党大会に代わる両院議員総会で、全会一致により鈴木が総裁に選ばれた。鈴木首相は「和の政治」を標榜し、一七日に派閥均衡内閣を発足させた。田中・鈴木・福田という三大派閥を中心とする挙党体制が成立したのである。

こうした状況は、派閥抗争を激化させた総裁予備選挙の見直しにつながった。[81]すでにその半年前の一九八〇年一月二三日の第三七回党大会で、党改革推進本部の答申に基づき、総裁の任期を二年として連続三選を禁止する、持ち点制を廃止して得票を全国集計する、選挙人名簿の写しを立候補者に一部ずつ選挙期間中に交付する、といった改革が決定された。しかし、大平総裁の「制度を廃止するとか、凍結するようなことは、党内多数の声ではない」という意向に従い、総裁予備選挙そのものが存続しただけでなく、従来通り郵送投票が認められ、選挙運動も十分に規制されなかった[82]。それゆえ、福田派が、その後も総裁予備選挙の廃止を主張していた。

総裁予備選挙の見直しは、鈴木総裁を本部長とする党改革推進本部で検討されたが、水面下では各派閥が激しい鍔迫《つばぜ》り合いを演じていた。廃止論の急先鋒は、派閥の全国拡散を問題視してきた福田派であり、それに対抗して存続論を唱えたのは、三木派を継承した河本派であった。実際、福田と三木は、総裁予備選挙の存続をめぐって、機関誌でも意見を戦わせている[83]。河本派の存続論には、建前とともに本音もあった。五大派閥のなかで最小の河本派は、国会議員数の劣勢を補うべく党員の獲得を進め、党員の約半数を占めるといわれるまでになっていた。しかし、これを警戒して、残りの派閥は総裁選挙の見直しに傾いていった。その一方で、圧倒的多数の都道府県連からは、総裁予備選挙の存続を求める意見が出されていた[84]。

こうした状況を受けて、一九八一年三月一一日に開催された党改革推進本部の世話人会では、予備選挙で選ぶ本選挙の候補者を二名から三名に増やす、候補者が三名以内の場合には予備選挙を行わない、立候補に必要な推薦者数を国会議員二〇名から五〇名に引き上げる、予備選挙に参加できる党員の資格を二年ではなく三年以上継続して党費を納入した党員とする、といった内容の試案が座長の田村元《はじめ》から提示された。四人以上がそれぞれ五〇名を超える推薦人を確保して立候補するのは困難だと考えられたため、これは総裁予備選挙の「名存実亡」(有名無実)化とみなされた。当然、河本派は反対したが、この試案に基づく答申が党改革推進本部の総会でまとめられ、六月四日、党大会に代わる両院議員総会で最終的な決定をみた。[85]

ところが、結果的にみるならば、総裁予備選挙は有名無実化しなかった。一九八二年一〇月一二日に鈴木首相が退陣を表明したのを受けて、党員・党友一〇四万五七一四名による総裁予備選挙が実施されたからである。河本敏夫、中曽根康弘、中川一郎、安倍晋太郎の四名が立候補し、当初は話し合いによる選出も模索された。そのなかで浮上したのが、田中・鈴木両派の支持を受けて優勢な中曽根を総理大臣にする一方、福田を総裁に据える「総・総分離」論であった。しかし、総裁予備選挙で戦う決意を固めていた中曽根は、これを拒絶し、一一月二四日の開票の結果、五七・六％の有効投票を得て一位となった。そして、二位の河本、三位の安倍が本選挙への出馬を辞退し、翌二五日の第四一回臨時党大会で、中曽根の総裁就任が正式に決定した。[86]

もちろん、中曽根の勝利は、田中・鈴木・中曽根の三派の提携によるものであり、なかでも田中派の貢献が大きかった。中曽根は、一一月一一日の日記に、「各地三派提携完全に近く、田中派は特に活発。角さんの陣頭指揮によると思われる」と書いている。重要なのは、こうした派閥のエネルギーが国民の動員に向かったことであった。同日の中曽根の日記には、こうある。「公選は明らかに全国民的関心を呼び起こし、政治と国民を結ぶ結果となっている」[87]。それは党員数の増加にも表れた。総裁予備選挙への関心の高まりを背景として、一九八二年度に登録した党員は、前年度よりも一四一万人以上増え、二五七万八〇五四人になったのである。[88]

党員が増加したもう一つの背景は、一九八二年八月一八日に公職選挙法改正案が国会を通過し、政党があらかじめ提出していた名簿の順位に従って候補者に議席を与える拘束名簿式の比例代表制が、参院選の全国区に導入されたことであった。政党名を投票用紙に記入するようになったことを受けて、自民党は三〇〇万党員を目標に据え、党員の拡大に熱心に取り組んだ。特に効果を発揮したのは、比例代表の名簿を作成するのにあたって、党員・党友の獲得を重要な評価ポイントとしたことであった。そのため、自民党から候補者を擁立する各支持団体が職域党員を積極的に集めた。[89]有権者に根差した党組織を作り上げる点で、拘束名簿式の比例代表制は、総裁予備選挙と同じ効果を持ったのである。

中曽根と旧大平ブレーンの協力

自民党総裁に就任した中曽根は、一一月二六日に首相に指名され、その翌日、内閣を発足させた。二階堂進が幹事長に留任し、後藤田正晴が官房長官に起用されるなど、中曽根政権の中枢を握ったのは、総裁予備選挙での勝利を導いた最大派閥の田中派であった。ロッキード裁判を抱えていた田中角栄は、そうすることで政治的影響力を確保しようとしたのであるが、マス・メディアなどから「田中曽根内閣」や「角影《かくえい》内閣」といった批判が巻き起こった。もう一つ中曽根首相を支えた主体として重要なのが、香山健一をはじめとする旧大平ブレーンであった。

その重要な伏線は、鈴木内閣期に存在した。中曽根が行政管理庁長官として熱心に取り組んだ行政改革である。「増税なき財政再建」をスローガンとして、経団連前会長の土光敏夫を会長とする第二臨調が一九八一年三月一六日に発足すると、公文俊平が専門委員に、佐藤誠三郎が参与に就任し、四カ月後に出された第一次答申、とりわけ「行政改革の理念」の起草にあたった。そして、「国際社会に対する貢献の増大」と並ぶ基本理念とされたのは、「大きな政府」を否定して個人の自助や家庭・地域・職場の互助を強調する「活力ある福祉社会の実現」であり、大平の政策研究会の報告書の内容を反映していた。かつての大平ブレーンは、第二臨調を経て、中曽根ブレーンに転じていったのである。[90]

中曽根は当時、第一次答申の理念に関して、「フリードマン式の自由主義というものを完全に日本に行うことは、必ずしも適当でない」と述べている。「ケインズ流でやってきて、公債が大きくなりすぎ財政的破綻の寸前まできた。……手術のメスとして、当面はフリードマンを活用していい。しかし、日本の本来の体質から見れば、やはり混合経済的体質の必要性は厳然としてある」。そして、「日本の本来の体質」とは、「集団意識の強さ」であった。「だから全学連で国会の周りに押し寄せた諸君も、卒業して就職し、結婚して、しばらく経つと最も忠誠なる社員になって、自民党に黙って入れてくれる」。[91]つまり、中曽根は、香山らと同じく日本的集団主義を擁護したのであり、あくまでも限定的な手段として新自由主義的改革を用いたにすぎなかったということができる。

このことは、一九八〇年代の行政改革を理解する上で非常に重要である。佐藤や公文の共同研究者にして中曽根のブレーンと目された村上泰亮も、一九八四年にまとめた著書『新中間大衆の時代』のなかで、レーガン政権やサッチャー政権に代表される新自由主義に厳しい批判を加える一方、日本で取り組まれている行政改革について、「先発国型のレセフェール理念を導入しようとする試みとしての一面」があるとしながらも、「当面えられている合意は財政赤字についての懸念のためであって十分に基本的なものではない」と分析した。もちろん、それは彼にとって望ましいことであった。村上は次のように書いている。「もしも日本の保守主義がそれなりの歴史的経験を生かして、古典的自由主義を超える社会哲学を生み出すとすれば、それは日本にとってのみならず世界にとっても大きな貢献であろう[92]」。

ところで、中曽根と旧大平ブレーンが直接結びつく上で主導的役割を果たしたのは、劇団四季の主宰者の浅利《あさり》慶太《けいた》であった。香山健一らは、鈴木首相に大平が設けた九つの政策研究会の報告書を継承し、実行に移してもらいたいと考えていたが、受け入れられず、意気消沈していた。そこで、浅利らを通じて中曽根が報告書を詳細に読み込んでいるのを知ると、感激し、積極的に協力したのであった[93]。公文俊平によると、かつて自由党に対抗する改進党などの第二保守党に所属し、それゆえ保守傍流と呼ばれていた中曽根は、「あの政策を継承するのが、私が保守本流になることだ」と語っていたという[94]。

もう一人、政治家として中曽根と香山らを結びつける役割を果たしたのが、田中六助であった。大平内閣で官房長官を務めた大平直系の田中は、鈴木総裁のもとで政調会長に就任し、党のシンクタンクとして総合政策研究所を設立したが、これに香山が企画委員長として「常駐みたいな形」で協力していた。そして、鈴木内閣から中曽根内閣への移行に際して多大な貢献をし、政調会長に留任した田中が、中曽根政権の政策ビジョンを作成するために総合政策研究所を活用したことから、旧大平ブレーンと中曽根の関係が一気に深まったのである。[95]

注目すべきは、こうした大平人脈とのつながりが、右派として知られた中曽根を穏健化させたことである。中曽根内閣の発足に先立って、リベラル派の田中六助は、「政治姿勢から政策に至るまで、大平政治の継承の願いを込めて」メモを作成し、中曽根に手渡すとともに、「改憲論者とかタカ派とか言われていた中曽根さんに、憲法の精神を再認識してもらいたい」という思いから、日本国憲法の前文のコピーを添付した。[96] 中曽根自身も、政権担当に向けて、「穏健な、中道やや右」という基本路線を決めていた。これに関して中曽根は、「私は「憲法は日程にのぼらせない」といって、右の方に、ある程度、ラインの限界を示していた」と回想している。[97]

ブレーンのなかでも、香山の影響力は大きかった。香山は、一九八三年九月一四日、総裁予備選挙の見直しを検討していた党基本問題調査会と党改革推進本部の合同世話人会に出席して「所見」を提出し、「近代政党組織モデルは役に立たない」と指摘した上で、「高度に複雑、柔軟な多重構造システム」として自民党の党組織を高く評価した。そして、総裁選出手続きについても、候補者数によって一名の場合は話し合い、二―三名の場合には国会議員の投票、四名以上の場合は予備選挙の実施という三つの選択肢を持つ「現行制度は極めて柔軟対応性に富むもの」と肯定的に捉えた[98]。都道府県連の意向に加え、この香山の「所見」が決定打となって、最終的に一九八四年四月一九日の合同世話人会で総裁予備選挙の存続が確認された[99]。

全盛期を迎えた日本型多元主義

中曽根内閣は発足後、なかなか安定しなかった。自民党は、一九八三年六月二六日の参院選で、前回から二減、前々回より二増の六八議席を獲得し、一応の勝利を収めたが、田中角栄がロッキード事件の第一審で実刑判決を受けた後、一二月一八日に行われた総選挙では二五〇議席と大敗し、保守系無所属の九人を追加公認してようやく過半数を確保した。責任論が高まるなか、新自由クラブとの連立や田中六助の幹事長起用などによって態勢を整えることに成功した中曽根は、福田・鈴木の二人の元首相が公明・民社両党を巻き込んで進めた二階堂擁立工作を斥け、一九八四年一〇月三一日の両院議員総会で総裁再選を果たした。この間、香山らブレーンは、総選挙の実施や総裁再選の戦略などについて助言する一方[100]、臨時教育審議会（臨教審）などの諮問機関に加わり、議論をリードした。

一九八五年に入って、二月七日に田中派の竹下登が派中派の創政会を立ち上げ、その二〇日後に田中角栄が脳梗塞で倒れると、田中派に依存してきた中曽根首相は、行政改革などを背景とする高い支持率もあって、格段に自立性を高めた。政権運営に自信を深めた中曽根は、右派という地金を徐々に顕在化させ、七月二七日に行われた自民党の軽井沢セミナーの講演で、「戦後政治の総決算」の必要性を強調し、防衛費のGNP比一％枠の撤廃、靖国神社への公式参拝などに意欲を示した。[101] そして、四〇年目の終戦記念日にあたる八月一五日、戦後の首相として初めて靖国神社に公式参拝し、中国の激しい反発を引き起こした。

ところが、こうした中曽根の右派的な言動は、全面的には展開されなかった。結党三〇周年に向けた政綱の見直しに示されるように、この時期の自民党はリベラル派の優位のもとにあった。すなわち、政綱の見直しを発案したのは、石田博英の元秘書で新自由クラブに在籍したこともある田中秀征《しゅうせい》らであり、作業にあたる政綱等改正委員会の委員長に起用されたのは、三木内閣で官房長官を務めた井出一太郎であった。そして、田中が起草して一〇月二日にまとめられた新たな政綱の原案には、「日本国憲法の原則と精神を尊重するとともに、それらが時代の変動に即して有効に発揮されるよう絶えず厳しく憲法を見直す努力を続ける」と書かれていた。「戦後政治の総決算」を掲げる中曽根内閣のもとでも、現行憲法が国民の間に定着していると考えるリベラル派が攻勢をかけていたのである。

もちろん、岸元首相を会長とする自主憲法期成議員同盟などの右派は、巻き返しを図った。ところが、党内全体の関心は低く、憲法調査会にリベラル派の白川勝彦、丹羽雄哉《ゆうや》、大石千八《せんぱち》らが押し掛けたため、政綱案への反対すら容易に決められなかった。とはいえ、「自主憲法の制定」という方針を政綱から外すことへの抵抗は根強く、憲法調査会の稲葉修《おさむ》会長の妥協案に沿って、

「わが党は、自主憲法の制定即ち憲法の自主的改正を、立党以来の党是としている」という表現を盛り込むことが決まり、一一月一五日の立党三〇周年記念式典に向けて、両院議員総会で了承された。しかし、その席でもリベラル派の鯨岡兵輔《ひょうすけ》や藤井勝志《かつし》らが反対を唱えた[102]。

右派に対するリベラル派の攻勢は、全体主義に反対して自由と多様性の尊重を唱える香山からみて、好ましい状況であったに違いない。香山は結党三〇周年を記念する機関誌の特集に唯一の学者として登場し、「日本型多元主義政党モデルの創造」という副題の論考を寄せ、次のように持論を展開した。派閥と個人後援会を中心とする自民党の党組織は、非イデオロギー的で人間関係中心の多元的な性格を持っており、国民の多様な意見を汲み上げつつ総合的に調整する能力を有している。総裁予備選挙は、中選挙区制とともに、内向きになりがちな党組織を活性化させ、政策転換や若返りに寄与している[103]。香山の盟友の佐藤誠三郎が、自民党総合政策研究所の主任研究員の松崎哲久《てつひさ》との共著で『自民党政権』を出版し、同様の認識を学界に広めたのは、その半年後のことであった。

中曽根首相は、一九八六年六月二日に衆議院を解散し、七月六日の衆参ダブル選挙で歴史的な大勝を収めた。自民党は、衆議院において公認候補だけで三〇〇議席、追加公認を入れると三〇四議席を獲得し、参議院でも前回より六増の七四議席を確保した。これを受けて、連立を組んでいた新自由クラブは解党し、河野洋平を含め大部分が自民党に復党した。八月三〇日の自民党の軽井沢セミナーの講演で、中曽根がこのダブル選挙を「一九八六年体制」のスタートと位置づけたことは、よく知られている。自民党の勝利は、今までの顧客を確保した上で、「ウイング（翼）を左に伸ばし」、社会党右派ぐらいまで支持層を広げた結果であり、今後とも「決して右寄りではない」都市部のサラリーマンや若者などの浮動票を得るためには、変化に対する柔軟対応力が必要だというのが、中曽根の主張であった。[104]

実は、こうした中曽根の考えは、すでに靖国問題への対応に反映されていた。その二週間ほど前に、八月一五日の公式参拝を見送ったのである。もちろん、それは中国など近隣諸国に対する配慮によるものであったが、中曽根の判断に大きな影響を与えたと考えられる七月一七日付の香山の建策をみると、それだけではなかったことが分かる。そこにおいて香山は、明治以降の近代の国家神道が多神教的な性格を持つ日本古来の神道からの逸脱であり、そのもとで作られた靖国神社が「日本の侵略と支配、日本軍国主義の象徴そのもの」であったと指摘した上で、「安定多数を確保した自民党はむしろ自由民主主義と右翼全体主義の違いを今後明確にしていくべき」と主張し、以下のように書いた。[105]

左翼が強く、我が国にも社会主義政権が成立する危険が現実に存在し、また周辺の国際環境も冷戦とアジア共産主義の勃興、浸透が進んでいた一時期に、我が国の政権党であった自由民主党が戦前保守と戦後保守の大連合、リベラルと右翼的諸勢力の連合という形で辛うじて多数派を形成しなければならない時期があったことは政治の現実ではありますが、衆参同日選挙に示された民意は自由民主党が左右両翼を切って新たな健全な国民的多数派を形成しつつあることを明確に示しております。労働組合のなかの自民党支持率も急上昇しつつあります。このようなことを考慮に入れますと、我が国社会の一部に存在する右翼的勢力――それは第一に戦争と侵略への深い反省がなく、第二に日本の国体、精神文化の伝統について全く誤った、ゆがんだ固定観念に凝り固まっており、第三に国際的視野も、歴史への責任感も欠いております。こうした愚かしい右翼の存在と二重写しにされることは馬鹿馬鹿しいことだと思います。

さらに香山は、自民党の次年度の運動方針を作成するためのヒアリングで、「中庸の政治的感覚」の重要性を説き、次のように述べた。「私はむしろ憲法制定四十周年を機会に「自民党は護憲政党である」ということを明確に宣言したうえで、変える必要がある部分があれば、国民の大多数のコンセンサスを前提として、二十一世紀に向けてより現実的な憲法に改善していく、というふうにしたほうが、はるかに政治的に賢明だと思う[106]」。この発言に応じるがごとく、中曽根は、一九八七年八月二九日に行った自民党の軽井沢セミナーの講演で、靖国問題にも触れながら、「右バネがはね上がってはならぬ、左の過激派が跳梁してはならぬ、われわれは中庸の道を行く」と語った[107]。中曽根内閣は、日本型多元主義の黄金時代であった。

第三章
政治改革と自社さ政権

トップ会談によって最終的な妥協が成立した政治改革。国会内で合意書に署名する細川護熙首相（右）と河野洋平自民党総裁（1994年1月28日撮影、写真:毎日新聞社）

一　小選挙区制の再浮上と小沢一郎

日本型多元主義に基づく行政改革

一九八六年七月六日の衆参ダブル選挙での自民党の歴史的大勝は、香山健一や佐藤誠三郎ら中曽根首相のブレーンを理論的指導者とする日本型多元主義の頂点を形成することになった。自民党はその勝因を詳細に分析することで政権の基盤を安定化させようと、政治学・社会学・統計学など各分野の研究者に委嘱して報告書「昭和六一年衆参同日選挙の分析」をまとめた。中曽根総裁の直接の指示に従い、佐藤が主査となって、丸一年かけて作成したのである。[1]

この報告書は、自民党の大勝の原因を次のように要約する。「自民党の「歴史的勝利」は、農村部で高い投票率に支えられて近年最高の議席獲得に成功したと同時に、従来自民党が不得手だった大都市で、しかも潜在保守層を掘りおこすには不利とされていた低投票率にもかかわらず、大躍進したことによってもたらされた」。そして、低投票率であったにもかかわらず都市部で議席を伸長させることができたのは、「中曽根首相の強いリーダーシップのもとに、行政改革や国際化への対応をはじめとして、既成の秩序にとらわれない「改革」の方向性を明確に打ち出した」からである。要するに、既存の農村部の支持基盤を維持する一方、中曽根首相の主導によって行政改革を実行し、都市部で新たな支持層を獲得した結果が、衆参ダブル選挙での圧勝だったと分析したのである。

ここから自民党の課題が導き出される。「自民党が今後とも超安定多数を維持していけるかどうかは、伝統的な支持層と新しく拡大した支持層を、ともに永続的支持層として確保できるかどうかにかかっている」。都市部に過度に依存して農村部を切り捨てることも、その逆も誤りであり、両方を組織化しなければならない。歴史的にみて、自民党が変化に柔軟に対応できたのは、支持基盤が多元的であったからである。「今後とも、国民の一部を支持基盤とする部分政党ではなく、全体から多元的に支持された包括政党（キャッチ・オール・パーティ）でなくてはならない」。有権者全体から支持を調達する「包括政党」は、政治学者のオットー・キルヒハイマーが提示した概念であるが、[2]この報告書は、派閥や個人後援会にみられる分権的な日本型多元主義政党として、多様な利益を代表しつつ漸進的に改革を継続していくことを提案したのであった。[3]

ここで一九八〇年代の行政改革について簡単にみておきたい。大平内閣による一般消費税の導入の失敗を受けて、鈴木内閣は「増税なき財政再建」を目指し、行政管理庁の中曽根長官の提案に従い、一九八一年に土光敏夫を会長とする第二臨調を設置した。そのもとで、田中内閣の「福祉元年」によって加速された社会保障費の増大に歯止めをかけるべく、医療や年金の給付水準や国庫負担の引き下げなどが進められた。また、中曽根内閣が成立すると、三公社の民営化が実施された。一九八五年四月一日、日本電信電話公社と日本専売公社が民営化されてＮＴＴとＪＴが誕生し、一九八六年の衆参ダブル選挙の後、一九八七年四月一日に国鉄（日本国有鉄道）が分割・民営化され、ＪＲへと生まれ変わった。総じて、「小さな政府」を目指して、歳出削減、民営化、規制緩和などが推進されたのである。

重要なのは、この時期の行政改革では、第二臨調の第一次答申で示された「活力ある福祉社会の実現」という理念にみられるように、家族・職場・地域といった集団が重視されたことである。専業主婦を優遇する配偶者特別控除の導入は、その一例である。三公社の民営化も、総評の中核である国労（国鉄労働組合）を解体に導いたとはいえ、民社党や社会党右派を支持する労働組合との協調のもとで進められ、日本的労使関係を強化する意味を持った。また、既存の自民党の支持層を切り捨てるものでもなかった。確かに一般会計の歳出は抑制されたが、財政投融資を通じて公共事業が拡大されるなど、農村部などへの利益誘導政治が続けられた。[4]

これは第二臨調による行政改革が、マス・メディアを通じて世論の支持を調達しつつトップ・ダウンで進められた反面で、既存の政治的枠組みを前提としたことにも関係していた。三公社の民営化を大規模に進めることができたのは、経営問題の解決が切迫していたからであり、許認可の整理や中央—地方関係の見直しなど、それ以外の課題の多くは関係機関の同意を取り付けながら行われ、大きな限界を抱えざるを得なかった。[5]第二臨調の構成も、排除的というよりも包摂的であった。その中枢は経団連前会長の土光をはじめ財界人が占めたが、九名の委員のうち二名は総評・同盟という労働組合のナショナル・センターの代表であった。それゆえ、第二臨調について、労働組合の過小代表という留保付きながら、ネオ・コーポラティズム（新職能代表制）とみなす見解も存在していた。[6]

一九八六年の衆参ダブル選挙の後の自民党は、日本型多元主義政党として、完成の域に達しつつあった。党員数がほぼ二〇〇万人を超える水準で推移する一方、派閥を解消すべきという主張が影を潜め、中曽根の後継を争った竹下登、安倍晋太郎、宮沢喜一をはじめ、派閥の存在を積極的に肯定する意見が支配的になった。当時の五大派閥のなかでも質と量ともに著しい発展を遂げ優位に立ったのが、田中派であった。田中派は、機関中心主義や事務総長ポストの設置にみられるように、いち早く機構整備を行うとともに、族議員を巧みに配置して陳情処理を大規模かつ精密に行い、「総合病院」と呼ばれた。これを各派閥が模倣した。[7] そして、田中派の大部分を継承して経世会を結成した竹下登が、中曽根から後継総裁に指名され、一九八七年一一月六日に竹下内閣が成立した。

政治改革論の登場とリクルート事件

ところが、日本型多元主義に基づく漸進的な改革は、自民党のスポンサーの財界にとって不満の対象になりつつあった。率先して声をあげたのは、住友電気工業会長の亀井正夫であった。第二臨調に専門委員として参画し、歳出の削減を検討する第一特別部会長、続いて許認可や補助金などの問題に取り組む第三部会長を務め、国鉄再建監理委員会の委員長として国鉄の分割・民営化にも携わった亀井は、以下のように書き、行政改革を超える政治改革の必要性を訴えた。「政治家の中には、補助金を切られたり、許認可権を削られたりしたら、票田がなくなるので、もう〝おしん行革〟はコリゴリという人もいる。これには、がっかりした。今、日本が大きな転換期にある時に、政治のあり方を一度、根本的に考える必要がありはしないか」[8]。

亀井は、日本生産性本部の「別動隊」である社会経済国民会議の政治問題特別委員会の委員長として、政治改革の検討を進め、竹下内閣の発足から半年後の一九八八年五月一〇日、報告書「議会政治への提言」をまとめた[9]。この報告書は、国会制度、選挙制度、政治資金、政党、政治倫理などに関する包括的で中長期的な改革のビジョンを作成するため、国会の議決によって「臨時政治制度調査会」（政治臨調）を設置し、議会制度一〇〇年にあたる二年後を目途に答申を作成することを提言した。既存の政党と政治家の自主性に委ねていては、いつまでたっても政治改革は進まない。それゆえ、第二臨調を念頭に置いて、強力な第三者機関を設置して答申をまとめ、それに基づいて政治改革を断行するよう求めたのである。

この報告書が問題視するのは、派閥の解消を目指す党近代化論が後退して、派閥や個人後援会が公然と容認されるようになり、族議員などにみられる個別的な利益誘導政治が定着し、巨大な既得権益が出来上がっていることである。その結果、金権政治が横行するとともに、行政改革や税制改革といった国民の全体的な利益を追求するための改革がなかなか実行されない。「討論の府」であるべき国会は、「馴れ合い政治」や「国対政治」の場と化し、国民の政治に対するシニシズムを招いている。このような状況が生み出されている最大の原因は、自民党長期政権であり、政権交代の欠如である。「同じ政党による長期政権が続けば、政・官・財・労・選挙区のつながりが固定化し、政治腐敗の土壌と利権の構造が生まれ、社会経済の変化にきわめて鈍感な政治の構造ができあがるのも当然である」。

以上の認識に基づいて、この報告書は中選挙区制の廃止という選挙制度改革を主張する。中選挙区制は、各選挙区で同一政党の候補者間の競合を招き、派閥と個人後援会を中心とする利益誘導政治の原因になっているからである。ただし、この報告書において、それに代わる選挙制度として提示されたのは、小選挙区制ではなく、比例代表制であった。その理由は十分に明示されていないが、おそらく社会経済国民会議の母体の日本生産性本部が労使協力組織であり、政治問題特別委員会のメンバーに労働組合の幹部が加わっていたことが影響したのではないかと考えられる。事実、この報告書は、社会党をはじめとする野党に対して、総評と同盟の解散による労働戦線の統一、すなわち連合（日本労働組合総連合会）の結成をきっかけに、「政権交代可能な責任政党への脱皮」を図るよう訴えている。

ところが、しばらくして亀井は、選挙制度改革に関する考えを変え、『経団連月報』の一九八八年一〇月号に発表した論考で、小党分立に陥りやすく政治が不安定化するという比例代表制の欠点を指摘して、小選挙区三〇〇、比例代表二〇〇の小選挙区比例代表並立制の導入を主張した。これは、田中内閣のもとで官房副長官として選挙制度改革に関わり、自民党の選挙制度調査会長を務めていた後藤田正晴の助言によるものであった。[10]後藤田は、この年の三月二四日に『政治とは何か』を出版し、そのなかで派閥抗争や金権腐敗を生み出す中選挙区制に批判を加え、田中内閣が導入しようとしたのと同じ、一票制の小選挙区比例代表並立制の導入を主張していた。[11]田中内閣以来すっかり鳴りを潜めていた小選挙区制の導入という主張が、かくして再び浮上してきたのである。

もっとも、日本型多元主義者も、政治改革の必要性を否定しなかった。実は、「政治臨調」の設置を求める社会経済国民会議の提言を受けて、自民党の機関誌にいち早く政治改革に関する論考を寄せたのは、香山健一であった。中曽根内閣のもとで臨教審の委員として教育改革にあたった香山は、行政改革や教育改革、消費税を導入する税制改革など、一連の改革の総仕上げとして、政治改革を進めることを主張した。しかし、その目的は世論の動向に対応することであり、「政治改革を推進する政党だというイメージを打ち出すこと」でしかなかった。国際化への対応も唱えられはしたが、そのために香山が示した提案は、国会論争のあり方の見直しにとどまった。[12]もちろん、選挙制度改革に消極的だったのは、派閥や個人後援会を肯定的に捉え、中選挙区制を支持していたからであった。

こうしたなか、日本型多元主義者に大きな打撃を与える事件が起きる。一九八八年六月一八日に発覚したリクルート事件である。これはリクルートの江副浩正《えぞえひろまさ》会長が、関連の不動産会社であったリクルートコスモスの未公開株を譲渡した贈収賄事件であり、中曽根康弘前首相、竹下登首相、安倍晋太郎幹事長、宮沢喜一蔵相など自民党首脳を含む多くの政治家や官僚の関与が次々と判明した。香山や佐藤とともに中曽根の代表的なブレーンであった公文俊平も、一万株を受け取ったと報じられた。結果的にみるならば、藤波孝生元官房長官ら数名を除き、大多数が職務権限との関連性の希薄さゆえに立件・起訴されなかったが、自民党政権のもとで進められてきた行政改革の限界を強く印象づけた。

「政治改革大綱」と小選挙区制の機能転換

リクルート事件の発覚を受けて、政治改革の必要性が論じられるようになると、竹下首相は対応を迫られ、消費税を導入する税制改革関連法案が成立した三日後の一二月二七日、自民党内に総裁直属の機関として政治改革委員会を設置した。[13] 竹下の求めに応じて政治改革委員会の会長に就任したのは、後藤田正晴であった。後藤田は、一九八九年一月一日の第三回会合で、「政治家が高い倫理観を持つのは当然だが、基本的には選挙制度の仕組みの中に問題がある」と発言するなど、持論である小選挙区比例代表並立制の導入に向けて、議論をリードした。二月七日には亀井正夫を招き、社会経済国民会議が作成した提言をもとに意見交換を行っている。[14]

ところが、自民党の内部には、現行の中選挙区制を支持する意見も根強かった。三月七日から三日間にわたり、延べ六七二名の国会議員が出席して拡大政治改革委員会が開催され、総数で一一一名が発言した。機関紙の記事によると、小選挙区制については賛否両論が出たものの、「派閥の切磋琢磨が安定した政治を築いてきたのは歴史的事実。中選挙区制の積極的役割を評価すべきだ」など、反対の立場をとる意見の方が多かった。また、党所属の国会議員をはじめ、知事、都道府県議会議員、市町村長、党支部長、友好団体役員など一万七七五六人を対象に行ったアンケートで、望ましい選挙制度について聞いたところ、中選挙区制が四四・三％、小選挙区制が三五・〇％、小選挙区制と比例代表制の混合制が一八・九％、比例代表制が一・八％という結果であった。[15]

それでも政治改革委員会は、後藤田の意向に従い、小選挙区比例代表並立制の採用に突き進んでいった。それが可能だったのは、リクルート事件の発覚後の自民党に対する逆風が強烈だったからである。政治改革委員会が二五回にわたる会合を重ねている間も、内閣支持率は低下の一途を辿り、三月一五・一六日の朝日新聞の世論調査で一五％、竹下首相が退陣を表明した直後の四月二六・二七日には七％と、前代未聞の水準まで落ち込んでいた。[16] そのため七月の参院選を前にして、抜本的な政治改革のプランをまとめ、発表することが、どうしても必要だと考えられた。政治改革委員会事務局次長の武村正義ら若手が中心となって報告書の作成が進められ、五月一九日に「政治改革大綱」が答申された。さらに、さしたる反対もないまま、その四日後の総務会で党議決定された。[17]

自民党の「政治改革大綱」は、リクルート事件をきっかけとして国民の政治不信が強まり、各種の選挙などを通じて厳しい批判が自民党に向けられていると指摘した上で、政治倫理の確立、政治資金制度改革、選挙制度改革、国会の活性化、党組織の改革、地方分権の六つの分野にわたる提言を行ったが、その中心は選挙制度改革に置かれた。「政治とカネ」の問題の大部分は、現行の中選挙区制の弊害に起因しているという認識ゆえである。中選挙区制のもとでは同一政党の候補者の同士討ちが避けられず、政党本位ではなく個人中心の選挙になり、派閥と個人後援会を生み出し、利益誘導政治や金権腐敗が生じてしまうからである。そこで、比例代表制を加味しつつ小選挙区制を導入して「近代的国民政党への脱皮」を図り、派閥の解消などを実現しなければならないと主張した。

しかし、このような主張にとどまるならば、自民党結成以来、幾度となく繰り返されてきた党近代化論への回帰でしかない。重要なのは、政権党たる自民党の公式文書でありながら、次のように政権交代の必要性を説いたことである。

この制度〔中選挙区制〕における与野党の勢力も永年固定化し、政権交代の可能性を見いだしにくくしている。こうした政治における緊張感の喪失は、党内においては派閥の公然化と派閥資金の肥大化をさそい、議会においては政策論議の不在と運営の硬直化をまねくなど、国民の視点でなされるべき政党政治をほんらいの姿から遠ざけている。選挙区制の抜本改革は、現行制度のなかで永年過半数を制してきたわが党にとって、痛みをともなうものである。しかしわれわれは、国民本位、政策本位の政党政治を実現するため、小選挙区制の導入を基本とした選挙制度の抜本改革にとりくむ。

かつて鳩山内閣や田中内閣は、最大政党に有利な小選挙区制を導入することで、左派主導の社会党や共産党の進出を阻止し、自民党政権を継続させることをねらった。ところが、ここでの小選挙区制は、政権交代が起きうるほどまでに政党間の競争を強めるための手段として位置づけられている。そして、この文書が「痛み」という言葉を使ったのは、政権交代の現実的可能性を認めていたことを示している。実際、野党第一党の社会党は、この三年ほど前に「新宣言」を採択し、政権担当政党に脱皮することを鮮明にしていた。連合の結成に至る労働戦線の統一が進み、冷戦が終焉に向かうなか、階級対立と保革対立が弛緩《しかん》し、与野党をまたぐ政界再編が噂されるようになっていた。このような状況変化を受けて、小選挙区制に期待される機能は、自民党長期政権の維持から打破へと大きく転換したのである[18]。

それに加えて注目すべきは、政党に対する政治資金の国庫補助、すなわち政党助成制度の創設に言及したことである。その目的は、企業・団体献金を減少させるとともに、政治家個人ではなく政党に政治資金を集中させることで、「政治とカネ」にまつわる問題の発生を防止することにあった。ただし、企業・団体献金を是認する自民党の立場を反映して、国家財政に依存するようになる結果、政党の自由な活動が制約されてしまうことへの警戒感が示され、あくまでも検討を開始すると表明するにとどめた。とはいえ、政党助成制度の創設は、小選挙区制の導入と相まって政党本位の政治を実現するものとして、肯定的に位置づけられたのである。

難航する政治改革

ところが、政治改革の取組みにもかかわらず、自民党に対する逆風は止まなかった。リクルート事件で自らの疑惑を追及された竹下首相は、支持率の低迷もあって退陣を余儀なくされ、外相を務めていた宇野宗佑《そうすけ》が一九八九年六月二日の両院議員総会で総裁に選出され、首相に就任した。しかし、宇野首相は自らの女性問題でたちまち窮地に陥り、七月二三日の参院選は、リクルート事件、消費税、首相のスキャンダルという三点セットによって、自民党の歴史的な大敗に終わった。自民党は三八議席しか獲得できず、非改選の七三を加えても一一一議席にとどまり、過半数の一二七を大きく割り込み、衆参両院の「ねじれ」を招いた。他方、社会党は、「土井ブーム」と呼ばれた土井たか子委員長の人気と連合を媒介役とする野党間の選挙協力とを背景として、自民党を遥かに上回る五二議席を獲得した。

苦境に陥った自民党は、後継総裁の選出から始めなければならなかったが、リクルート事件ゆえに派閥の領袖クラスがいずれも立候補できなかった。そこで、派閥のしがらみなき総裁選挙を目指して、推薦人を二〇名に減らし、記名投票制を斥け、都道府県連の代表者一名に投票権を与えるという措置が講じられた上で、八月八日の両院議員総会において投票が行われ、海部《かいふ》俊樹が林義郎《よしろう》と石原慎太郎を破って総裁に選出された。九月二八日の両院議員総会では、候補者が四人以上でないと総裁予備選挙が行われず、党員・党友が参加できないという問題を解決すべく、予備選挙と本選挙の二段階方式を改めて一本化し、国会議員票と都道府県連の持ち票（地方票）を合算して当選者を決める方式が採用された。[19]

政治改革については、すでに参院選の前から重要な動きが始まっていた。第一に、自民党の政治改革委員会が改組され、六月二〇日に政治改革推進本部が設置されたことである。本部長の伊東正義と本部長代理の後藤田正晴は、選挙制度調査会の会長に就任した羽田孜と連携しながら、「政治改革大綱」の具体化と推進にあたった。第二に、六月二八日に政府の第八次選挙制度審議会が発足したことである。これは従来の選挙制度審議会とは異なり、政党の代表が参加しない、純粋な第三者機関として設けられた点に特徴があった。自民党の政治改革推進本部は、一一月二九日に「政治改革推進重点項目」を決定し、中選挙区制に代わる選挙制度について、政府の第八次選挙制度審議会の答申を最大限に尊重すると謳った。[20]

ところが、リクルート事件に端を発する有権者の自民党への批判は落ち着き始め、政治改革は失速しつつあった。事実、伊東は政治改革推進本部長に就任した際、「政治改革に対する党内の雰囲気が潮のひいたようになっている」と語り、後藤田本部長代理も「政治改革推進重点項目」

が決定された段階で、「「熱が冷めている」といわれていることは事実だし、そういう空気はあると思う」と述べている。[21] そうしたなかで、政治改革の推進力となったのは、海部総裁と小沢一郎幹事長を中心とする党執行部であった。一九九〇年二月一八日の総選挙で自民党が政治改革を訴えて、追加公認を含め二八六議席を獲得し、安定多数を確保すると、海部首相は三月一日の施政方針演説で政治改革に「不退転の決意」で臨むと表明した。三月三〇日には政治改革推進本部が政治改革本部に改組された。

政府の第八次選挙制度審議会は、四月二六日に「選挙制度及び政治資金制度の改革についての答申」(一次答申)を海部首相に提出し、自民党の「政治改革大綱」と同じく、政権交代の可能性を高めるために、小選挙区比例代表並立制の導入を提言した。その具体的な内容は、小選挙区と比例代表それぞれに票を投じる二票制、総定数五〇〇人程度、定数配分は小選挙区六割、比例代表四割、一一ブロック単位の比例代表というものであった。また、七月三一日の「参議院議員の選挙制度の改革及び政党に対する公的助成等についての答申」(二次答申)においては、政党助成制度を「政治改革大綱」よりも積極的に導入することを提案した。こうしてボールが再び自民党に戻ってきた。

だが、自民党内の混迷は深まっていた。当時、政治改革本部の企画委員会の事務局長を務めていた武村正義は、こう書いている。「驚いたことに、この段階で今まで顔をみせなかった人たちが、ぞくぞくと顔を出すようになってきた。しかも新顔の多くは、中堅幹部以上の人たちであり、政治改革に疑問を投げかけたり、堂々と反対や批判をしはじめた。……毎回顔を出して小選挙区制度に反対を唱えられた中には、小泉純一郎氏や武部勤氏の顔もあった」[22]。第八次選挙制度審議会の答申を受けて作成された「政治改革基本要綱」は、長時間にわたる激論の末、一一月二七日の政治改革本部と選挙制度調査会の合同総会、続いて一二月二五日の総務会で承認された。二票制、総定数四七一、小選挙区三〇〇、比例代表一七一、全国単位の比例代表といった内容の小選挙区比例代表並立制の導入が、党議決定になったのである[23]。

しかし、国会という難関が待っていた。政治改革関連三法案は党議決定と閣議決定を経て、一九九一年八月五日からの第一二一回国会に提出されたが、この段階でも党内の反対は強かった。国会対策委員長の梶山静六《せいろく》は反対派とみられ、衆議院の政治改革特別委員会の自民党委員も賛成派と反対派が拮抗した。社会党をはじめとする野党も反対していた。その結果、国会審議は遅れ、最終的に九月三〇日、小此木《おこのぎ》彦三郎政治改革特別委員長が審議未了・廃案を表明した。こうして政治改革は、いったん頓挫したのである。この決定に関与していなかった海部首相は、「重大な決意」を表明したものの、衆議院の解散に踏み切ることができず、一〇月五日に退陣表明を余儀なくされた。そして、二七日の総裁選挙で竹下派の支援を受け、渡辺美智雄と三塚博を破った宮沢喜一が、一一月五日に首相に就任した。

小沢一郎の『日本改造計画』

以上のプロセスを通じて政治改革の主役に躍り出たのが、小沢一郎であった。一九八九年八月八日に海部が総裁に就任すると、竹下派（経世会）の金丸信《かねまるしん》会長の後押しによって四七歳という若さで幹事長に就任した小沢は、「選挙制度にメスを入れなければならない」と語り、政治改革に強い意欲を示し、盟友の羽田孜を選挙制度調査会長に据えた。[24] その二カ月後に開かれた自民党の全国研修会では、「政治改革をなし遂げるためには一つの内閣を犠牲にするぐらいの覚悟が必要だろうと思っております。海部総理・総裁も「政治改革」をスローガンに掲げた以上、なんとしてもやり抜かなければならないと思います」と述べ、海部首相を叱咤激励している。[25]

小選挙区制の導入を唱えるようになった理由として小沢は、三木答申を出した第三次組織調査会で「選挙制度小委員会」の委員長を務めた父親の小沢佐重喜の影響を挙げているが、[26] 後藤田と同じく田中内閣の経験も大きく影響したとみられる。前述したように、田中内閣の成立直後に出版された『自民党改造案』で小沢は、小選挙区制に一切言及していないからである。それ以上に重要なのは、カネのかからない選挙を実現するために小選挙区制を唱えていた小沢が、[27] 中曽根内閣のもと、党総務局長として一九八三年の参院選と総選挙を取り仕切り、衆議院議院運営委員長として野党との交渉を担い、自治大臣を経て竹下内閣の官房副長官に就任し、日米貿易摩擦の交渉に関わるなど、権力の中枢を歩むなかで、自民党長期政権のあり方に限界を感じ、それを改革する手段として小選挙区制の導入を位置づけるようになったことである。[28]

この当時、小沢は自民党幹事長でありながら、「自民党単独政権でやってきたもろもろの矛盾が限界に達した」と語り、「現在いちばんの課題は選挙制度の改正を含む政治改革の実現だ」と断言した。これまで万年野党の座に安住してきた社会党が野党再編に踏み込んでいけるとは思えない。そう考える小沢は、「政権交代を実現させるためには、僕はやはり選挙制度の仕組みを直していくしかないと思います」と述べ、「小選挙区比例代表制の導入」による「二大政党体制への移行」を主張し、「自民党が野党になるだろうことも覚悟しなきゃできません」とすら発言した。[29]ところが、小沢は、一九九一年四月七日の東京都知事選挙の敗北の責任をとって幹事長を辞任せざるを得なくなった。それが、政治改革関連三法案が審議未了・廃案に終わった大きな原因であった。

しかし、その後も小沢は政治改革への熱意を失わず、一九九三年五月二〇日に著書『日本改造計画』を出版し、自らの考えを体系的に示した[30]（写真3-1）。そのなかで最も強調されているのは、政治的リーダーシップを確立する必要性である。つまり、小沢は、リクルート事件を背景とする金権腐敗の打破という目的ではなく、規制緩和をはじめとする新自由主義的改革や、憲法改正を含む積極的な国際貢献のために不可欠な政治的リーダーシップを創出する手段として、小選挙区制を位置づけたのである。

同書によると、従来の自民党政権は、対外政策の大枠をアメリカに委ね、国内の利益誘導政治に専念してきた。そのため強いリーダーシップは不要であり、権力をめぐる競争も存在せず、コンセンサス重視の「総談合政治」が続いてきた。自民党は派閥連合政党にすぎず、総裁の権力は大幅に制約されている。しかも、一九八〇年代に入って、全ての派閥が主流派になった結果、派閥間の競争も失われてしまった。自民党政権は党と政府に分かれ、政府も省庁別に分立しており、閣議の形骸化にみられるように、責任の所在が曖昧になっている。また、社会党などの野党は万年野党の座に安住し、国対政治を通じて自民党と利害を調整している。

自民党幹事長として冷戦の終焉と湾岸戦争に直面した小沢は、こうした政治的リーダーシップの欠如に強い危機感を覚えた。日本は安全保障の面でも国際的な責任を果たす「普通の国」に脱皮しなければならない。また、経済政策については、「自由主義社会では基本的に自由放任であるべき」なのであり、規制緩和を大胆に進めなければならない。そうした状況下では、権力を行使する危険性よりも、行使しない危険性の方が問題である。そこで、「権力を民主主義的に集中し、その権力をめぐっての競争を活性化する」。すなわち、政党間の競争を強め、それに勝利して政権を獲得した政党の党首兼首相に権力を集中する。政府においては、首相官邸の権限を強化し、官僚や与党はそれに従う。国会は、全会一致ではなく、

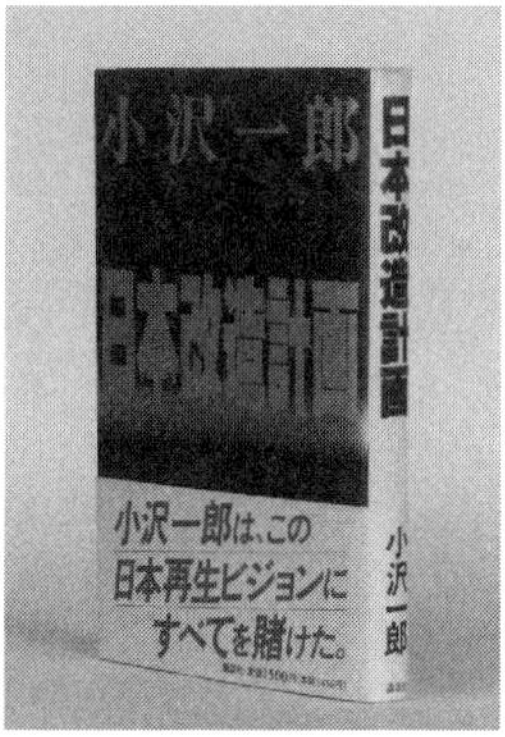

写真3-1 小沢一郎『日本改造計画』。発売1年間で70万部を超えるベストセラーになった

多数決によって決定を行う。そのような政治的リーダーシップを備えた民主主義へと転換すべきだというのである。

以上の認識に基づいて、小沢は小選挙区制の導入を主張した。そのモデルは、イギリスであった。小沢によると、一つの選挙区から三―五名の国会議員を選ぶ中選挙区制は、長期政権を続ける自民党だけでなく、候補者を一人に絞れば必ず当選できる万年野党にとっても、非常に都合がよい選挙制度である。それゆえ、「政権を狙える、あるいは政権を狙う意欲のある野党をつくり、ぬるま湯構造を打破するためには、中選挙区制を廃止しなければならない」。そして、多数決原理に基づき、一つの選挙区から一名の当選者を出す小選挙区制を導入することで、政権交代の可能性を高め、政治にダイナミズムを取り戻すことが必要である。小選挙区制は、選挙運動を候補者個人ではなく政党本位にするとともに、候補者の公認権を持つ党執行部の権力を強め、党組織を集権化する点でも好ましい。小沢は、比例代表制を伴わない単純小選挙区制の導入を最善だと言い切った。

この『日本改造計画』が出版される頃までに、政権交代の条件はいよいよ整いつつあった。第一に、一九八九年一一月二一日の連合の結成である。社会・民社両党の主たる支持団体であった総評と同盟が最終的に合流したことで、野党再編に向けた動きが本格化しただけでなく、総評の解散によって階級主義的な労働運動が凋落し、自民・社会両党を巻き込む政界再編の可能性が高まった。第二に、冷戦の終焉である。一九八九年一二月三日に米ソ首脳が冷戦の終結を宣言し、一九九一年一二月二六日にはソ連が解体したため、アメリカの冷戦政策をめぐる保守と革新の対立が意味を失った。階級対立と保革対立がともに事実上終わった結果、自民党を政権党、社会党を野党第一党とする一九五五年体制の基礎が掘り崩されたのである。

二　政治改革の実現と日本型多元主義の敗北

香山健一の政治改革論

以上にみてきたように、一九八八年一二月二七日の政治改革委員会の設置に始まる自民党の政治改革の取り組みは、一九八九年五月二三日の「政治改革大綱」と一九九〇年一二月二五日の「政治改革基本要綱」の党議決定を経て、一九九一年八月五日に政治改革関連三法案を国会に提出するまでに至った。法案は最終的に審議未了・廃案になったが、少なくともいったん小選挙区比例代表並立制の導入が自民党の方針として確立したのである。これは、中選挙区制のもとでの派閥や個人後援会の活力を高く評価してきた日本型多元主義が、自民党の内部でヘゲモニーを失ったことを意味した。そこで、かねてから政治改革の必要性を認めていた香山は、日本型多元主義に依拠しつつ、小選挙区制に対するオルタナティブを提示していった。

海部内閣のもとで政治改革関連三法案が国会に提出される直前、香山は『諸君!』の一九九一年九月号に論文を寄せ、小選挙区比例代表並立制と政党助成制度の導入を提言した第八次選挙制度審議会の答申に対して、以下のような批判を加えた。まず、中選挙区制を廃止することで政権交代の可能性が高まるという主張は、鳩山一郎内閣が「長期安定政権の樹立」を目的として小選挙区制の導入を図ったことからみて、にわかに首肯できない。仮にそれが正しいとしても、イギリスのように政治が不安定になって、政策の一貫性が失われ、経済が衰退してしまう。香山がかつて指摘した「英国病」である。逆に、中選挙区制だから政権交代が起きないというのも誤りである。自民党長期政権の原因は中選挙区制ではなく、社会党が政権担当能力を欠いてきたことにある。

香山の批判は、より根本的な問題に向かう。中選挙区制を廃止して小選挙区比例代表並立制を導入し、「個人本位の選挙」から「政党本位の選挙」に転換するという発想の根底には、「時代錯誤の近代組織政党モデル」が存在するという批判である。政党助成制度の導入についても、「政党を官僚組織化し、議員個人の自由闊達な活動を基礎とする政党本来の機能を弱めてしまう」と指摘した。しかし、自民党の自己変革能力が限界にきているのも確かであった。そこで、香山は、日本型多元主義を自民党の枠内から解き放ち、それを政党システム全体で実現しようとした。分権的な党組織を持つ二つ以上の政党が、連立を組みかえつつ政権交代を行い、変化に柔軟に対応していくという、「穏健な多党制」に近似したイメージの政党政治を提唱したのである。[31]

二大政党間の政権交代という図式はあまり望ましい図式とは言えず、むしろ大枠で共通の政治理念や政策体系を持つ政治グループがゆるやかに連合し合い、離合集散し合う形で実質的な政権交代が行われていくような形の方がより変化に柔軟に対応できるものとなるであろう。また議員にたいする政党の党議拘束はあまり強いものとなるべきではなく、もっと衆参両議院を構成する各議員が有権者との対話をはかりつつも自由にその意見を表明できるような柔構造の政党組織、ネットワーク組織になっていくことが必要であろう。

これと同じ時期、佐藤誠三郎も自民党の機関誌の座談会に出席して、小選挙区制を批判している。「選挙区単位で政策なり意見なりを統合するよりもいろいろな意見が国会に代表されたほうがいい」「政党だけでなくて人も選べるほうがいい」という二つの理由からである。しかし、香山と同じく、もはや自民党の現状を手放しに肯定せず、二世議員の増大にみられるように、現在の中選挙区制が政治家のリクルートメントなどの面で問題があることを認めた。そこで、佐藤が提案したのが、都道府県単位の非拘束名簿式の比例代表制の導入であった。この選挙制度であれば、中選挙区制と同じく、多様な民意が代表され、有権者が政党も人も選ぶことができる。小党分裂を招くという批判については、得票率が三%ないし五%以下の政党に議席を与えないという阻止条項を導入することで回避できると反論した。[32]

他方、香山は自らの政治改革論を先鋭化させた。『文藝春秋』の一九九二年七月号に掲載された論考で、「既成政党の分割・民営化」を主張したのである。ここでいう「分割」とは、既成政党が派閥単位あるいは政策グループ別に分党していくことを、それに対して「民営化」とは、官僚と結びつく族議員の支配から脱却していくことを意味する。そもそも自民・社会両党を派閥の連合体であると考える香山は、既存の政党の枠組みをいったん解消して小党に分割し、論争を公開のもとで行いながら政界再編を進め、緩やかな政党連合ないし連合政権を形成していくべきだと説いたのである。[33]香山は、自民党の機関誌の同年一一月号においても、派閥を公式化し、政策集団化することが総裁予備選挙を導入した目的であったと指摘した上で、「派閥解消による単一組織政党化ではなく、派閥の独立政党化による自民党の公式政党連合化」を唱えた。[34]

日本新党の結成と中選挙区連記制

香山が『文藝春秋』の一九九二年七月号の論考で、「既成政党の分割・民営化」と並んで主張したのは、「志のある人々が自由に新党を結成」して「既成政党の厚い壁を破る」ことであった。これも自民党のブレーンとしては大胆な発言であったが、それればかりか、次のように書いた。「私は細川護煕前熊本県知事の日本新党結成という勇気ある行動を高く評価し、これを積極的に支持する」[35]。実は、日本新党の結成に向けて、細川が『文藝春秋』の前月号に発表した「「自由社会連合」結党宣言」を執筆したのは、香山であった。香山は細川をブレーンとして支えただけでなく、参院選の候補者探しにも協力し、佐藤誠三郎の『自民党政権』の共著者として知られる松崎哲久を口説いた。それを受け入れた松崎は、事実上のナンバー・ツーとなる政策部会長に就任する[36]。

香山にとって日本新党は、新自由クラブに続く第二の新党の挑戦であった。実は、新自由クラブの結成にあたって勧誘を受けた一人が、当時自民党の参議院議員を務めていた細川であった。細川はこう書いている。「新自由クラブができる前夜、私もだいぶ誘われて心を動かされた。河野洋平さんが二、三度、大蔵政務次官室に私をたずねて来られ「新党結成」を説かれた。私もずいぶん迷い悩んだ。しかし、大魚支流に泳がず、飛び出してどれだけ実効があがるか、なかにいて改革をしていく方がよい、その方がやりやすいと思い、最終的には新自由クラブ結成に参加しなかった」[37]。その後、細川は熊本県知事を経て日本新党を結成し、他方、河野は自民党に復帰して総裁に就任する。そして、図らずも両者の合意によって政治改革が実現する。

ところで、香山が執筆に関わった細川の「「自由社会連合」結党宣言」には、日本型多元主義の影響が濃厚にみられる。「保革対立」とその基盤である「政・官・産複合体としての集権的国家システム」が、「追いつき型近代化」と「東西冷戦」の終焉によって歴史的役割を終え、「新しい分権的、開放的な国家システム」の創造が必要になっているという認識が、まさにそうである。

「立法府主導体制の確立」「生活者主権の確立と選択の自由の拡大」「地方分権の徹底」「異質・多様な文化の創造」「世界平和へのイニシアチブ」の五つの基本目標が掲げられたが、それを実現するためには有権者の半数近くまで増えた「支持政党なし」層の要望に応えることが不可欠であり、「柔軟なネットワーク型の新党」として、「新しい政党連合時代の主役」を担うと表明したのも、香山の主張そのものである。

この「結党宣言」は、六つの政策プログラムを掲げた。外交についての「地球環境問題への貢献」「開放経済の促進」「平和外交の主導」、内政に関する「政治改革の断行」「行財政の改革」「二十一世紀のための教育改革」である。政治改革の項目で注目すべきは、立法府の強化と国会審議の実質化、情報公開法の制定などに続いて、「定数是正と現行選挙区制度の見直し（中選挙区連記制）を検討する」と謳ったことである。有権者が一票しか持たない単記制の中選挙区制を見直して、有権者が複数の票を投じることができる連記制の中選挙区制を検討するという方針もまた、日本型多元主義の影響とみるべきであろう。小選挙区制の導入を唱える小沢とは違う政治改革を目指したのである。政治資金制度改革についても、「国費で政党や議員の通常の活動が賄えるようにする」と、政党のみならず政治家も重視する考えを示した。[38]

ところが、細川は、この「結党宣言」を発表する直前、五月七日に記者会見した時点で、党名を確定していなかったばかりか、組織・人事・資金などの面で十分な見通しを持ち合わせていなかった。松崎が細川と初めて会ったのは、その四日後であったし、松崎自身、参加してみて何ら準備ができていなかったことに驚いたと書いている[39]。それでも、五月二二日に正式に結成された日本新党は、七月二六日の参院選で比例区に候補者を擁立し、無党派層の期待を受けて得票率で八%を集め、四議席を獲得した。しかし、日本新党は依然として細川代表の「個人商店」でしかなく、それに不満を高めた松崎は最終的に除名される[40]。そもそも細川は、日本新党をそのまま存続させていこうとは考えておらず、自民党などからの離党者と合流して新・新党を結成するという戦略を描いていた。

細川が提携相手として考えていたのは、武村正義を中心とする自民党の若手改革派であった。リクルート事件の発覚後、武村が政治改革を求める発言を行ったことをきっかけに、鳩山由紀夫ら一〇名ほどの若手議員が集まって「ユートピア政治研究会」が結成された。その提言を契機に自民党の政治改革委員会が発足し、武村が事務局次長として「政治改革大綱」の作成にあたるなど、政治改革の推進力となった。細川とのパイプ役を務めたのは、一九八五年の新政綱の作成に尽力した田中秀征であり、日本新党が躍進した参院選の三週間後に行われた細川と田中の雑誌の対談から、両者の水面下での接触が始まった。自民党の若手改革派は、日本新党との即時合流には消極的な姿勢を示したが、それとの提携を前提とする新党の結成に向けて密かに準備を進めていった[41]。

日本新党が暫定的な存在でしかない以上、細川は「結党宣言」にもこだわらなかった。やがて中選挙区制の廃止を求める世論が高まると、細川は『文藝春秋』の一九九三年一月号に文章を寄せ、「選挙制度は大別すれば小選挙区制か比例制かのどちらかしかない」と指摘した上で、「現行の中選挙区制をやめることがまず第一」と書き、比例代表制あるいはドイツ型の小選挙区比例代表併用制が「現実的にはベター」だと主張した。[42]「結党宣言」に盛り込まれた中選挙区連記制は、そもそも「検討」の対象でしかなかったが、いとも簡単に捨て去られ、政治家ではなく政党を重視する比例代表制が唱えられたのである。もっとも細川は、小選挙区制には依然として反対であった。

自民党による政治改革の再失敗

日本新党が躍進した一九九二年七月二六日の参院選で、自民党は七〇議席を獲得し、非改選と合計した議席で過半数を回復できなかったとはいえ、勝利を収めた。[43]ところが、それから間もなく、宮沢内閣は激震に見舞われる。暴力団への融資などが焦げ付き、特別背任事件として追及されていた東京佐川急便から、金丸信が五億円もの裏金を受け取っていたことが報じられ、八月二七日に副総裁を辞任したのである。さらに、東京地方検察庁が九月二八日に政治資金規正法違反で金丸を略式起訴し、翌日、東京簡易裁判所が罰金二〇万円の略式命令を出すと、あまりにも軽い処分に世論の批判が巻き起こり、一〇月一四日、金丸は議員辞職に追い込まれた。これを背景として、政治改革の機運が一気に高まった。

自民党は、九月一六日以降、政治改革本部と選挙制度調査会を中心として、抜本的な政治改革の案の取りまとめを進めていった。当初、小選挙区制に比例代表制を加味する制度が優勢であったが、党所属の国会議員のアンケートで単純小選挙区制の支持が約六割を占めたこともあり、一二月一〇日の合同総会で、衆議院に総定数五〇〇の単純小選挙区制を導入することを盛り込む「政治改革の基本方針」が決定され、宮沢総裁への答申を経て、二二日の総務会で了承された。[44]この単純小選挙区制の案は、全くの同床異夢の産物であった。すなわち、選挙制度改革に積極的な議員からは、野党との歩み寄りに向けた第一段階の案として位置づけられ、他方、中選挙区制を維持したい議員にとっては、野党の強い反対が存在する以上、実現不可能な案として捉えられたのである。

金丸は議員辞職に合わせて経世会会長からも退いたが、竹下派の内部では後継争いが深刻化していった。それまで金丸の支持を得て派閥の運営を掌握してきた小沢一郎らが羽田孜を擁立したのに対して、竹下元首相をバックとする反小沢グループは小渕《おぶち》恵三を推した。最終的に一〇月二八日の派閥の総会において小渕会長が決まったが、これを不服とする小沢グループは同日、「改革フォーラム二一」(羽田派)を結成し、ついに最大派閥の経世会が分裂することになった。少数派に転落した小沢は、この抗争を「サル山のサルがボスを選ぶのと同じ類の話」ではなく「改革派と守旧派の対立」だと喧伝し、自らの正当性を訴えた。[45]政治改革は竹下派の分裂と連動し、大きなうねりへと変わっていった。

自民党内では、絶大な権力を振るってきた小沢に対する反発が強かった。宮沢首相は一二月一一日に内閣改造を行い、羽田派を主要閣僚から外したばかりか、幹事長に小渕派の梶山静六を起用した。梶山はかつて第一二一回国会で国対委員長として政治改革関連三法案を廃案に追い込んだ人物であり、官房長官に就いた河野洋平によると、宮沢自身も「小選挙区制には慎重」であった。[46] 一九九三年一月二二日から第一二六回国会が始まると、小沢は水面下で対抗策を講じた。若手改革派が日本新党との提携に向かったように、小沢も野党への働きかけを強めたのである。ターゲットとなったのは、社会党に影響力を持つ連合会長の山岸章《あきら》であった。二月二〇日、山岸と会談した小沢は、自民党からの離党をほのめかしながら政治改革の必要性を説き、社会党に政治改革の対案を出させるよう要請したのである。[47]

三月六日に金丸が巨額脱税容疑で逮捕されたことを受けて、政治改革の機運は高まった。ところが、国会では与野党の案が真っ向から対立し、政治改革が実現する見通しは非常に暗かった。四月二日、自民党は、単純小選挙区制を柱とする政治改革関連四法案を国会に提出した。しかも、それを総務会で党議決定する際、「法案修正時には党議の再決定が必要」という条件が付され、野党との妥協に歯止めがかけられていた。それに対して、社会・公明両党は、山岸の働きかけもあって対案の作成を進め、小選挙区比例代表併用制を中心とする政治改革関連六法案を共同で提出した。ただし、併用制は基本的に比例代表制であり、単純小選挙区制とは大きな隔たりがあった（図表3-1）。

	第八次選挙制度審議会の答申	第121回国会の海部内閣案	第126回国会の自民党案	第126回国会の社公案	第128回国会の細川内閣案	第128回国会の自民党案	第128回国会の修正政府案	第129回国会の最終妥協案
方式	小選挙区比例代表並立制	小選挙区比例代表並立制	単純小選挙区制	小選挙区比例代表併用制	小選挙区比例代表並立制	小選挙区比例代表並立制	小選挙区比例代表並立制	小選挙区比例代表並立制
定数配分	小選挙区301、比例代表200	小選挙区300、比例代表171	小選挙区500	総定数500（小選挙区200）	小選挙区250、比例代表250	小選挙区300、比例代表171	小選挙区274、比例代表226	小選挙区300、比例代表200
比例代表の区域	11ブロック	全国	—	12ブロック	全国	都道府県	全国	11ブロック
投票方式	自書式2票制	自書式2票制	記号式1票制	自書式1票制2記載	記号式2票制	記号式1票制	記号式2票制	記号式2票制

図表3-1 選挙制度改革の各案
（佐々木毅編著『政治改革1800日の真実』454、458、465ページの表より作成）

こうしたなか、社会経済国民会議が亀井正夫を会長として結成していた民間政治臨調（政治改革推進協議会）が、四月一七日に並立制と併用制の中間的な性格を持つ小選挙区比例代表連用制を提唱し、与野党に歩み寄りを促した。社会・公明両党や日本新党などの野党は、連用制を受け入れることを決めたが、自民党は内部で意見が大きく分かれた。何らかの譲歩をしなければ政治改革は実現しないという主張が出される一方、無原則な妥協はすべきでないとの考えも示された。党内が大きく二分されたのであるが、党議決定の変更ができない以上、政治改革関連四法案を原案のまま採決するほかなく、その方針が六月一五日の総務会で決まり、翌日に宮沢首相も了承した。この決定は、自民党が参議院で過半数の議席を持たない以上、第一二六回国会での政治改革の断念を意味した。

小選挙区比例代表並立制への合意

第一二六回国会が第一二一回国会と違っていたのは、この先である。一九九三年六月一七日に社会・公明・民社の三党が政治改革の断念を理由として内閣不信任決議案を提出し、翌日に採決に付されると、羽田派などが造反した結果、賛成二五五、反対二二〇をもって可決され、宮沢首相が衆議院を解散した。これを受けて、政界は一気に流動化した。まず、不信任案に反対票を投じた自民党の若手改革派が同日、一〇名で離党することを表明し、二一日に武村を代表とする「新党さきがけ」を結党した。これに誘発されて、羽田派を中心とする四四名も二二日に離党に踏み切り、翌日、新生党を結成し、羽田が党首、小沢が代表幹事に就任した。この二つの新党の発足によって、すでに総選挙の前に自民党は過半数を割り込んでしまった。

七月一八日の総選挙の結果は微妙であった。自民党は、過半数を回復できなかったとはいえ、公示前を上回る二二八議席を獲得し、善戦した。最も伸長したのは三つの新党であり、初めて衆議院に候補者を擁立した日本新党が三九議席、新生党が六〇議席、さきがけが一三議席と躍進した。そのあおりを受けて後退したのは社会党であり、公示前の一三七から七七議席にほぼ半減した。自民党が健闘し、社会党が惨敗した結果、六月二四日に連立政権を樹立することで合意していた新生・社会・公明・民社の四党などを合計しても、過半数には達しなかった。そこで、焦点となったのは、年内の合併に向けて統一会派を結成することを決めていた日本新党とさきがけの動向であった。

キャスティング・ボートを握った日本新党とさきがけは、自民か非自民か決めかねていた。事実、衆議院の解散後にインタビューを受けた日本新党の細川代表は、「自民党政権の延命に手を貸すことはない」と述べる一方、「既成政党とは一線を画する」という結党以来の方針からいって、自民党の中枢にいた新生党とも「直結するようなことは、われわれにとっては自殺行為に等しい」と語っていた[48]。迷いに迷った日本新党とさきがけは、さきがけの田中秀征の提案に従い、自民と非自民の不毛な二者択一を回避すべく、ある決断をする。総選挙から五日後の七月二三日、「政治改革政権の提唱」を行い、その具体案に賛同する政党と連立を組むことを発表したのである[49]。

選挙制度に関する具体案を作成したのは、さきがけの武村代表であった。武村は、二〇日のNHKの討論番組で政権に参加する条件として、小選挙区二五〇、比例代表二五〇の小選挙区比例代表並立制の受け入れを挙げており、「政治改革政権の提唱」にも、その年内実現を盛り込んだ。実はさきがけには、選挙制度改革の内容について明確な方針が存在していなかった。例えば、田中は細川の「結党宣言」と同じく、「小選挙区制より、中選挙区連記制とか衆議院全国区制の方が、政界により良い人材を集めることができると信じていた」[50]。しかし、自民党で「政治改革大綱」の作成にあたった武村は、小選挙区比例代表並立制に強い思い入れがあり、第八次選挙制度審議会の答申などに比べて比例代表の割合を高めつつ、それを「政治改革政権の提唱」の柱としたのであった。

これを受けて自民党は、七月二七日の総務会で、「「小選挙区比例代表並立制」の実現」を謳う「政治改革に関するわが党の基本姿勢」を党議決定し[51]、同日、日本新党とさきがけに伝達し、協力を要請した。先の国会で譲歩を拒んだ自民党が、こうした決定を迅速に行ったのは、党内に残る改革推進派の離党を阻止しつつ、日本新党とさきがけを抱き込んで政権を維持するためであった。しかし、そこには小選挙区と比例代表の定数の配分が書かれていなかった。そこで、両党は翌日、具体性に欠けるとして、自民党の提案を拒否した。武村によると、自民党が全面的に提唱を受け入れた場合には、後藤田正晴を首班とする大連立を想定していたという[52]。だが、結局、それは幻に終わった。

新生党や社会党などは、二六日から二七日にかけて、日本新党とさきがけの提唱を受け入れる党議決定を相次いで行い、両党に伝えた。なかでも新生党の小沢代表幹事の行動は素早かった。日本新党が鍵を握っているとみた小沢は、すでに二二日に細川と会談し、細川首班を打診していた[53]。最終的に二九日の非自民・非共産の八党首会談で、細川を統一首班候補にすることが決まり、「連立政権樹立に関する合意事項」などがまとめられた。そして、八月六日に細川が首相に指名され、九日に細川内閣が成立した。武村は官房長官に就任し、首相官邸を差配することになる。かくして、自民党は一九五五年の結党以来、初めて野党に転落したのである。

後退を重ねた「穏健な多党制」という目標

以上の結果、小選挙区比例代表並立制の導入に関する合意が、連立与党と自民党を含めて成立したが、これに関する日本型多元主義者の見解は分かれた。佐藤誠三郎は、「今から何をいってもおそらくもう遅すぎるのであろう」と嘆きながら、並立制への反対を訴え続けた[54]。それに対して、「既成政党の分割・民営化」を主張していた香山健一は、政党本位になることを批判しつつも、並立制に希望を見出そうとした。すなわち、今後のシナリオとして、一党優位政党制の復活、二大政党制への転換、多党制への移行の三つを示した上で、最も実現可能性が高く、かつ望ましいのは三番目のシナリオだと主張し、自民・社会両党が派閥単位に分裂して政策協定に基づく多党連立を繰り返した後、三大政党に収斂していくという展望を示した[55]。

香山が多党制を支持したのは、自由と多様性の尊重という彼自身の価値観に加え、保守と革新、あるいは資本主義と社会主義といったイデオロギー対立が終焉し、二大政党制が時代遅れになったと考えたからであった。「私の多党制のイメージの背景には、国民の意識が多様化している以上、それぞれの意見や感情を代弁する多様な集団があった方が、先に触れた政治力学のベクトルの合成、全体の政治のオーケストラ的な総合はしやすいのではないかという認識がある」。そして、並立制はそれを可能にする選挙制度であった。香山は、「小選挙区比例代表制の下でも、個別の選挙協力で、穏健な多党制は維持されると思う」と述べている[56]。

実際、細川内閣の連立与党の案は、「穏健な多党制」を目指すものであった。[57]「連立政権樹立に関する合意事項」に並立制の具体的な内容が明記されていなかったため、小沢を中心とする新生党は、二大政党制の実現を目指して、小選挙区の票を比例代表の票に読み替える一票制、小選挙区三〇〇と比例代表二〇〇の定数配分などを主張した。しかし、結局、日本新党、さきがけ、社会党の三党の意見が通り、小選挙区と比例代表のそれぞれに票を投じる二票制、小選挙区二五〇と比例代表二五〇の定数配分、全国単位の比例代表などが、一九九三年八月二七日の与党代表者会議で決まった。その二日前、自民党総裁に就任していた河野洋平の代表質問に対して、細川首相は「穏健な多党制」に向かうという見通しを示していたが、基本的にその線で連立与党はまとまったのである。

それに立ちふさがったのは、自民党であった。自民党が九月二日の総務会で党議決定した対案は、一票制、小選挙区三〇〇と比例代表一七一の定数配分、都道府県単位の比例代表といった内容の並立制であった。[58]並立制の導入に賛成した以上、その枠内で小選挙区制の比重を高めようとしたのは、最大政党として当然の行動であった。また、小選挙区の定数が二五〇では全ての所属議員に選挙区をあてがうのが難しいという事情もあった。実際、自民党の内部では選挙区の割当てをめぐる疑心暗鬼が広がり、連立与党の切り崩しを招く原因になっていた。森喜朗《よしろう》幹事長は、こうした党内事情に触れた上で、「小選挙区の三百議席の数は何としても確保して、全党員ができる限り気持ちよく選挙に立ち向かえるような形をぜひとりたい」と語っている。[59]

九月一七日に第一二八回国会が召集されると、その当日に与党の政治改革関連四法案が、一〇月五日には自民党の五法案が提出され、審議が進められた。結果的にみるならば、連立与党は自民党に譲歩を重ねていった。選挙制度改革はなるべく多くの党派の合意のもとで進めるべきだという規範に加え、社会党の内部に並立制の導入に反対する勢力が強固に存在していたこともあって、連立与党は自民党の改革推進派の協力を得ようとしたからである。そこで、細川首相は、一一月一五日に河野自民党総裁と一回目のトップ会談を行い、小選挙区二七四、比例代表二二六という妥協案を示し、決裂に終わったものの、それに従って政府案を修正した。一八日の衆議院本会議では、自民・社会両党から造反者が出るなか、この案が可決された。

連立与党の自民党に対する次の譲歩は、社会党から造反者が続出した結果、一九九四年一月二一日の参議院本会議で政府案が否決されたことによって必要になった。細川首相と河野自民党総裁は、二八日に二回目のトップ会談を行い、小選挙区三〇〇、比例代表二〇〇、一一ブロック単位の比例代表とすることで合意した。これを受けて、翌二九日に施行期日を削除した修正政府案が衆参両院で可決され、第一二九回国会に入り、三月四日、この合意を盛り込む政治改革関連四法改正案が成立した。政党助成制度についても、自民党への譲歩がなされ、金額を人口一人あたり二五〇円、総額三〇九億円に減額するとともに、前年度収入実績の三分の二以下という上限額を設けた。

政治改革の内容を決定づけた細川と河野の合意について、自民党は「海部内閣当時のわが党案に非常に酷似したものとなった」と評価した。[60] しかし、最大の勝者は、小選挙区制の導入による政治的リーダーシップの強化を目指し、海部内閣の際に自民党幹事長として政治改革を推進した小沢一郎であった。すでに小沢は、小選挙区比例代表並立制による総選挙の実施に向け、二大政党制の一翼を担う新党結成への第一歩として、連立与党の統一会派の設立に動いていた。細川は、武村から「「穏健な多党制」と言ってきたことと違うではないか」という非難を受けながらも、小沢に同調した。[61] この細川の小沢への接近は、香山の最終的な敗北を意味したといえよう。かくして日本型多元主義の時代は終わりを告げたのである。

三　自社さ政権とリベラル派の優位

自社さ政権はなぜ成立したのか

細川内閣の連立与党の内部では、与党代表者会議を通じて主導権を握る小沢一郎新生党代表幹事と市川雄一公明党書記長の「一・一ライン」に対し、さきがけや社会党が反発を強めていた。政治改革関連四法改正案の成立から一カ月あまり後の四月八日、東京佐川急便からの借入金などの疑惑を追及された細川首相が辞意を表明すると、非自民・非共産八党派の連立の枠組みは急速に瓦解する。まず新生党党首の羽田孜が後継の首相に指名される過程で、さきがけが閣外協力に転じ、次いで新生・日本新・民社の三党などが新会派「改新」の結成に踏み切ったのを受けて、社会党が連立から離脱した。少数派政権となった羽田内閣は、発足から二カ月足らずで総辞職を行い、その与党と自民党との間で、今度は社会党とさきがけがキャスティング・ボートを握る。そして、六月三〇日、社会党委員長の村山富市を首相とする自民・社会・さきがけの三党連立政権が成立した。

長年の政敵であり、かつ議席も少ない社会党の党首を首相に担ぐのは、自民党にとって大きな決断であった。自民党の亀井静香《しずか》副幹事長と社会党の野坂浩賢《こうけん》国対委員長のラインを使って連立工作を進めた森幹事長は、万年与党から野党に転落した自民党の窮状について、こう回想している。「毎日、離党届を受け取るのが幹事長の仕事のようなありさまだった。官僚の自民党への対応も冷淡になった。それまで局長が説明に来ていた案件は課長が来るようになった。課長が来ていた案件は課長補佐に格下げしてきた。陳情客の足もぱったり途絶え、自民党本部は閑散としていた」[62]。しかも、翌年には統一地方選挙と参院選が控えていた[63]。自民党の政権奪還への執念が、村山内閣の成立につながったのである。

しかし、自民・社会両党が手を結ぶことができたのは、労使の階級対立が弛《ゆる》み、冷戦が終焉したという時代背景を抜きには考えられない。社会党は一九八六年の「新宣言」以降、政権担当政党への転換を進め、その延長線上に自民党から離党した新生党などと連立を組み、細川内閣を樹立した。自社さ政権が成立すると、社会党委員長でもある村山首相は、「非武装中立」の歴史的役割が終わったと宣言した上で、自衛隊を合憲と認め、日米安保を堅持する姿勢を示した。日の丸と君が代についても、掲揚や斉唱の強制を否定しながら、国旗・国歌として尊重することを表明した。こうして社会党の歴史的転換が完了し、階級対立と保革対立に基づく一九五五年体制の崩壊が明白になったのである。

このような時代背景のもと、自社さの三党を直接的に結びつけたのは、小沢の強引な政治手法に対する反発であった。社会党やさきがけは「国民福祉税」構想や「改新」結成などを主導した小沢への不満から連立を離脱したが、自民党の内部でも、経世会（竹下派）を通じて党を事実上支配した末、内閣不信任決議案に賛成して離党し、自民党を政権から転落させた小沢に対する敵《てき》愾心《がいしん》が充満していた。村山内閣の成立に際して、自民党は「新政権の樹立にあたって」と題する文書を発表し、非自民連立政権の「非民主的な政権運営」を批判した上で、「民主的で透明な開かれた政策決定過程を経て政治運営を行う」と表明した。[64] 自社さ三党の合意文書でも、「民主性」や「公開性」を確保しつつ、ボトム・アップで政策決定を行うことが謳われた。[65]

小沢にとってみれば、そうした自民・社会両党に根強いコンセンサス重視の姿勢の方が問題であり、だからこそ政治的リーダーシップを確立すべく、小選挙区制の導入を推進したのであった。それゆえ、自社さ政権の樹立に向けた動きは、一九九三年末に発足した自民・社会両党の若手有志からなる「腐敗防止研究会」という政治改革への反対派から始まった。その代表は自民党の白川勝彦と社会党の伊東秀子であったが、選挙制度改革の阻止には失敗したものの、細川首相が辞意を表明した後、「リベラル政権を創る会」を結成し、森幹事長をはじめとする党執行部と連携しつつ、若手の間から自社さ政権樹立への機運を高めていった。それは、小沢が主導した政治改革に対する一種の揺り戻しであったといえよう。

この「リベラル政権を創る会」の設立趣意書をみると、「一・一ライン」に対抗する理念としてのリベラルという言葉が、二重の意味で用いられていることが分かる。一つは、これまで述べてきたような政治手法についてであり、「全体主義的強権政治」ではない自由闊達な議論に基づく合意形成という意味である。もう一つは、政策についてである。設立趣意書には、「普通の国」になるための憲法改正などを唱えていた小沢に対抗して、「日本国憲法の精神を尊重」「近隣諸国との友好協力を深める」「軍事的大国主義はとらない」といった言葉が書き込まれている。[66]自民党の白川は「ハト派」を自認する熱心な護憲論者であり、宮沢派（宏池会）に所属していた。[67]憲法改正に消極的なリベラル派が主導して、自社さ政権が成立したのである。

ここで注目すべきは、「リベラル政権を創る会」の発起人として、平沼赳夫、安倍晋三、衛藤《えとう》晟一《せいいち》といった自民党の右派が名を連ねていることである。日本国憲法の「擁護」ではなく「精神を尊重」であったとしても、彼らが奉じる「自主憲法の制定」の党是からすれば、大きな譲歩であることは間違いない。しかも、自民党が村山首班を決めた六月二九日の両院議員総会で、以下のような決定打となる演説を行ったのは、そのうちの一人の衛藤であった。[68]「私は村山委員長と同じ選挙区だ。社会党と最も戦ってきた一人だと自負している。しかし、社会党は五五年体制崩壊のなかで変わった。国旗・国歌問題も自然に定着させようと言っている。われわれは過半数をもっていない。それが残念だ。しかし、一番、残念に思っているのは河野総裁自身ではないのか。私は総裁の決断を支持する」[69]。

棚上げされた「自主憲法の制定」の党是

右派のリベラル派への接近の背景には、唯一の保守政党ではなくなった自民党の生き残り戦略が存在していた。一九九四年一月二一日の第五八回党大会で採択された自民党の運動方針は、日の丸と君が代に関して「法制化し、民族の誇りとして後世に伝えていく」と述べる一方、「軍事大国路線を否定するわが党の主張を明確にし、他党との違いを明らかにしておく」と表明していた。[70]離党者が相次ぐ当時の自民党にとっては、同じ保守の枠内で競合する新生党との差異化が急務であり、日本の文化や伝統の尊重を謳いつつ、軍事大国化のための憲法改正を批判したのである。それが護憲を党是とする社会党との連立を可能にした。そして、自社さ政権樹立にあたっての三党の合意文書にも、「現行憲法」の「尊重」や「軍事大国化の道を歩まず」といった文言が盛り込まれた。

白川勝彦は、憲法第九条を改正して軍事力を強化すべきという「タカ派」と、日本の文化や伝統の尊重という観点から「自主憲法の制定」を唱える「タカ派」とを区別した上で、後者の代表である亀井静香や石原慎太郎から「リベラルに私たちは何ら抵抗もなければ、むしろ賛成なんだ」と言われたと明らかにしている。[71] 亀井だけでなく、石原も自社さ政権の立役者の一人であった。その当時、自民党政調会の「二十一世紀委員会」の委員長代理を務めていた石原は、自らが執筆にあたり五月一一日に発表した新政策大綱試案のなかで、憲法改正について「九条はここ当分、例えば五年なり十年間棚上げ」と提案するなど、社会党との連立に向けて地ならしを行い、[72] 村山内閣の成立直後には、「自民党と社会党が一緒になった新しい政党をつくったらいいと思う」とすら発言した。[73]

こうしたなか、自民党では右派に対するリベラル派の優位が確立した。宏池会に所属する河野総裁の提案に従い、[74] 一〇月四日の役員会で、党の基本理念や綱領を見直すための党基本問題調査会が設置された。会長に起用された後藤田正晴は、政治改革の推進者でありながらも、憲法改正に消極的なリベラル派であった。後藤田は、例えば就任の直前に行った講演で、自社さ政権の樹立を積極的に肯定するとともに、「憲法前文と日本国憲法の九条というものは、一国平和主義という閉鎖的なものではありません」「海外に出て武力行使だけはやらない。これが現在の憲法解釈の限界である」などと語っている。[75] 後藤田会長を支えた会長代理の堀内光雄や事務局長の丹羽雄哉も、宏池会に所属するリベラル派であった。

自社さの三党連立の枠組みが、このような自民党による基本理念や綱領の見直しを後押しした。自衛隊の合憲に踏み込んだ社会党からは、「今度は自民党が変わる番だ」という意向が伝えられていた。一〇年ほど前に自民党の新政綱の作成に関わった田中秀征さきがけ代表代行も、「自民党は古い上着を脱ぎ、現行憲法尊重の姿勢を明確にしてほしい。このことは連立や選挙協力など、さまざまな形の連携に重要な影響を与える」と述べた。こうした要望に応じるがごとく、後藤田は社会党の勉強会に出席し、「憲法は積極的に平和と共生の社会をつくるという内容であり、一国平和主義との批判は当たらない。今は憲法改正を取り上げる時期ではない」と語った。[76]

もっとも、自民党の内部には、中曽根元首相や渡辺美智雄をはじめ、「自主憲法の制定」の党是を見直すことへの反対が根強く存在した。朝日新聞が自民党に所属する衆議院議員二〇一人を対象に実施したアンケートでも、回答者の約六割にあたる五四人が「自主憲法の制定」の党是を維持すべきだと答えている。宮沢派では約三割にすぎなかったが、福田派を継承する三塚派や中曽根派の後身の渡辺派では七割前後を占めた。それに対して見直すべきだという回答は、三一人にとどまった。しかし、「リベラルとは、新しい保守だと思うな」と語る後藤田が、党基本問題調査会の議論を終始リードし、結党当時の政綱に盛り込まれた「現行憲法の自主的改正」を「復古主義」と斥けていった。[77]

最終的に党基本問題調査会がまとめた「理念」「新綱領」「新宣言」の三つの文書は、一二月二四日の総務会で了承を受けた後、阪神・淡路大震災の発生により延期され、一九九五年三月五日に開かれた第五九回党大会で採択された。最大の焦点になった憲法は、「理念」や「新綱領」では触れられず、「新宣言」のなかで次のように書かれた。「国の指針となる憲法については、すでに定着している平和主義や基本的人権の尊重などの諸原則を踏まえて、二十一世紀に向けた新しい時代にふさわしい憲法のあり方について、国民と共に論議を進めていきます」[78]。長年にわたる論争の末、ついに「自主憲法の制定」の党是が事実上棚上げされたのである。

YKKと加藤紘一の台頭

自民党は、政策についても社会党やさきがけとの協調に努め、譲歩した。最初の試金石となったのは、防衛費であった。自民党の七・八％増と社会党のマイナスが対立するなか、自民党から防衛族の山崎《やまさき》拓《たく》、社会党から左派の岩垂《いわたれ》寿《す》喜《き》男《お》、さきがけから小沢鋭仁《さきひと》が防衛調整会議に集まり、徹底的に話し合った結果、〇・九％増で妥結した。村山内閣では、自民三、社会二、さきがけ一からなる省庁別調整会議と課題別調整会議が設置され、そこでまとまらなかった案件を、自民三、社会三、さきがけ二で構成される政調会長レベルの与党政策調整会議において調整していく、というボトム・アップの手続きが採用された。連立与党で圧倒的多数の議席を占める自民党が、いずれの会合でも過半数にならないよう一歩引いた点が重要であった。

このような政策決定プロセスで鍵を握ったのは、自社さ政権の成立とともに自民党の政調会長に就任した加藤紘一《こういち》であった。加藤は、宏池会の次代のリーダーでリベラル派であったが、村山政権の成立から間もなく、次のように語っている。「この政権を本格政権にするために、しっかりと固めていきたい、そんな気持ちで政策調整に取り組んでいきたいと思っております。そしてそうすることが、日本政治に共通の基盤をどんどん広げ、深めて、そして日本があまり大きな国論の分裂もなく、大きな仕事に取り組んでいける基盤になると思っております」[79]。実際、村山内閣のもと、加藤政調会長の尽力もあって、自民党が社会党の要求を受け入れ、原爆被爆者援護法の制定、水俣病未認定患者の救済、戦後五〇年の国会決議と首相談話などが実現した。

加藤が自社さ政権で重要な役割を果たしたのは、YKKの中心人物として反小沢の旗頭であったことも大きかった。三年半ほど前、一九九〇年一二月三一日の加藤の発案によって、初当選が同期の山崎拓・小泉純一郎との三人の会合が始まった。宮沢・渡辺・安倍の三派それぞれのなかで「事務総長的な立場」にあった彼らの目的は、小沢幹事長を中心とする竹下派への対抗であった。加藤は次のように書いている。「小沢一郎氏の全盛時代で経世会がすべての力を握っていた。そんな中、我々のように少し意地を張る酒飲み会があってもいいんじゃないかという思いも強かった」[80]。この三人の提携関係は、それぞれのイニシャルを並べてYKKと呼ばれた。

YKKが政界でその名を知られるようになったのは、会合を始めた直後、一九九一年の第一二一回国会において政治改革関連三法案を廃案に終わらせ、海部内閣を退陣に追い込んだからである。彼らにとって小選挙区制の導入とは、経世会が支配する党執行部の統制力を強めるものにほかならなかった。実は、小選挙区制に否定的な大平正芳の薫陶を受けた加藤と違って、福田赳夫の秘書を務めた経験を持つ小泉は、一九七〇年代には熱心な小選挙区制論者であった。[81]それが小選挙区比例代表並立制に公然と反対し、[82]さらには比例代表制の方が好ましいという発言すら行ったのである。[83]小泉に一貫性が存在したとすれば、反田中派であり、反竹下派であった。

一九九三年の総選挙で自民党が政権の座を失うと、石原伸晃《のぶてる》、根本匠、岸田文雄、安倍晋三ら、将来に不安を抱いた当選一・二回の若手がＹＫＫのもとに集まってきた。政策の勉強会などを続けていた彼らの要望に応えて、一九九四年五月一六日、派閥横断的な政策集団として「グループ新世紀」が結成された。参加者は六四名で、加藤が会長、山崎が幹事長に就任し、金権体質からの脱皮や民主的な党運営などを唱えた。[84]森幹事長は、自社さ政権を樹立するにあたって、一大勢力となったＹＫＫがどう反応するかが最も心配であったと述べている。[85]しかし、反小沢の彼らが反対であろうはずがなかった。加藤は、そもそも自らの側近の白川勝彦と伊東秀子の会談をセットした張本人であり、[86]村山首班を実現すべく、その出身母体の自治労（全日本自治団体労働組合）と接触を重ね、それを成功に導いた。[87]

前述した「リベラル政権を創る会」と同じく、「反小沢」や「世代交代」といったスローガンを除くと、グループ新世紀には様々な主張が同居していた。加藤・山崎・小泉の三者の間でも、理念や政策の違いが少なくなかった。例えば、「小さな政府」を説いた加藤の発言を受けて、山崎は次のように述べている。「われわれ三人にも違う点はあると思います。私は弱者救済はすべきだと思う。自由競争に任せて、弱者を殺していったら大変なことになる。しかし、憲法改正しても軍事力で国際貢献はすべきだと考えます。加藤さんは、少なくとも、私ほど強い意見はもっていない」[88]。こうした違いは、やがて顕在化していくことになる。とはいえ、この時点でＹＫＫを先導したのは、政調会長として自社さ政権を支える加藤であった。

新進党の伸長と無党派層の増大への対応

自社さ政権を成立に導いた主力は政治改革への反対派であったが、小選挙区比例代表並立制を覆すことまではできなかった。村山によると、区割り法案が未成立であったため、首相就任直後に解散・総選挙を行い、事実上白紙に戻すことを考えたが、「いくらなんでも無理だろう」ということになり、実行しなかったという[89]。区割り法案は、村山内閣のもと、一九九四年一一月二一日に成立した。その半月後の一二月一〇日、新たな選挙制度のもとで二大政党の一角を占めるべく、新生・公明・日本新・民社などの野党が合流して、新進党が結成された。海部俊樹が党首、小沢一郎が幹事長に就任し、一七八名の衆議院議員と三六名の参議院議員を擁した。

一九九五年四月の統一地方選挙は、自民党にとって衝撃的な結果となった。青島幸男《ゆきお》と横山ノックが、それぞれ東京都と大阪府の知事選挙で、共産党を除く政党が相乗りした官僚出身候補を大差で破ったからである。細川内閣から村山内閣にかけて、政党間の合従連衡が続き、違いが不明確になったことを背景として、無党派層が急増していた。「青島・ノック現象」は、増大する無党派層の政治不信の表れだとみなされた。七月二三日の参院選では、投票率が国政選挙史上初めて五割を切り、四四・五％と低迷するなか、公明党から創価学会を支持団体として継承した新進党が、改選議席を二一上回る四〇議席を獲得し、四六議席の自民党に迫った。とりわけ比例代表の獲得議席と選挙区の得票総数の両方で、新進党の方が上回ったことは、自民党にショックを与えた。

自民党の機関誌は、低投票率になった一因として、自社さ政権による独自性の希薄化を指摘した。「かつての保革対決の宿敵たる社会党と連立政権を共有するという劇的な政権樹立を成し遂げたが、このことは自民、社会両党内の主体性重視派の不満の種となっている。「なぜ社会党の三倍もの議席を持つ自民党から首相を出さないのか」といった「憲政の常道論」をはじめ、防衛費や戦後五〇年決議、規制緩和などの政策問題でも自民党員たちの不満は強い。……棄権者の数は、おそらく自民党の支持者がいちばん多かったはずである」[90]。実際、こうした意見は、平沼赳夫が「村山政権下で自民党らしい政策・主義主張がなくなった」と発言するなど、右派を中心に高まりつつあった[91]。しかし、衆議院で過半数の議席を持たない以上、彼らとて社会党との連立を否定できなかった。

そこで、自社さ政権の樹立を推進した亀井静香や白川勝彦は、新進党に対抗すべく二つの手を打った。その一つは、参院選で大きな比重を占めた組織票への対策であり、創価学会に対する攻撃である。すなわち、細川内閣の成立以来「憲法二十条を考える会」という議員連盟で追及してきた政教分離問題を、党として扱うことにした上で、オウム真理教事件を受けて検討されていた宗教法人法の改正を実現し、その過程で創価学会の池田大作名誉会長の国会招致を求めるなど、圧力を加えたのである。これは新進党と創価学会の緊密な関係を明らかにする有権者向けのキャンペーンでもあった。その一方で、自民党は、各種の支持団体との連携の強化に努めるとともに、社会党を支持する労働組合から支援を得ようと積極的に対話を進めた。

もう一つは、増大する無党派層への対策であり、国民に人気がある橋本龍太郎の総裁への擁立である。白川はこう述べている。「来たるべき総選挙を展望した時、やはり総裁、党の顔を新しくすることによって人心を一新しなければならなかった。……亀井さんと私が呼びかけましたら、「その通りだ」という声が党全体から澎湃《ほうはい》と沸き起こりました。次々に中堅・若手が超派閥で結集し、そして橋本総裁が誕生したわけです」[92]。幹事長に起用された加藤紘一も、総選挙に向けた課題として、「まず、党の顔がよりはっきりして、党が元気を出すことだと思う。その意味で橋本総裁のような明るくて積極的で決断力のあるリーダーを得たのは党にとってよかった」と語っている[93]。小選挙区制の導入によって、「選挙の顔」である党首の役割が高まったのである。

政策的にみるならば、無党派層の支持を獲得するため、行政改革の推進が掲げられたことが重要である。橋本に対抗して九月二二日の総裁選挙に立候補した小泉純一郎は、「自民党が一部特定の支持者だけの集団じゃない、幅広い、自民党に属さない、自民党を支持してくれそうもない人たちの共感をも得るような政策を打ち出して、初めて自民党が単独過半数を得られるような政権政党に立ち直ることができる」と力説し、郵政事業の民営化を訴えた。そこでは、「自民党の古い体質をぶち壊して」という言葉も使われた。それに対して橋本は、郵政民営化には反対しながらも、「第三次臨調」の設置による官と民の役割の徹底的な見直しを主張し、勝利を収めた。[94]新進党は行政改革を看板政策にしており、そのお株を奪うという目的もあった。

派閥と個人後援会、そして利益誘導政治によって特徴づけられる自民党は、大きく変化しつつあった。政治資金についても、細川内閣の成立後、世論の批判を浴びた経団連が斡旋を中止した結果、自民党が受け取る企業・団体献金は大幅に減少していた。資金難に直面した自民党は、自らの主張によって政党助成法に盛り込まれた前年度収入実績の三分の二以下という上限額、いわゆる「三分の二条項」の撤廃に踏み込んだ。社会党やさきがけの求めに応じる形で、一二月一三日に与党三党の賛成多数で政党助成法改正案を成立させたのである。自民党は政党助成に頼るようになり、選挙のみならず政治資金に関しても、党員や支持団体などへの依存を減退させた。

自社さ政権の終わり

自民・新進両党への二大政党化が進むと、社会党とさきがけは厳しい状況に追い込まれた。特に社会党は、一九九五年七月二三日の参院選で、大勝した六年前の議席を大きく減らして、一六議席と惨敗を喫した。そこで、村山は首相の座を河野自民党総裁に譲ることを申し出たが、さきがけの抵抗や河野の離党歴などを問題にした小渕派の反対によって実現しなかった。[95]最終的に年明けになって、村山首相は辞意を表明し、一九九六年一月一一日に橋本内閣が成立した。自社さの三党連立の枠組みは維持されたものの、二年半ぶりに自民党が首相ポストを取り戻したのである。橋本首相は、行政改革を政策の柱に据え、総選挙における自民党の公約として具体化を図った上で、解散を断行した。

一〇月二〇日に実施された小選挙区比例代表並立制のもとでの最初の総選挙は、自民党の勝利に終わった。小沢が党首になっていた新進党が一五六議席にとどまったのに対して、自民党は現有議席を三〇近く伸ばす二三九議席を獲得し、第一党の地位を守った。同じ与党でも、社会党から名称変更した社会民主党は一五議席、さきがけは二議席と大敗した。総選挙の直前、両党から多数が脱党し、鳩山由紀夫と菅直人を共同代表とする民主党が結成されていた。このいわゆる旧民主党は、五二議席を確保した。分裂のあおりを受けて大敗した社民党とさきがけは、閣僚を送り込まずに政策協議を行い国会運営で協力する「閣外協力」に転じた。第二次橋本内閣では自民党の主導権が強まったが、社民党とさきがけの協力なしに衆参両院の過半数を確保できない以上、政権の基盤は不安定になった。

自社さ政権のキー・パーソンの加藤幹事長は、「いままで以上に緊張して、謙虚に政権を運営していかなければならない」と述べるとともに、「党員からみれば、「自民党らしさ」が出せないとの不満もあるだろうが、半面、党のウイングを広げている側面もある。今度の選挙でも今までつながりがなかった全逓、全電通、自治労といった人たちが数十カ所で党公認候補を応援してくれるようになってくれた」などと語り、社会党と協力するメリットを力説した[96]。しかし、総選挙で信任を受けた橋本首相は、行政改革や経済構造改革をはじめとする六大改革に邁進していった。予算編成も自民党主導で進められた結果、一九九六年度の補正予算案や一九九七年度予算編成での医療保険制度改革をめぐって社会党とさきがけが反発するなど、徐々に自社さ三党間の亀裂が深まっていった。

こうしたなかで、ベテラン議員を中心として底流に存在した保保連合、すなわち新進党との協力や連立に向けた動きが、一気に表面化した。そのきっかけとなったのは、駐留軍用地特別措置法の改正問題であった。橋本内閣は、沖縄のアメリカ軍施設用地の使用期限が切れるのを回避するため、一九九七年四月三日に改正案を国会に提出したが、加藤幹事長の調整にもかかわらず、社民党が反対することを決めていたため、梶山官房長官らの働きかけにより、新進党の小沢党首と橋本首相のトップ会談が行われ、そこでの合意に従い、一七日に自民・新進両党などの賛成で成立させた。これを契機に自民党内で保保連合を模索する動きが加速し、九月の総裁選挙に伴う人事に向けて、保保派と自社さ派の対立が激化していった。

ここで重要なのは、右派にして自社さ政権の立役者であった亀井建設相が、トップ会談の設定を行うなど、保保派に転じたことである。亀井にも言い分があった。総選挙の後、社民党が非協力的になったため、国会、とりわけ参議院で法案を可決させるためには新進党と協力するほかないし、行政改革で公務員の人員削減をしていく以上、社民党が協力する見通しもない[97]。これに対して、自社さ派の加藤幹事長は、保保連合を「浮ついた手段」と切り捨てた[98]。機関紙が報じるように、自民党の内部では依然として小沢アレルギーが強く、新進党とは小選挙区で競合することから地方組織の反対も大きかった[99]。結局、無投票で総裁に再選された橋本が、九月一一日に加藤を幹事長に留任させる一方、梶山を官房長官から退任させたことで、ひとまず自社さ派の勝利に終わった。

しかし、それから半年の間に政界は大きく変化していった。第一に、自民党が新進党の離党者などの入党・復党を積極的に進めた結果、九月五日、四年二カ月ぶりに衆議院の単独過半数を回復したことである。ただし、参議院では依然として過半数に満たなかった。第二に、総選挙での敗北以来、内部対立が深刻化してきた新進党が、一二月二七日に解党を決めたことである。新進党は、小沢を中心とする自由党、衆議院旧公明党グループの新党平和、旧民社党グループの新党友愛など六つの政党に分裂した。第三に、民主党が、旧新進党のうち民政党に結集する反小沢の保守系政党および新党友愛との提携を進め、一九九八年四月二七日に新たな民主党を結成したことである。衆議院議員九三名、参議院議員三八名を擁する民主党が、連合の支援を受けつつ、新進党に代わって二大政党の一角を占めるようになった。

自民党にとって新進党の解体と新民主党の結成は、勝者総取りの小選挙区で競合する相手が右から左に移行した点で大きな意味を持った。参院選を目前に控えた六月一日、社民党とさきがけは自民党に対して閣外協力の解消を申し入れ、自社さの枠組みの終了が決定された。それは自民党が左に広げていたウイングを縮めることを意味した。全体として自民党には、右に向けての大きなドライブがかかりつつあった。そして、七月一二日の参院選で、単独過半数の回復を目指した自民党が大敗を喫すると、それは決定的なものになっていく。政治改革のきっかけとなったリクルート事件の発覚から、一〇年後のことであった。

第四章

二大政党化と自民党の右傾化

ポスト小泉へ。自民党本部で行われた総裁選挙の投開票の後、右から谷垣禎一、安倍晋三新総裁、小泉純一郎前総裁、麻生太郎（2006年9月20日撮影、写真:読売新聞社）

一　リベラル派の凋落と「加藤の乱」

自民党の右傾化への底流

これまで述べてきたように、自社さ政権の中心を担ったのは加藤紘一をはじめとするリベラル派であったが、その発足にあたっては右派の内部で対応が分かれた。すなわち、中曽根康弘、渡辺美智雄らが保保連合を主張して反対する一方、亀井静香や石原慎太郎などが積極的に協力した。しかし、一九九七年四月一七日に駐留軍用地特別措置法の改正案が新進党の協力を得て成立したのをきっかけに、亀井らは自社さ派から保保派に転じた。前年の総選挙で大敗した社会党とさきがけが閣外協力に切り替えたことが、その直接的な原因であったが、それに加えて自社さ政権のもとでリベラル派の優位に対する右派の不満が蓄積していたことも重要な要因であった。

さかのぼれば、一九八六年八月一五日に中曽根首相が靖国神社への公式参拝を見送って以来、とりわけ一九九〇年代に入って以降、憲法、歴史認識、家族といった様々な問題について、右派は守勢に回っていた。具体的な例を挙げると、一九九三年八月四日の宮沢内閣の「従軍慰安婦」に関する河野官房長官談話、一九九三年八月一〇日の細川首相による「侵略戦争」発言、一九九五年三月五日の自民党の第五九回党大会における「自主憲法の制定」の党是の棚上げ、同年六月九日の衆議院本会議での戦後五〇年の国会決議の採択などである。また、一九九五年二月二八日に最高裁判所が定住外国人の地方参政権は憲法上禁止されていないという判断を示し、一九九六年二月二六日には法務省の法制審議会が選択的夫婦別姓制度の導入を盛り込む民法改正要綱を答申した。

なかでも戦後五〇年の国会決議は、村山内閣のもと、右派系団体の大々的な反対キャンペーンを押し切って行われた点で、特筆に値する。すなわち、「日本を守る国民会議」や「日本を守る会」は、五〇〇万以上の国会への請願署名を集めるとともに、自民党に「終戦五十周年国会議員連盟」を設け、総議員二六九名のうち二一二名を加入させ、日本が過去に行った「植民地支配」や「侵略的行為」についての「反省」を表明すべきでないと圧力をかけた。ところが、加藤政調会長は、自社さ政権が発足した際の三党合意を履行すべく、「世界の近代史上における数々の植民地支配や侵略的行為に思いをいたし、我が国が過去に行ったこうした行為や他国民とくにアジアの諸国民に与えた苦痛を認識し、深い反省の念を表明する」といった案文をまとめ、衆議院本会議で可決させた。[1]

一九九七年から右派系団体の巻き返しが本格的に始まる。五月三〇日、文化人を中心に旧軍関係者とも共闘する「日本を守る国民会議」が、宗教団体などによって構成される「日本を守る会」と合流して、「日本会議」が設立された。その組織的な支柱となったのは、神社本庁をはじめとする宗教団体であった。戦友会などの旧軍関係団体や日本遺族会は、高齢化によって動員力が大幅に低下していた。そこで、前記のような政策的な危機に加えて、組織的な危機にも対応するために、再編が実施されたのである。日本会議の事務局を担ったのは、「生長《せいちょう》の家」の学生組織の出身者からなる日本青年協議会であった。七〇年安保に至る時期に左派の学生運動と対峙した経験を持つ彼らは、そこから草の根の運動の手法を学んだといわれる。[2]

日本会議は、その設立の四カ月前の一月三〇日に結成された「新しい歴史教科書をつくる会」を通して、支持層を広げることに成功した。教科書問題を専門とする「つくる会」を組織的に支えたのは、右派系団体の総本山たる日本会議であったが、そのスポークスマンの役割を果たしたのは、薬害エイズ問題で官僚批判を展開した漫画家の小林よしのりであった。教科書を執筆している左派の進歩的知識人は、官僚と同じエリートであり、世間一般の常識に反して空理空論を弄《もてあそ》ぶ守旧派にすぎない。「南京大虐殺」や「従軍慰安婦」などは自虐的な虚構であり、一般の民衆たる日本兵たちを汚名から救わなければならない。こうした「つくる会」のポピュリスト的な主張は、従来の右派が取り込めなかった都市部の無党派層、なかんずく若者層にも浸透していったのである。[3]

日本会議の結成に合わせて、五月二九日に島村宜伸《よしのぶ》を会長とする「日本会議国会議員懇談会」が発足し、自民党を中心に新進党などの国会議員一八四名が加入するなど、政界でも右派の結集が進んだ。その直前、二月二七日に「日本の前途と歴史教育を考える若手議員の会」、三月二七日に「日本の危機と安全保障を考える会」、四月一二日に「みんなで靖国神社に参拝する国会議員の会」、五月二三日に「憲法調査委員会設置推進議員連盟」が、相次いで設立されていた。このうち自民・新進両党の約八〇名の国会議員からなる「日本の危機と安全保障を考える会」は、四月一七日に駐留軍用地特別措置法改正案が成立する地ならし役を果たした。[4] こうしたバックラッシュ（揺り戻し）ともいえる状況のもと、亀井をはじめとする右派は、自社さ派から保保派へと転換したのである。

ただし、前述したように、橋本首相が九月一一日に加藤を幹事長に留任させる一方、保保派の梶山静六を官房長官から退任させるなど、その後も政権中枢における自社さ派の優位はなかなか覆らなかった。ところが、一九九八年に入って参院選が近づくと、社民党とさきがけは六月一日に閣外協力の解消を申し入れ、自社さの枠組みが最終的に崩れた。そして、七月一二日に実施された参院選で自民党が大敗を喫し、橋本総裁とともに加藤幹事長が辞任した。ここから小沢率いる自由党との連立に向けた動きが強まり、やがて保保派が自社さ派を圧倒していく。それは、リベラル派に対する右派の勝利を意味した。以下、そのプロセスをみていきたい。

保保派の勝利としての自自連立

一九九八年七月一二日の参院選は、自民党にとって衝撃的な結果となった。自民党は四四議席にとどまり、非改選と合わせて二五二議席中一〇三と過半数を大幅に割り込んだ。前年の一一月一七日に北海道拓殖銀行が破綻し、二二日に山一証券が自主廃業を発表するなど、バブル崩壊に伴う経済危機が深刻化していたにもかかわらず、橋本内閣は財政構造改革に固執し、積極政策への転換が遅れたため、強い批判を浴びたのが敗因だといわれる。他方、旧民主党が新進党の一部の後身、すなわち反小沢の保守系政党と旧民社党グループの新党友愛と合同して成立した新民主党は、二七議席を獲得した。投票時間の二時間延長や不在者投票の要件緩和などによって投票率が上昇するなか、都市部の無党派層の支持を集めた結果であった。

橋本首相の退陣表明を受けて実施された自民党の総裁選挙は、小選挙区比例代表並立制のもと、派閥の結束が弛緩しつつあることを明るみに出した。橋本が所属する小渕派は領袖の小渕恵三の擁立を決め、野中広務《ひろむ》が宮沢派の加藤紘一や旧渡辺派の山崎拓の支持を取り付けた。また、森喜朗ら三塚派は、自派の小泉純一郎の支援を決めた。しかし、保保派の梶山静六が小渕派を離脱して立候補すると、旧渡辺派のベテラン議員や三塚派の亀井グループなど右派が支持した。派閥を横断する保保派の結集が進んだのである。ただし、七月二四日の両院議員総会における投票の結果は、小渕二二五票、梶山一〇二票、小泉八四票であり、過半数を制した小渕が総裁に選出された。この時点では、依然として自社さ派の優位が崩れなかった。

ところが、七月三〇日に成立した小渕内閣は、参議院で過半数の議席を欠き、困難な国会運営を余儀なくされた。第一四三回臨時国会で最大の焦点となったのは、金融機関の破綻処理の方法を盛り込む金融再生関連法案であったが、民主党や自由党などの野党が共同で対案を作成すると、自民党はそれを「丸のみ」することで、辛うじて一〇月一二日に法案を成立させた。自民党は重要法案ごとに協力相手を探すパーシャル連合（部分連合）で凌《しの》いだ。しかし、防衛庁の不祥事が問題化すると、会期末の一〇月一六日、参議院本会議で野党が共同提案した額賀《ぬかが》福志郎長官の問責決議案が可決された。史上初めて参議院の問責決議を受けた額賀長官は、一一月二〇日に辞任した。パーシャル連合では安定した政権運営は難しかったのである。

むろん、こうした事態はすでに予想されていた。そこで、小渕派の野中広務官房長官と宮沢派の古賀誠国会対策委員長は、新進党から分かれた衆議院の新党平和および参議院の公明、つまり公明党との連立に動いた。野党第一党として政権交代を目指す民主党が、自民党全体と大連立を組む可能性はなかった。野中と古賀が真っ先に相談したのは、同じ自社さ派として協力してきた加藤紘一であった。小渕内閣が成立した半月後の八月一五日に公明党との連立を打診すると、加藤も同意したという。これを受けて野中と古賀が公明党と接触したところ、敵対してきた自民党と直ちに連立することは支持者に説明がつかず無理で、まずクッションとして自由党と連立し、次いで公明党と連立するという段取りを示された。野中によると、この自由党との連立についても加藤に話を通したという。

小渕内閣の官房長官として、野中は必死だった。小沢一郎を「悪魔」と呼び、自社さ政権を支えてきた野中は、「ひれ伏して」でも国会審議に協力してもらいたいと小沢に呼び掛けていた。そして、八月下旬に小沢と野中の会談が実現し、自自連立に向けて動き出した。注目すべきは、この会談を仲介し、同席したのが亀井静香だったことである。[5] 結果として野中や古賀は保保派に乗り、亀井とともに水面下で協議を進めていった。なお、九月一日には、総裁選挙で梶山静六を支持した平沼赳夫、中川昭一、衛藤晟一ら亀井グループの二一名が、三塚派に退会届を提出し、新たな派閥を結成した。三塚派を継承した森喜朗は、「亀井グループはもともと中川一郎さんや石原慎太郎さんに近く、政治理念もかなり右寄りで、清和会主流とは少し距離があった」と振り返っている。[6]

自民・自由両党間の正式の連立協議は、一一月一一日の森喜朗・野田毅《たけし》両幹事長の会談から始まり、一九日には小渕首相と小沢党首が会い、連立政権の樹立で合意した。この席で小沢は、副大臣制の創設、閣僚数の一七への削減、衆参両院の定数の各五〇削減、国連軍参加のための憲法解釈の変更、消費税の凍結や福祉目的税化などを求め、合意書には「党首間で基本的方向で一致した」と書かれた。また、現職優先による小選挙区の候補者調整も、合意された。その後、約二カ月にわたって政策協議が重ねられ、小沢の要求を大筋で受け入れつつも、安全保障や消費税については自民党の主張をかなりの程度反映させることが決まり、一九九九年一月一四日に自自連立政権が発足した。自由党との連立だけでは参議院の過半数に達しなかったが、公明党との連立に向けて大きな意味を持った。

小沢率いる自由党との連立については、自民党内でも地方組織を中心として、「自由党は、ともに天をいただくことができない相手として選挙を戦った」といった不満が存在していた。しかし、小渕総裁や森幹事長は、参議院での過半数の確保に向けた決断として理解を求めた。[7] 自社さ政権の立役者の一人であった森は、本心では自民党を野党に転落させた小沢と手を組むことに積極的ではなかったが、幹事長として総裁の判断に従ったという。[8] また、保保連合に批判的な加藤も、自民党が参議院で過半数を持たず、政策協議で自由党が安全保障や消費税について譲歩したため、「消極的容認」の立場をとった。[9] それに対して、積極的に支持したのは、梶山や亀井らであった。結局、自自連立政権の成立は、保保派の勝利を意味したのである。

自民党の政策転換と公明党との連立

公明党との連立を視野に入れながら、自由党と連立を組んだ自民党は、それまでの政策を大きく転換させた。

第一に、積極政策への転換である。経済危機の深刻化を受けて、すでに橋本内閣のもとで財政構造改革は転換を余儀なくされていたが、小渕内閣は一九九八年一一月二七日に召集された第一四四回臨時国会に財政構造改革の凍結法案を提出した。財政出動による積極政策への転換は、公明党の協力を得る上でも有効であった。小渕内閣は、公明党が主張していた商品券構想を受け入れ、一九九八年度の第三次補正予算に「地域振興券」の支給を盛り込んだ。これをきっかけとして、自由党に加え公明党が重要法案に賛成するようになり、前の国会から一変して無風状態になった。そして、一九九九年一月一九日に始まる第一四五回通常国会では、大規模な減税法案を伴う一九九九年度予算案が、史上最速のペースで審議され、三月一七日に成立した。

第二に、右傾化である。自自公の連携により参議院の過半数の議席を確保した小渕内閣は、第一四五回通常国会で、従来であれば簡単には実現し得なかったような法律を次々と成立させた。五月二四日のガイドライン（新しい日米防衛協力のための指針）関連法、七月二九日の憲法調査会設置法（改正国会法）、八月九日の国旗・国歌法、八月一二日の改正住民基本台帳法と組織的犯罪対策三法である。このうち、日の丸・君が代を法制化する国旗・国歌法や、憲法を専門に議論する場を国会に初めて設ける憲法調査会設置法は、日本会議およびそれに近い右派の議員集団の日本会議国会議員懇談会や憲法調査委員会設置推進議員連盟が強く求めてきたものであった。[10]世紀末に向けて、戦後的価値を重視するリベラル派の優位が急速に失われたのである。

小渕首相は七月七日、公明党に対して連立への参加を正式に要請した。ところが、その了承を取り付けた前日の全国幹事長会議をはじめ、自民党内では反対論がくすぶり続けていた。[11]このことについて森幹事長は、七月一七日の自民党の全国研修会で、次のように語っている。「自自公連立には、創価学会以外の、これまで自民党を支持してくれてきた宗教団体の方々には不満があるかもしれない。私は今、そうした皆さんにお目にかかって理解を求めております」[12]。八月一三日には、加藤紘一の側近の白川勝彦ら自民党に所属する一九名の衆議院議員が、公明党との閣内協力は憲法の政教分離原則から疑義があるという意見書を発表した。[13]自民党の支持団体である右派的な宗教団体に公明党との連立を受け入れさせるためにも、国旗・国歌法の制定などが必要であったということができる。

九月二一日に実施された総裁選挙では、公明党との連立が最大の争点になった。YKKからすれば、小渕―小沢ラインで進められている自自公連立とは、公明党と太いパイプを持つ経世会による自民党支配の復活にほかならなかった。そこで、前年末に派閥の領袖になっていた加藤紘一と山崎拓が、立候補に踏み切った。加藤は著書『いま政治は何をすべきか』を出版し、熾烈な宗教政党批判を繰り広げた自民党が公明党と連立するのは「ご都合主義」であり、「一気に閣内協力までいってしまうのはどういうものだろうか」と疑問を呈し、政策ごとに野党の一部と協力するパーシャル連合を主張した。また、小渕内閣の大規模な恒久減税による「需要刺激策一辺倒」についても、持論である「小さな政府」の立場から批判を加えた[14]。

それに対して、保保派の亀井グループと村上正邦《まさくに》ら旧渡辺派のベテラン議員が合流してできた村上・亀井派（後に江藤・亀井派）は、小渕を支持した。また、パーシャル連合では安定した政権運営はできないというのが、かつて自社さ派であった森幹事長ら政権中枢の判断であり、小渕派の野中官房長官はもちろん、加藤派に属する古賀国対委員長も、加藤に立候補を止めるよう求めた。国会議員に加え、党員・党友の参加によって実施された総裁選挙の結果は、小渕が七割近い三五〇票を獲得して、一一三票の加藤と五一票の山崎を圧倒した。総裁に再選された小渕は、自らを支持した森を幹事長に留任させるとともに、亀井を政調会長に起用した。村上・亀井派が主流派に食い込む一方、加藤・山崎両派は冷遇され、非主流派に転落したのである。

一〇月五日、小渕首相は内閣改造を行い、自自公連立政権が発足した。ここに衆議院で七割、参議院でも六割近くの議席を占める安定した政権の枠組みが成立した。ただし、その前日に調印された合意文書の作成プロセスでは、三党間の対立も露呈した。最も紛糾したのは衆議院の定数削減であり、自由党が自自連立の際の合意に従って比例代表の五〇削減を求めたのに対し、公明党は現行の小選挙区三〇〇、比例代表二〇〇の割合に応じた削減を主張した。紆余曲折の末、まず比例代表を二〇削減し、しかる後に小選挙区を中心に三〇削減するということで最終的に妥協した。そして、二〇〇〇年二月二日に改正公職選挙法が成立し、衆議院の選挙制度は小選挙区三〇〇、比例代表一八〇の並立制に変更され、小選挙区制としての性格が一層強まった。

不人気な自自公政権

一九九八年七月一二日の参院選で惨敗した自民党は、参議院の過半数を確保すべく自自公連立に向かう一方、民主党への対抗策について検討を進めた。小渕総裁を会長とする「参議院選挙反省・前進会議」や党改革本部といった党の公式の作業に加え、当選三回以下の若手議員の有志が、一九九八年一〇月二〇日に「民主党政策研究プロジェクトチーム」を発足させた[15]。注目したいのは、共同座長として中間報告の取りまとめにあたった安倍晋三の次の発言である。「自民党にも、いわゆる左から右まである程度幅があります。例えば日の丸、君が代の問題でも、これを法制化すべしと言い、学校でも掲揚・斉唱を義務化すべしと言う考えから、尊重するということでいいのではないかという意見まである。だが、その幅にはおのずと限度があります。その点が民主党との大きな違いと言えるでしょう[16]」。

安倍からみて、民主党は二つの点で問題があった。一つは社会党から自民党の出身者までが寄り集まった政策的な雑多性であり、もう一つは国家や伝統を軽視する左派的傾向である。そうした問題を抱える民主党に対抗して、自民党は右派を中心に政策的な凝集《ぎょうしゅう》性を高めるべきだというのが、安倍の基本的な主張であった。安倍の初当選は、自民党が下野した一九九三年の総選挙であり、「自民党は、もはや政権の地位にあること自体を目的にした政党ではない、という認識」を持ったのだという[17]。岸信介の孫でもある安倍は、自民党のアイデンティティを再確立すべく、中川昭一を代表とする「二一世紀憲法研究会」や「日本の前途と歴史教育を考える若手議員の会」の事務局長を務めるなど、右派の若手政治家として注目を集めつつあった。

ところが、安倍にも不安があった。「民主党は、テレビのワイドショー的な存在です。視聴率の取れるテーマを追いかけるように、受けそうな政策をならべる。しかし、自民党はそうではありません。良質のドキュメンタリー番組を作り、あくまでも中身で勝負していく。もちろん、視聴率なんかどうでもいいというわけにはいきませんから、一生懸命説明し理解を求めていくのは当然です[18]」。つまり、「自主憲法の制定」の党是を中心とする右派的な理念を強調することは、党組織を固め直すことには貢献するかもしれない。しかし、それだけでは、小選挙区制のもとで鍵を握る無党派層から支持を得られるかは不確かであった。前回の総選挙で次点の五割増以上の票を獲得して圧勝した安倍ですら、「これくらいの差は浮動票でひっくり返される」と強い危機感を抱いていた[19]。

しかも、自自公政権が成立すると、回復基調にあった小渕内閣の支持率は、低下していった。朝日新聞の世論調査によると、一九九九年九月に五一％に達した内閣支持率は、自自公政権が発足した直後の一〇月に四六％に下がった後、翌年三月に三六％になるまで、ほぼ一貫して低下した。自自公政権に関する評価も、「よい」が二六％、「よくない」が五六％であった。公明党の支持層では三党連立に肯定的な見方が強かったが、自民党の支持層では批判的な評価が非常に多かった。また、景気対策と財政再建の優先順位については、自民党の利益誘導政治への批判を背景として、「借金を減らして国の財政を立て直す時期に来ている」という回答が七七％を占めた。小渕内閣は、自自公連立によって参議院の過半数を確保した反面、有権者の支持を失ってしまったのである。

自自公連立の成立に伴い非主流派に転落した加藤紘一は、こうした世論の動向を利用して巻き返しを図ろうとした。加藤は総裁選挙の直後、それが低い投票率に終わった原因として、「地方では激しい闘いをしてきただけに、なぜ簡単に連立するんだという中央に対する不信感や徒労感、虚無感が広がっていた」と指摘するとともに、「世論も自自公連立には反発している。それは世論調査ではっきり現れている」と語り、「自自公路線を選択したことの答は、結局、選挙で出てくる」と警告を発した。[20]加藤の発言は、次第に高揚していった。「「自自公」は得策でないと確信しています。しかし、現執行部がその解消に踏み切れるとは思わない。そうであるなら、せめて経済政策の大転換を図って、苦しい改革の道を国民に訴えるべきだ[21]」。

加藤の盟友の小泉純一郎は、小渕内閣の打倒すら口にした。まず政策が先にあって、その実現で一致する政党が連立を組まなければならないと考える小泉からすれば、数合わせのための自自公連立は「混乱と不安定の道」にほかならなかった。実際、「自自公連立を組んでみたら、内閣の支持率は下がっていく一方」という結果になっている。小泉にとって自民党が連立に向けて掲げるべき政策とは「既得権打破」であり、そうした観点から「自自公よりも民主党と組んだ方がいい」とさえ述べた。[22]もっとも、別の論考では、「無党派層が選挙に足を運び、投票率が上がれば、民主党に第一党を奪われてしまう」という危機感を表明している。いずれにせよ、自民党は単独過半数を目指すべきであり、「無党派層を呼び込む大胆な政策を打ち出すほかない」というのが、小泉の主張であった。[23]

自自公連立そのものも決して安定的ではなかった。自民・自由両党は自自連立の際に選挙協力について合意したが、具体的な候補者調整が難航していた。そこで、自自公連立の発足から間もなく、総選挙の接近に危機感を強めた自由党の小沢党首は、小渕首相に対して両党の合併を求めた。自民党内では、江藤・亀井派が支持する姿勢を示したものの、反対意見が噴出した。自民党を下野に追い込んだ小沢への不信感は依然として強く、前回の総選挙で新進党と激しく戦った地方組織、選挙区調整で不利になる可能性がある議員などが抵抗を示し、ＹＫＫを中心に反対が広がっていった。そこで、最終的に小渕首相は拒否することを決め、二〇〇〇年四月一日の三党首会談において自由党の連立離脱が正式に決まった。

鎮圧された「加藤の乱」

自由党の連立離脱が決まった三党首会談の翌日の四月二日、心労が重なっていた小渕首相は脳梗塞で倒れ、青木幹雄官房長官、森喜朗幹事長、野中広務幹事長代理、亀井静香政調会長、村上正邦参議院議員会長の五名が相談して、森を後継にすることを決めた。それと並行して、参議院の過半数を確保すべく自由党の分裂工作が進められ、新たに結成された保守党と自民・公明両党の連立によって、四月五日に森内閣が成立した。国会開会中の緊急事態であり、総務会や両院議員総会などの党内手続きを踏んだとはいえ、不透明なプロセスで首相が決まったことは強い批判を招いた[24]。そして、旧小渕（橋本）、森、江藤・亀井の三派に支えられる森首相は、五月一五日、神道政治連盟国会議員懇談会に出席し、「日本の国は、天皇を中心としている神の国」という発言を行った。

復古的な意味合いを持つ「神の国」発言などが批判を浴び、発足時に四一％だった内閣支持率が一九％まで急落するなか、六月二五日に総選挙が実施された。自公保の与党全体でみると、二七一議席と絶対安定多数を確保したが、公示前の三三五から大幅に減少した。自民党自体も二三三議席にとどまった。前回より定数が二〇削減されたことを考えると善戦ともいえたが、無党派層の支持を集めた民主党が一二七議席と伸長し、都市部で自民党と互角以上の戦いを展開した。森首相は、加藤・山崎両派の批判を斥けて続投を勝ち取り、内閣支持率もいったん二九％まで回復した。しかし、その後、再び内閣支持率は低迷し、一〇月二二・二三日の世論調査では、二三％に低下した。翌年には参院選が控えていた。

ここで加藤紘一が動いた。一一月九日、読売新聞の渡辺恒雄社長が主催する政治ジャーナリストの会合に出席した加藤は、森首相による内閣改造を阻止する決意を示すとともに、野党が提出する内閣不信任決議案に反対しない可能性に言及した。加藤によると、自ら政権の座に就くことは考えておらず、総裁を交代させるきっかけを作ろうとしたのだという。「森首相に対する批判は非常に強い。国会内でもほとんどの人が、「いまの森政権じゃだめだ」と言っている。そのなかで森首相で参院選を迎えることは、自民党の大敗を意味する。さらには総選挙に追い込まれ、そのときに自民党は、足腰が立たないほど負ける。そういう危機感があった[25]」。一七日になると、加藤は不信任決議案に賛成すると明言した。ＹＫＫの盟友の山崎拓も、加藤に同調する姿勢を示した。

これに対して森、橋本、江藤・亀井の主流三派は、森首相への支持を確認し、野中幹事長が陣頭指揮にあたった。野党の自由党が加藤との共闘を表明し、民主党も期待を寄せるなか、森政権の大黒柱である野中は、宮沢内閣の際の不信任決議案の可決の轍《てつ》を踏んではならないと考えた。しかし、同時に野中には、自社さ政権を一緒に支えた加藤を潰してはならないという思いがあり、一九日のテレビ番組で加藤に向けて「総裁選の前倒しは可能だ」と発言した。森首相の早期退陣を事実上約束することで、加藤の円満撤退の道を探ったのである。しかし、加藤が十分に乗ってこなかったばかりか、亀井政調会長が強硬に反対した。そこで、同日、野中は記者会見を行い、「不信任案採決と総裁選の前倒しは別次元の話だ。取引はしない」と表明するとともに、離党勧告書を作成して加藤と山崎に送り付けた。[26]

加藤の最大の誤算は、自派の結束を保てなかったことにあった。最初の躓《つまず》きは、宏池会の前会長で元首相の宮沢蔵相が、総選挙後の首班指名の際に加藤に決起を促していたにもかかわらず、一転して批判的な態度を示したことであった。不信任決議案に欠席ではなく賛成しなければならないと加藤が考えるようになったのは、派内が分裂して反対票が増え、可決に必要な賛成票が不足してしまうのではないかという焦りからであった。[27] しかし、そうすると、除名処分を覚悟しなければならなくなる。かくして加藤派の内部の亀裂は一気に深まった。野中が離党勧告を行った同日、派内で加藤の動きに批判的なグループが会合を開き、宏池会名誉会長の宮沢のほか、座長の堀内光雄、加藤の政権構想の政策責任者の丹羽雄哉、国対委員長を務める古賀誠らが参集した。こうして加藤は窮地に追い込まれていった。

加藤は、まとめ役の谷垣禎一《さだかず》などから報告を受け、最後まで切り崩しに耐えた同志たちも、不信任決議案に賛成票を投じるのが困難になったことを知った。そこで、加藤と山崎の二人だけでも賛成票を投じようと考えたが、小里貞利《おざとさだとし》から「（自民党を除名され）無所属になった会長では宏池会は守りきれません」と言われ、加藤自身も欠席を決意した[28]（写真4-1）。総務会長を務めていた小里は、野中幹事長と話し合いを重ね、欠席であれば処分しないことを確認していた。それでも未練が残る加藤は、賛成票を投じるべく国会に車で向かったが、結局、途中で引き返した。一一月二一日未明に衆議院本会議の採決に付された不信任決議案は、加藤派二一名、山崎派一七名が欠席した結果、賛成一九〇、反対二三七で否決された。「加藤の乱」が鎮圧された瞬間であった。

写真4-1 森内閣不信任決議案に賛成票を投じようとして、谷垣禎一（右）から涙ながらに諫められる加藤紘一（2000年11月20日撮影、写真:毎日新聞社）

　しかし、余波は続いた。宏池会が二つに分裂したのである。不信任決議案に反対した堀内グループは、加藤に宏池会会長の辞任を求めただけでなく、新たな派閥の結成に動いた。加藤の同調者からも参加が相次ぎ、二〇〇一年一月三一日に結成された堀内派には、衆議院議員三四名、参議院議員八名が加わった。それに対して加藤派に残ったのは、衆議院議員一二名、参議院議員二名にすぎなかった。[29]加藤派に残留した森田一によると、機を見るに敏な多数派と信念ある少数派に分かれてしまったのである。[30]かくして加藤は政治的影響力を失い、リベラル派が凋落した。加藤に近い政治信条を持っていた野中は、こう振り返っている。「加藤さんは、最後に残ったリベラル派の首相候補として値千金の価値があった。ここで、加藤さんを潰してしまうのはなんとしても惜しかった[31]」。

加藤はなぜ失敗したのか

それにしても、なぜ加藤派は不信任決議案の賛成でまとまれなかったのか。いくつかの理由が挙げられよう。まず、加藤が同志との十分な意思疎通を欠いていたことは確かである。加藤に最後まで従った小里貞利や森田一の証言をみても、加藤が相談なく行動を始めたことが分かる。また、宏池会の「保守本流」という意識も、野党の不信任決議案に同調することを妨げた。加藤から離反した堀内光雄は、「保守本流の宏池会としては絶対にしてはいけない行為」と述べている。[32]これは単なる弁明ではなかった。小里によると、池田勇人、大平正芳、鈴木善幸、宮沢喜一といった首相を生み出してきた宏池会は、「保守本流の歴史と伝統を重んじ、党内に軸足を置いて同志の糾合に努めることを、かねて申し合わせていた[33]」。加藤派は、かつての小沢ら羽田派と違って、自民党という枠に囚われていた。

加藤自身も離党を考えていなかった。加藤によると、「当初、私が考えたのは、あくまでも自民党の中で森内閣の退陣を求めていくというもの」であって、民主党の菅代表などとは全く話し合っていなかったという。[34] しかし、野中幹事長が見抜いた通り、森首相を退陣させるためには、加藤・山崎両派が不信任決議案に賛成して可決させ、衆議院の解散にあわせて自民党を離れ、民主党などとともに新党を結成し、総選挙で過半数を勝ち取り、政権の座を奪うというシナリオが実行可能でなければならなかった。加藤にはその覚悟がなく、それゆえ、「加藤氏らの行動を許せば、党内である程度の勢力を確保したものが野党の不信任案に同調をちらつかせば政権が代わるという、悪しき前例になる」と訴えた野中に敗れざるを得なかった。[35]

宮沢内閣の際の小沢との違いとしては、政治改革に伴う制度的変化も大きかった。小選挙区制の導入によって二大政党の候補者間の対決が強まったため、自民党から離党して民主党と提携することが困難になっていた。「加藤の乱」を鎮圧した野中は、次のように書いている。「私はまず党の職員に命じ、加藤派と山崎派に所属する議員の選挙区事情を調べさせた。……調べてみると、両派の議員の八割が地元で民主党候補と戦っていた。小選挙区では一選挙区で党が公認する候補は一人。つまり加藤・山崎派が民主党と合併して新党を作った場合、両派の議員の多くは党の公認を受けることができなくなる。これでは選挙戦を戦うことは難しい。合併せずに連立を組むとしても、選挙区で一つしかない席を争った直後に協力などできっこない。「加藤派の独立は無理だ」私は確信した」。[36]

中選挙区制から小選挙区制に変わり、同士討ちがなくなった結果、派閥が弱体化する一方、公認権などを持つ党執行部の統制力が著しく強まった。だからこそ、野中幹事長や古賀国対委員長などの切り崩し工作が成功したのである。切り崩しを受けた側の小里貞利も、以下のように書いている。[37]

一つの選挙区に複数の候補を擁立できる中選挙区制度では、自民党の各派閥が比較的容易に候補者を擁立することが可能で、派閥同士がしのぎを削るという構図だった。候補者側も、党というより、派閥に物心両面の支援を期待した。しかし、一選挙区に一人しか擁立できない小選挙区制度に変わったことで、党執行部に公認決定や資金配分といった権限が集中し、相対的に派閥の力は低下した。加藤政局では、党内主流派からの激しい切り崩し工作で、多くの同志を失ったが、党が「除名」や「党支部長選任」など各議員の「生殺与奪」の権限を握っていたことが大きく影響した。

その一方で、加藤が決起したのにも、それなりの理由があった。加藤の背中を強く押したのは、民意であった。まず世論調査を通して、森内閣の支持率の低さが明らかになっていた。また、「加藤の乱」の最中、マス・メディアが好意的に報道するとともに、加藤のもとには多くの激励の電話や三〇〇〇通を超える電子メールが届いた。ホームページへのアクセス数も、一日一〇万に達したという。[38] 加藤にとって首相になることだけが目的であれば、野中ら最大派閥の橋本派と提携するのが最善の方法であった。古賀はその方法で加藤を首相にしようと考え、一年あまり前には小渕に挑戦して総裁選挙に立候補することに反対した。そして、総裁になった暁には橋本派から幹事長を起用するよう進言した。だが、YKKの盟友の山崎を幹事長に据えたい加藤は、古賀の進言を拒絶し、民意に依拠しようとしたのである。[39]

しかしながら、加藤は民意を読み間違えてしまった。加藤の次の述懐は興味深い。「私の行動が、あくまで森さんという党のリーダーを代えることを主眼にしていたのに対し、多くの国民は私の行動を違った認識で見ていたことです。つまり、多くの国民は、自民党政治そのものに終止符を打ち、政界をリシャッフルして、新たな日本の政治にしてほしいと、私の行動に期待していたんです」[40]。しかし、自民党政治の打破を求める民意は、「加藤の乱」が終わった後も消え去らなかった。それを巧みに摑《つか》んだのが、YKKの一員でありながら、清和会の会長として森首相を支え、「加藤の乱」の鎮圧に奔走《ほんそう》した小泉純一郎であった。参院選が間近に迫るなか、「古い自民党をぶっ壊す」と叫ぶ小泉が総裁に選出され、五年半もの長期政権を築いたのである。

二　小泉純一郎と新自由主義的改革

小泉政権の成立

森内閣の支持率は、「加藤の乱」の後も不祥事などが続いたことで低迷し、二〇〇一年二月一七・一八日の朝日新聞の世論調査では、九％まで落ち込んだ。森首相が三月一〇日に辞意を表明すると、「加藤の乱」の鎮圧に回った小泉純一郎が立候補を表明した。小泉は、森派会長として森内閣を支えているにすぎず、政策とは無関係だと公言していた。[41] しかも、小泉は郵便・郵貯・簡保の郵政三事業の民営化を持論とし、国営を維持すべきと考えていた加藤以上に急進的な「小さな政府」論者であった。[42] 山崎によると、小泉は「一匹狼的」である半面、「大衆的に人気を博する魅力」を持ち、「思い切った着眼と行動を行なう人」であり、それゆえ郵政民営化を打ち出せたのだという。[43]「加藤の乱」に失敗した加藤や山崎も、小泉の支持に回った。

橋本派にとって、小泉は乗れない候補者であった。橋本派に協力を求めなかったばかりか、田中角栄以来の橋本派の牙城《がじょう》たる郵政事業の民営化を掲げていたからである。しかし、人材難もあって、橋本派の候補者選考は難航した。当初名前が挙がった野中広務前幹事長は、派内に敵が多く自ら固辞し、結局、領袖の橋本元首相を擁立することになった。ところが、三年前に参院選の大敗を招いた責任もあり、派内でも積極的な支持が乏しかった。また、他の派閥と同じく橋本派の結束も弱まっていた。過去の総裁選挙で二度敗れている小泉は、このような橋本派の状況を考慮に入れて最終的に出馬を決意し、所属する森派も全面的にバックアップした[44]。そのほか亀井静香と麻生太郎も立候補したが、総裁選挙は小泉と橋本を軸に戦われることになった。

小泉に有利に働いたのが、総裁選挙の手続きの変更であった。任期途中の辞任に伴う総裁選挙であるから、本来、党大会に代わる両院議員総会で国会議員と都道府県連の代表者一名が投票を行い、総裁を選出するはずであった。その場合、最大派閥の橋本派が優位に立つ。しかし、森総裁が「密室の謀議」で選ばれたことに対する国民の批判は強く、都議選が近づいていた東京都連など地方組織を中心として、「開かれた総裁選挙」を求める声が湧き上がった。参院選も接近していた。そこで、森総裁と古賀幹事長の判断により、都道府県連が党員・党友による予備選挙を行うことを認めるとともに、都道府県連の持ち票を一票から三票に増やすことが決まった。しかも、その地方票の三票は勝者総取り方式となった[45]。

ただし、党員・党友による予備選挙も、かつてであれば橋本派に有利であった。なぜなら、業界団体などを通じて、党員の約六割を占める職域党員の多くを掌握していたのは橋本派であったし、地域党員についても個人後援会の会員が多数を占め、最大派閥の橋本派が優勢だったためである。だからこそ、一九七七年の総裁予備選挙の導入以来、田中派およびその後継派閥は連勝を続け、肥大化したのである。ところが、中選挙区制が廃止され、小選挙区比例代表並立制が導入された結果、派閥は弱体化し、前回の総裁選挙での低い投票率に示されるように、党員に対する派閥の締め付けが緩んでいた。党員にとっての関心事は、選挙で勝利できる党首、すなわち「選挙の顔」の選出に移りつつあった。小選挙区制のもと、党員・党友の参加による総裁選挙の機能は大きく変化したのである。

国会議員の数で劣る小泉は、予備選挙で勝利を収めて本選挙につなげる戦略を立て、国民に人気がある田中真紀子と二人三脚で全国遊説を行った。そして、「古い自民党をぶっ壊す」と叫び、橋本派に体現される派閥政治や利益誘導政治の打破を訴えると、巨大なブームが巻き起こった。加藤紘一は次のように回想している[46]。「二〇〇一年の自民党総裁選が始まった四月の月曜日、小泉氏から渋谷のハチ公前での応援演説を要請され、山崎氏と田中真紀子氏らとともに三人で宣伝カーの上に立った。その光景はいまでもはっきりと覚えている。事故は起こらないのかと心配してしまうほど、人が集まっていたのだ。……それはまるで、五ヶ月前に私が裏切ったことに対する鬱憤がすべてここに集中したような光景だった」。

他方で、小泉は、リベラル派の加藤の協力を得ながらも、終戦記念日に靖国神社に公式参拝することを明言したり、憲法改正に積極的な態度を示したりした。小泉が靖国参拝を表明した理由について、野中は、日本遺族会の票をその会長であった橋本から奪おうとしたのだと推測している[47]。小泉の真意は定かでないが、こうした右派的姿勢が総裁選挙での勝利に貢献したことは確かであった。すなわち、小泉は、予備選挙で地方票一四一のうち一二三票を獲得し、大勝すると、本選挙での勝利を目指して亀井静香と政策協定を結び、憲法改正の早期実現、集団的自衛権の行使の可能性の検討、教育基本法の改正の検討などで合意した。これを受けて、亀井は本選挙への出馬を辞退し、小泉支持に回った。小泉は自民党の右傾化の流れに棹《さお》差したのである。

国会議員も予備選挙の結果を無視できなかった。四月二四日に実施された本選挙で、国会議員票と地方票を合わせた票数は、小泉二九八、橋本一五五、麻生三一となり、小泉が総裁に選出された。常勝を誇ってきた橋本派が敗れたのである。小泉はＹＫＫの盟友の山崎を幹事長に起用するとともに、橋本派を党三役から排除した。閣僚も脱派閥を貫いて自ら決め、三名の民間人閣僚、五名の女性閣僚を誕生させる一方、橋本派からは二名しか閣僚に就けなかった。こうして四月二六日に成立した小泉内閣は、七八％の支持率を記録した。そして、七月二九日の参院選で、自民党は六四議席を獲得し、自公保三党で参議院の過半数一二四を超える一三九議席を確保した。この自民党の勝利は、小泉人気によって都市部の無党派層の支持を得たことによってもたらされたものであった。

新自由主義的改革の断行と限定的な右傾化

総裁選挙における小泉の勝利は、「国民の「小泉ガンバレ」という雰囲気が強まり、それを党員・党友そして国会議員が受け止めた結果」であった。そう考える小泉は、「陳情に来たり、あるいは政策提言に来る人たちというのは、一般国民に比べればごく少数です」と指摘した上で、「自由民主党という政党は、今多数派となっている無党派層をおろそかにしてはいけません」と述べ、「どの政党も支持していない層から共感を得られるような政策を出していく必要がありま す」と語った。それでは、無党派層の支持を得られる政策とは何か。小泉の答えは、「構造改革なくして景気回復なし」という方針であり、「自助と自律の精神」であった。[48] かくして、政府の介入を抑制し、市場メカニズムを重視する新自由主義的改革が断行されていった。[49]

具体的に述べるならば、大規模な歳出削減が行われ、公共事業費が毎年三─四%減らされるとともに、年金や医療などの社会保障費が抑制された。また、労働市場をはじめ多くの領域で規制緩和が推進された。なかでも小泉が最も重視したのは郵政民営化であり、その第一歩として二〇〇三年四月一日に日本郵政公社を発足させた。これと密接な関係をもって特殊法人改革が実施され、道路関係四公団の民営化が進められた。こうした一連の改革の司令塔となったのは、橋本行革によって設置された内閣府の経済財政諮問会議であり、小泉首相の信頼が厚い経済学者の竹中平蔵《へいぞう》経済財政担当相を中心に運営された。その牽引役たる四名の民間議員は財界人と学者それぞれ二名から構成され、第二臨調とは違い、労働組合はそこから排除された。

確かに、アメリカやイギリスをモデルとする新自由主義は、日本的集団主義を称揚する日本型多元主義に代わって、すでに一九九〇年代に入った頃から支配的な潮流になっていた。しかし、小泉内閣は、それを一気に加速させ、全面的に展開したのである。小泉の盟友で同じく「小さな政府」を唱えていた加藤紘一は、小泉政権の画期性について、自省の念を込めながら次のように書いている。[50]

それまでの自民党は、どちらかというと無自覚に、アメリカの要求する「市場化」の政策をとりいれてきました。私もそのひとりです。……そのことの社会に及ぼす影響がこれほどまでに破壊的なものであるということに私は無自覚でした。当時の自民党の議員もそうだと思います。ところが、二〇〇一年に成立した小泉政権は違うのです。むしろこうした社会に及ぼす影響を十分にわかったうえで、さらにアクセルを踏んだのが小泉政権の特徴でした。

右派的な政策についてはどうか。まず注目されるのは、政調会長に江藤・亀井派の平沼赳夫を起用しようとし、派閥の同意をめぐって不調に終わると、[51]同じく右派で日本会議国会議員懇談会の会長でもある麻生太郎を就任させたことであった。小泉は、首相就任後、「新しい歴史教科書をつくる会」の主導で執筆され、検定に合格した中学校の歴史教科書について、韓国や中国からの再修正要求を拒否し、二〇〇一年八月一三日には靖国神社に参拝した。国内外の批判を考慮して終戦記念日の二日前に公式参拝とは言わずに行ったのであるが、一九九六年に橋本首相が誕生日に参拝した以外、一六年間行われていなかったことを踏まえ、日本会議や日本遺族会といった右派系団体から支持を得た[52]。これ以降、小泉首相の靖国参拝は毎年繰り返された。

しかしながら、こうした小泉の右派的姿勢は、政治学者の大嶽《おおたけ》秀夫によると[53]、総裁選挙に際して行われた右派への配慮の結果であり、付け焼刃でしかなかった。仮に小泉が右派であったとしても、男らしさや毅然たる態度といったスタイルの側面が強く、「根の浅いもの」でしかなかった。実際、小泉政権期には、靖国神社とは別の国立の戦没者追悼施設を検討する「追悼・平和祈念のための記念碑等施設の在り方を考える懇談会」が福田康夫官房長官の私的諮問機関として設けられ、二〇〇二年一二月二四日に「国立の無宗教の恒久的施設が必要」という報告書をまとめた。また、首相の私的諮問機関の「皇室典範に関する有識者会議」が、二〇〇五年一一月二四日に女性天皇および女系天皇を容認する報告書を提出している。それらは右派の猛反発を受けたのであった。

同様のことは、外交・安全保障政策についてもいえる。小泉首相は、二〇〇一年九月一一日にアメリカで同時多発テロが起き、アフガニスタン攻撃が始まると、アメリカ軍の後方支援のため自衛隊をインド洋に派遣し、二〇〇三年からのイラク戦争に際しても、人道復興支援を目的として自衛隊をイラクに送った。しかし、小泉は、一九九一年の湾岸戦争の折、自衛隊の海外派遣に批判的な発言を行っているし、一九九三年にカンボジアのPKOで日本人の文民警察官が殺傷された際には、閣僚でありながら自衛隊の撤退を主張したのであり、一貫性がみられない。また、防衛庁の省への昇格についても、「あまりタカ派政権とみられたくない」と消極的だったという。

結局のところ、小泉が本気で取り組んだのは、長年の持論の郵政民営化をはじめとする新自由主義的改革であった。

自民党の組織はどう変容したか

無党派層の支持を調達すべく「古い自民党をぶっ壊す」と叫んで総裁に選出され、首相に就任した小泉は、実際に自民党の党組織を大きく変容させた。福田・田中両派の抗争以来、森派のライバルであった橋本派を主要敵に据え、派閥を無視して党役員や閣僚の人事を行う一方、公共事業費の削減、民営化や規制緩和などの新自由主義的改革を断行し、利益誘導政治の解体を進めていった。それを可能にしたのは、いうまでもなく、一九九四年の政治改革による小選挙区比例代表並立制の導入であった。同士討ちをもたらす中選挙区制が廃止された結果、各候補者は派閥よりも党への依存を強め、個人後援会を培養する必要性が低下し、利益誘導政治が後退した。小泉首相は、こうした自民党の組織的変容に立脚するとともに、それを加速させる役割を果たしたのである。

その一例は、党員の減少である。一九七七年の総裁予備選挙の導入以降増加してきた自民党の党員は、一九九一年に五四三万九八九〇人に達した後、減少に転じた。そして、二〇〇〇年に参議院の比例代表選挙が非拘束名簿式に変更され、候補者の党員獲得のノルマが撤廃されたこともあって、小泉が総裁を退任した二〇〇六年には一一九万八七二人まで落ち込んだ。[54] これと表裏一体の関係に立つのが、後援会の衰退である。自民党だけのデータではないが、一九八六年の総選挙の際に一八・二％であった有権者の後援会加入率は、二〇〇五年の総選挙の時点で一〇・二％まで下がっている。そのうち会費を支払って後援会に加入している有料後援会員の比率も大きく減少し、一九八六年の五・三％から二〇〇五年には一・七％まで下落した（図表４−１）。

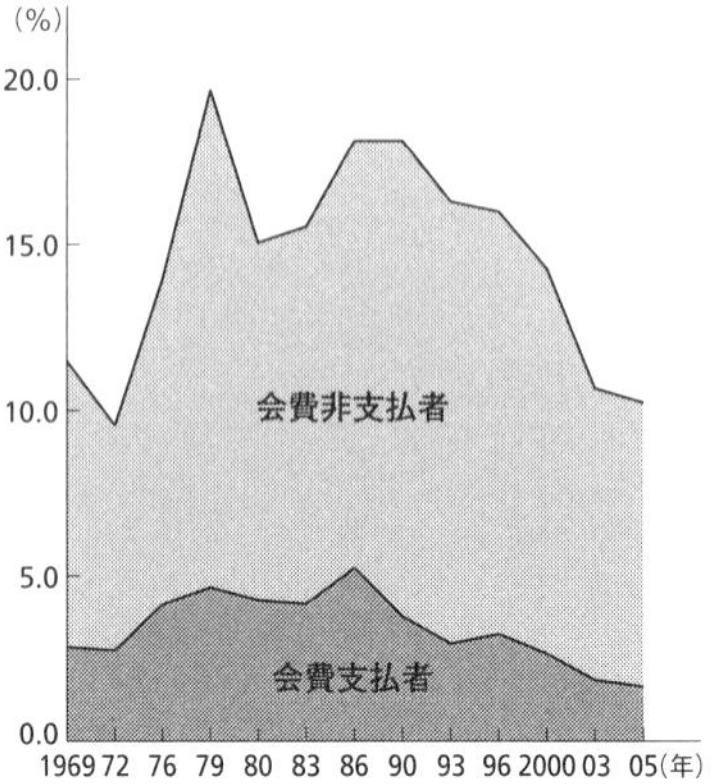

図表4-1 後援会への加入率の変化
（明るい選挙推進協会『衆議院議員総選挙の実態』各版より作成）

同じことは、政治資金に関しても確認できる。政治資金収支報告書の中央分のデータをみると、一九九〇年代初頭に一〇〇億円近かった自民党の政治資金団体に対する企業・団体献金は、一九九三年から急速かつ大幅に減少し、小泉が総裁に就任した二〇〇一年以降、三〇億円を割り込むようになった（図表４−２）。バブル崩壊による平成不況の深刻化が、企業の資金的な余力を奪ったことに加え、より直接的な理由としては、国民の批判を受けた経団連が一九九三年から一〇年間斡旋を中止したこと、一連の政治資金制度改革によって企業・団体献金への制限が強化されたことなどが挙げられる。しかも、政治家や派閥は、政党以上に企業・団体献金を受けることが難しくなった。その結果、自民党は全体として国家財政から支出される政党交付金への依存を深め、その配分権を握る党執行部の統制力が強まった。

小泉政権下の自民党は、党員を減少させ、支持団体との関係を希薄化させたが、政策決定過程においても、省庁や業界団体と結びつく族議員などの影響力を排除すべく、トップ・ダウンの傾向を強めていった。総裁選挙の際に首相公選制の導入を公約に掲げた小泉は、「大統領的首相」として振る舞おうと試み、橋本行革によって強化された首相の権限を最大限活用し、自らが議長を務める内閣府の経済財政諮問会議を使って、政治的リーダーシップを発揮した。また、政府のみならず与党の自民党に関しても、内閣が提出する法案を政調会の各部会で審議し、最終的に総務会で全会一致の同意を得る、いわゆる事前審査制の慣行を骨抜きにしようとした。その最初の例となったのは、二〇〇二年七月二四日に成立した郵政公社関連法案であった。

こうして自民党は、国会議員を中心とする集権的な党組織に傾斜していった。結党以来長期間にわたって目指された近代的組織政党と比べ

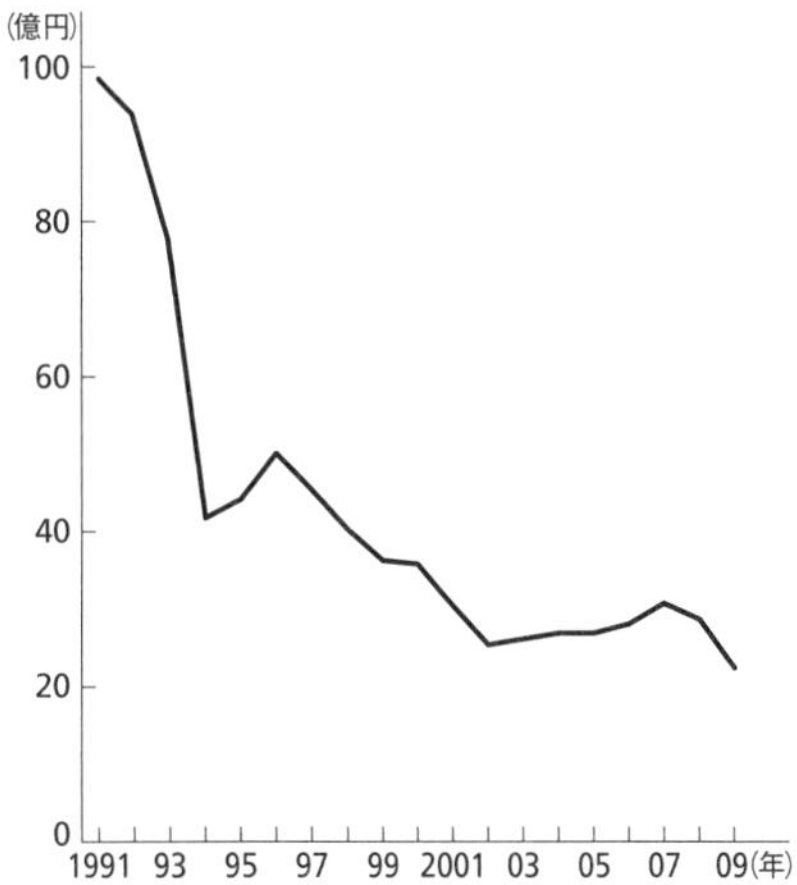

図表4-2 自民党の政治資金団体への企業・団体寄付の推移
(経団連ウェブサイトより)

ると、集権的である点では同じであったが、党員や支持団体の比重が低い点で異なっていた。確かに、党近代化論者が説いたように、各選挙区に一人しか候補者を擁立しない小選挙区制は、公認権を持つ党執行部の統制力を強めた。しかし、階級対立や保革対立が弛緩し、政党間の違いが曖昧になったため、無党派層が著しく増大していた。しかも、小選挙区制では当選に必要な得票率が高まるため、無党派層が重要になる。それゆえ総選挙で勝利する上で、党員や支持団体よりも、「選挙の顔」としての党首の役割が大きくなった。自民党は、政治学者のアンジェロ・パーネビアンコのいう選挙プロフェッショナル政党に近づいたのである。[55]

小泉が「選挙の顔」として無党派層の支持を獲得できたのは、個人的な能力も大きかった。小泉は、郵政民営化など新自由主義的改革をめぐり、自らが率いる「改革勢力」と、それを妨害する族議員や官僚などの「抵抗勢力」の対立という、善悪二元論的な図式を作り上げ、単純で印象的な情報を伝える傾向があるテレビなどを通じて、有権者に訴えかけた。「普通の人々」の味方として既得権を持つ「エリート」と戦うポピュリズムの政治手法によって、新自由主義的改革への支持を調達することに成功したのである。[56]首席総理秘書官の飯島勲《いさお》の発案により「ぶら下がり」取材の方法を変え、テレビカメラを入れた短い記者会見を毎日実施し、夕方から夜にかけてのニュースで映像を流させるなど、様々なメディア対策が講じられ、効果を発揮した。[57]

二〇〇三年九月二〇日、地方票を前回の一四一票から三〇〇票に増やして実施された総裁選挙は、小泉の圧勝に終わった。派閥に所属する国会議員の数でみれば、小泉は依然として劣勢であったし、地方組織や業界団体の間では、新自由主義的改革への反発が強まっていた。そこで、積極財政論者で右派の亀井静香が立候補したほか[58]、最大派閥の橋本派も藤井孝男を擁立した。しかし、派閥の結束は著しく弱まっていた。橋本派は参議院幹事長の青木幹雄が小泉支持に回るなど内部分裂を起こし[59]、若手議員の間でも、高い内閣支持率を誇り、「選挙の顔」となりうる小泉への支持が広がった。国会議員票の五四％、地方票の六八％、合計で六五七票中三九九票を集めて再選された小泉は、自民党が「改革推進政党になった」と宣言した[60]。

民主党に対抗する安倍晋三の党改革

総裁に再選された小泉は、総裁と幹事長を別の派閥にする「総幹分離」の慣例を二五年ぶりに破って、当選三回で四九歳の安倍晋三を幹事長に抜擢した。それまで官房副長官を務めていた安倍は、北朝鮮による日本人の拉致問題で毅然とした態度をとり、国民の人気を集めていた。このサプライズ人事は、一〇月一〇日の衆議院の解散に向けた布石であった。しかし、一一月九日に実施された総選挙で、自民党は公示前から一〇少ない二三七議席にとどまった。それに対して、総選挙の一カ月あまり前に自由党と合流していた民主党は、公示前から四〇増の一七七議席と躍進し、特に比例代表の議席では自民党を上回った。自公保三党で二七五議席と絶対安定多数を確保したとはいえ、二大政党化が進み、その一角として民主党が台頭してきたのである。

これに強い危機感を抱いた安倍幹事長は、党改革に着手した。複数の公認候補の擁立や無所属候補の追加公認が可能であった中選挙区制が廃止され、小選挙区制に変わったことで、世襲議員の増加にみられるように自民党の新陳代謝が損なわれ、有能な人材が民主党に流れてしまっている。こう考える安倍は、一二月二日に自らを委員長とする「党改革検証・推進委員会」を発足させ、その半年後、候補者の空白区や補欠選挙では原則として公募により候補者を決めると明記する「中間提言」をまとめた。この間、衆議院埼玉八区の補欠選挙で、公募による候補者が劣勢を跳ね返して勝利するという成果を挙げていた。「中間提言」には、政治資金の透明化、シンクタンクの創設、戦略的広報体制の確立、無党派層との連携強化なども盛り込まれた[61]。

もう一つの安倍による党改革は、二〇〇三年一二月一八日の「基本理念委員会」の設置であった。これは「立党五十年プロジェクト」の一環であり、中曽根直系を自認する与謝野馨《よさのかおる》が委員長に就任した[62]。安倍は、次のように語っている。「もう組織だけの選挙では駄目なんです。今度は総選挙で大きな政党になった民主党に参議院選で挑戦を受けることになります。これを跳ね返すには強靭さを持たなくてはなりません。何かと言えば、多くの国民に共感を持っていただける自民党の理念です。自民党が描く国家像、そういう国で生きたいというものをしっかり示す必要があります[63]」。新自由主義的改革を通じた無党派層の支持は不安定である。しかし、かつてのような利益誘導政治にも回帰できない。それゆえ安倍は、自民党独自の理念を強調することで、安定した支持基盤を再構築しようと考えたのである。

自民党は、先の総選挙のマニフェストで、立党五〇年に向けて憲法改正案を作成することを公約していた。この「基本理念委員会」には、憲法改正案を作成する前提として、党の理念を明確化する目的があり、二〇〇四年六月一一日、新憲法の制定を冒頭に掲げ、教育基本法の改正も盛り込む「綱領」や「理念」の案が、安倍幹事長に答申された。[64]河野総裁のもとで作られた一九九五年の綱領が憲法改正を明記しなかったことに批判的であった右派の安倍は、巻き返しに成功したのである。すでに自民党の内部ではリベラル派が衰退し、憲法改正に慎重な意見が消滅しつつあった。安倍はこう振り返っている。「幹事長として、結党五十年を奇貨として、それまでに憲法草案を書き上げますという宣言をしたところ、意外と党内でそれを批判する人はあまりいませんでした[65]」。

ところが、二〇〇四年七月一一日に行われた参院選は、与党全体で非改選と合わせて絶対安定多数を維持したとはいえ、自民党にとって厳しい結果となった。保守新党が合流していた自民党は、民主党の五〇議席を下回る四九議席しか得られなかった。選挙区についてみると、都市部の無党派層が自民党離れを起こしただけでなく、自民党の金城湯池《きんじょうとうち》とされてきた農村部の一人区で二七議席中一四しか獲得できなかった。比例代表でも、自民党は民主党より四少ない一五議席にとどまり、候補者を擁立したほとんどの業界団体が前回から票を減らした。つまり、無党派層の小泉支持が揺らぐ一方、公共事業費の削減などによって伝統的な支持基盤が弱体化した結果、自民党は敗北したのである。この責任をとって、安倍は幹事長を辞任した。

だが、この参院選の敗北は、党改革を加速させた。安倍は九月二七日に降格人事ながら武部勤幹事長の下で幹事長代理に就任し、「党改革検証・推進委員会」が改組された党改革実行本部の本部長、「基本理念委員会」の後継の「新理念・綱領に関する委員会」の副委員長を兼務し、引き続き党改革にあたった。この時期、安倍が力説したのは、憲法改正や教育基本法改正などを前面に掲げることで「草の根保守」の結集を図り、民主党に対抗するという戦略であった[66]。もちろん、小泉政権のもと、新自由主義的改革も推し進めなければならない。そこで、安倍が注目したのは、「それまで対立する傾向があった経済保守と社会的な保守を糾合させた」結果、二〇〇四年一一月二日のアメリカ大統領選挙で勝利した共和党であった。安倍は次のように書いている[67]。

党が壊滅しかねないと危機感を抱いた共和党は、組織の再構築を決意する。このとき目をつけたのが、一つは「経済保守」、そしてもう一つは社会的な保守勢力の人々で、さらには思い切って若い力を活用することにした。……彼らは全国に草の根組織を張り巡らせ、一五〇万人以上のボランティアを動員できる党にもした。日本でボランティアというと民主党のイメージが強いが、実際に多くのボランティアを組織したのは、共和党だったのである。今回の選挙でブッシュ陣営が大勝したのも、このことが大きい。これこそ私が参考にしたい部分で、自民党が今後の選挙戦に勝つためにも、このような草の根組織をつくっていくことが重要である。

郵政選挙での圧勝と抑制的な憲法改正案

安倍に比べると、小泉の戦略は単純であった。「私は首相に就任し、郵政民営化や公共事業削減など、支持団体が反対する政策を取り上げてきた。団体が戸惑っても無理はない。だが、どんなに強固な組織を持っても、無党派層の支持を得られる政党でないと、政権を維持できない」[68]。こう参院選の直後に語った小泉は、新自由主義的改革を加速することで無党派層の支持を回復すべく、全国特定郵便局長会の反対を無視して、郵政民営化を強引に推し進めた。まず九月一〇日に党の了承を得ないまま「郵政民営化の基本方針」の閣議決定を行い、二〇〇五年四月二七日には、総務会の内容上の了承を受けずに郵政民営化法案を閣議決定し、国会に提出した。ようやく六月二八日、党議拘束をかけるために総務会で了承を取り付けた。しかし、それは全会一致の慣例を破る多数決による決定であった。

ここで注目すべきは、新自由主義的改革に対する批判が、橋本派ばかりでなく右派の間で強まっていたことである。例えば、亀井静香は、小泉をこう批判している。「助け合いは日本の美風である。ところが近年、それを踏みにじるように、強者の論理が幅を利かせ、日本社会は弱肉強食の世界と化している」[69]。亀井と並んで郵政民営化反対の急先鋒になったのが、日本会議国会議員懇談会の会長で亀井派に所属する平沼赳夫であった。平沼によると、郵政民営化とは「日本国民の財産をアメリカにコントロールさせる」ものであり、「地方切り捨て」であった。しかも、小泉の強引な政治手法が、平沼を憤激させた。十分な党内手続きを踏まなかったばかりか、「加藤の乱」の際と同じく、反対派議員に対して公認権などをちらつかせながら「威嚇」「恫喝」「懐柔」を行ったからである。[70]

七月五日の衆議院本会議は、賛成二三三、反対二二八の僅差で郵政民営化法案を可決したが、八月八日の参議院本会議は、賛成一〇八、反対一二五で否決した。そこで、小泉首相は即日、衆議院の解散に踏み切り、郵政民営化の賛否を問うと宣言した。参議院での法案の否決を理由に衆議院を解散した例は過去になく、しかも解散詔書への署名を拒否した亀井派の島村宜伸農水相を罷免して断行したのである。党執行部は、亀井静香、平沼赳夫、綿貫民輔《たみすけ》、藤井孝男、堀内光雄ら反対票を投じた議員を公認しなかったばかりか、その全てに対立候補を擁立した。「刺客」を送り込まれた議員には、安倍の盟友で右派の衛藤晟一、古屋圭司、城内実《きうちみのる》なども含まれていた。アメリカ共和党に倣って新自由主義者と右派を糾合するという安倍の戦略は、深刻な打撃を受けたのである。

この郵政選挙は、空前の劇場型政治となった。郵政民営化を争点に「改革勢力」と「抵抗勢力」の戦いが演出され、とりわけ「刺客」候補がテレビのワイドショーの注目を集めた。安倍を中心とする党改革の成果も生かされ、公募による候補者が二六名擁立されたほか、PR会社のプラップジャパンを使いながら広報戦略が練られた。[71]そして、九月一一日に実施された総選挙は、自民党の圧勝に終わった。都市部に多い無党派層の票が民主党から自民党に大量に流れ、それに勝者総取りの小選挙区制の効果が重なり、自民党は一五年ぶりに単独過半数となる二九六議席を獲得した。公明党を含む与党全体でも三二七議席と、総定数四八〇の三分の二を超えた。この選挙結果を受けて、郵政民営化法案は一〇月一四日に成立した。

郵政選挙から二カ月あまり後の一一月二二日、立党五〇年記念党大会が開かれ、安倍幹事長代理の主導により作成された新たな「理念」と「綱領」が最終的に決定された。[72]自民党自身、「自民党らしさ」を前面に出したと評価したように、「理念」は「自国の安全はみずからが守る」「日本の伝統と文化を尊び、これらを大切にし、その発展をめざす」などと謳い、「綱領」も「新しい憲法の制定」を冒頭に掲げ、続いて「高い志をもった日本人を」育成すべく「教育基本法を改正する」と明記した。ただし、「綱領」では「小さな政府」が掲げられ、「行財政改革を政治の責任で徹底的に進め」ることが示された。憲法改正をはじめとする右派的な理念と新自由主義的改革とをいかに両立させるかという課題は、依然として残されていた。

安倍にとっての問題は、それだけではなかった。この党大会で採択された「新憲法草案」の内容が不十分なものにとどまったことである。確かに、前文を含めて全面的に書き直しただけでなく、改正の手続きを定める第九六条を修正し、発議要件を衆参両院の総議員の三分の二以上から過半数に緩和した。しかし、象徴天皇制を維持して天皇の元首化を見送り、家族の尊重や国旗・国歌などに関する規定も盛り込まれなかった。前文で日本の歴史や伝統を称揚するようなことも控えた。憲法改正の主眼は第九条に置かれ、戦力の不保持を定める第二項を削除した上で軍隊の保持を明記したが、これについても「国防軍」ではなく「自衛軍」という名称にとどめられた。他方で、環境権、知る権利、プライバシー権など、新しい人権が明記された。

新憲法制定推進本部のもとに置かれた新憲法起草委員会の事務局次長として、草案の取りまとめにあたった舛添要一は、次のように回想している。「会議では、天皇や安全保障、国民の権利と義務をめぐって、路線の対立が鮮明になった。委員長レベルの大物たちの間でも、「自民党らしさ」を強調する者と三分の二の発議要件を満たすことを重視する者とが対立した。……前者は、中曽根康弘、安倍晋三の両氏らで、後者は森喜朗、宮澤喜一、橋本龍太郎、与謝野馨、福田康夫の各氏らである。私も後者の立場であった」。最終的に小泉が舛添らを支持し、「新憲法草案」が固まったという[73]。加藤紘一も「意外に思うほどに慎重で抑えられた表現で進んでいる」と書いていた[74]。自民党は結成以来初めて条文化した憲法改正案を決定したが、内容面で右派がリベラル派を抑え込むには至らなかった。

三　安倍晋三と右傾化の進展

挫折した「戦後レジームからの脱却」

小泉首相は、党改革に尽力してきた安倍晋三を後継者にしようと、[75] 郵政民営化法案の成立を受けて内閣改造を実施し、官房長官に起用した。自民党では、小泉の成功の結果、国民の人気が高く、「選挙の顔」となり得ることが総裁の最大の条件と考えられるようになり、他に名前の挙がった麻生太郎、谷垣禎一、福田康夫よりも、安倍が小泉後継として最もふさわしいと考えられた。実際、次の首相に誰が望ましいかを問う新聞などの世論調査で圧倒的な支持を集めた安倍は、二〇〇六年九月二〇日の総裁選挙で、国会議員票四〇三のうち二六七、地方票三〇〇のうち一九七を獲得して、大差で麻生と谷垣を破った。[76] 二六日に成立した安倍内閣の最初の支持率は、小泉内閣には及ばなかったとはいえ、戦後歴代三位の六三％を記録した。

安倍の総裁選挙での標語は、ナショナリズムを強調する「美しい国、日本」であり、公約の最初に憲法改正を謳った。総裁に選出された安倍は、「主張する外交」を訴えるとともに、教育基本法の改正を次の臨時国会で実現し、憲法改正を政治スケジュールに乗せる意向を表明した。その際にも安倍が強調したのは、「草の根保守」のネットワークの構築であった。[77] こうした考えに従って安倍は、盟友の中川昭一を政調会長に据え、閣僚人事でも外相の麻生太郎、文科相の伊吹文明《ぶんめい》、男女共同参画担当相の高市早苗など、自らと理念を共有する人々を起用した。[78] ところが、「戦後レジームからの脱却」という表現に集約される安倍政権の右派的な方針は、二つの問題に直面した。一つは新自由主義との矛盾であり、もう一つはリベラル派の残存である。

すでに小泉政権の末期になると、新自由主義的改革に対して、「勝ち組」と「負け組」という言葉に象徴されるように、格差が拡大し、固定化しつつあるという批判が、マス・メディアなどを通して広がった。そうした批判に対応することを迫られた安倍が編み出したのは、失敗した人が何度でも挑戦できる「再チャレンジ」という言葉であり、総裁選挙の公約にも盛り込んだ。しかし、「アングロサクソン流の市場経済の導入」がグローバル経済のなかで日本企業が勝ち残るために不可欠と考える安倍は、小泉の後継者という立場もあって、新自由主義的改革を継続した。幹事長に中川秀直を、経済財政担当相に竹中平蔵の片腕の大田弘子を起用したのは、その表れであった。結局のところ、「再チャレンジ」は、新自由主義的改革を前提として格差の固定化を避けるものにすぎなかったのである。[79]

新自由主義的改革に対する批判にも増して深刻だったのは、郵政民営化法案に反対票を投じて離党した造反議員の復党問題を通じて、安倍の右派的な理念が新自由主義を支持する人々の失望を招いたことである。造反議員には右派が多く、その強固な地盤が次の参院選で勝利するために必要だったこともあり、安倍は誓約書の提出という条件付きで、「美しい国」づくりの仲間として復党を認めることを決め、二〇〇六年一二月四日、誓約書の提出を拒否した平沼赳夫を除く一一名の復党が実現した。[80] しかし、これは新自由主義的改革からの後退と受け止められ、内閣支持率の低下を招く結果となった。それにもかかわらず、安倍は落選議員の復党を認めないという方針を覆して、翌年三月九日に衛藤晟一を復党させ、参院選で擁立したのであった。

他方、リベラル派の存在も、安倍の行動を制約した。安倍は、「当時の自民党は、政策的に一枚岩だったわけでは決してなく、一部にリベラル的な、危うい側面」を持ち、任期中に行う予定であった靖国神社への参拝を控えたのも、拉致問題や国連の常任理事国入りなどで中国の協力が必要だったことに加え、「自民党の全員を味方にしているわけでもないという制約」があったと振り返っている。[81] 確かに、加藤紘一の派閥を継承した谷垣禎一は、総裁選挙で「効率のみを重視した弱肉強食の社会」を批判して「絆」の重要性を強調するとともに、「アジアとの共生」という観点から靖国神社への参拝を行わないと表明し、合計で一〇二票を獲得していた。谷垣によると、この票は「安倍支持一色で染まってしまうと党の将来は危ない」という声であった。[82]

このような制約が存在していたにもかかわらず、安倍首相は自らが掲げる政策を徐々に実現させていった。すなわち、二〇〇六年一二月一五日に防衛庁の省昇格関連法と改正教育基本法を、二〇〇七年五月一四日には、憲法改正の手続きを定める国民投票法を成立させた。とりわけ教育基本法の改正は制定以来初めてであり、「我が国と郷土を愛する態度を養う」といった表現で愛国心が書き込まれた。ところが、新自由主義に対する批判の高まりを受けて、小沢一郎を代表とする民主党は、格差の拡大を批判した上で、いま政治がなすべきことは憲法改正ではなく「生活維新」だと主張し、参院選に向けて「国民の生活が第一」というキャッチ・コピーを打ち出した。そして、五〇〇〇万件もの年金の記録漏れという「宙に浮いた」年金記録問題が、民主党の主張に説得力を与えた。

七月二九日に実施された参院選は、閣僚の不祥事などが重なったこともあって、自民党の惨敗に終わった。民主党は六〇議席を獲得し、非改選と合わせて参議院第一党となる一〇九議席と躍進した。それに対して自民党は三七議席にとどまり、非改選との合計で八三議席に落ち込み、公明党と合わせても一〇三議席と参議院の過半数を割り、「ねじれ国会」に陥った。自民党が惨敗した原因としては、二九ある一人区で六議席しか獲得できなかったことが大きかった。八月二三日に取りまとめられた総括文書「敗因の分析と今後の課題」は、「構造改革路線」の「堅持」を謳いながらも、それが地方組織や支持団体に与える深刻な影響に言及し、「痛みを解消するための将来展望を示す必要がある」と結論づけた。[83] これ以降、自民党は新自由主義から徐々に離脱していくことになった。

大連立の失敗による右派の復権

安倍首相は、参院選の惨敗にもかかわらず続投を表明し、八月二七日に党役員人事と内閣改造を行い、麻生太郎を幹事長、与謝野馨を官房長官に起用した。幹事長に就任した麻生は、「小泉さんが勝って、事実、地方組織を含めて自民党をぶっ壊した結果、これまで自民党を支持した地方組織のほとんどが痛い目に遭うことになった」と述べ、「地域活性化と党組織の底上げ」を訴える一方、安倍首相と相談しながら、平沼赳夫の復党を目指した。[84] 要するに、新自由主義から脱却し、右派の結集を進めることで、立て直しを図ろうとしたのである。ところが、安倍首相は、それから二週間後の九月一二日、突如として辞意を表明した。直接的な原因は健康問題であったが、民主党の小沢代表に呼びかけた党首会談を断られたことが理由に挙げられた。

一転して右派は窮地に陥った。九月二三日の総裁選挙で、福田康夫が三三〇票を獲得し、一九七票の麻生太郎を破ったからである。麻生はこう書いている。「福田氏と私は、歴史観や外交の分野で党内でも対極の位置にある。例えば、小泉政権下で私が政調会長、福田氏が官房長官であったときの話だ。北朝鮮からの拉致被害者五人の帰国問題に際しても、私や小泉首相、当時の安倍官房副長官らの北朝鮮に戻す必要などないという考えとは明らかに福田官房長官は立場を異にしていたと思う。……福田氏の思想信条は近年の自民党の保守再生の流れとは異質のものだ」[85]。福田と旧知の平沼も、「福田新総理はお父上〔福田赳夫〕と違って若干リベラルなところがある。官房長官時代にも、靖国神社に代わる国立追悼施設の建設を本気でやろうとしました」と警戒感を露わにした。[86]

事実、福田をいち早く支持して、そのもとで政調会長に就任したのは、かねてから「福田さんと、私の政策に関する考え方は共通点もかなりあります」と語っていた谷垣禎一であった。[87] その谷垣派に属する中谷元《げん》は、参院選で惨敗した直後の代議士会で安倍続投に異論を唱え、総裁選挙では福田を熱心に支援した。中谷の著書『右でも左でもない政治』によると、市場原理主義に反対して地方や弱者に配慮するとともに、アジア諸国との対話と協力を重視する点で、九月二六日に成立した福田内閣は「リベラル政権」であった。そして、中谷は、「リベラル思想を旗印とした政界再編や大連立の可能性をさぐらなければ、現在の国会の閉塞感を打破できない」と訴えている。[88]参院選の敗北による衆参両院の「ねじれ」を背景として、自民党内でリベラル派が巻き返したのである。

実は、すでに八月下旬から福田と小沢の間で、大連立に向けた動きが水面下で始められていた。自民・民主両党を仲介したのは、読売新聞グループ本社の渡辺恒雄会長であったが、福田からは社会保障制度改革に関して、「第二臨調」あるいは「円卓会議」的な組織を設けて、両党の参加を実現したいという希望が伝えられていた。福田は首相に就任すると、最初の所信表明演説で、国民生活の安定を最優先の課題とし、社会保障制度の整備や格差問題への対応を進めると表明するとともに、野党との話し合いを通じて政権運営にあたる考えを示した。福田によると、就任直後の記者会見で自ら「背水の陣内閣」と命名したのは、大連立に向けた自民党内へのメッセージであり、さらに大連立の先には、新党結成を含む政界再編が視野に入っていたという。[89]

大連立に向けた動きを一気に加速させたのは、一一月一日に近づいていたテロ対策特別措置法の失効であった。インド洋での海上自衛隊による多国籍軍への給油活動を継続するためには、新テロ対策特別措置法案を急いで成立させなければならない。そこで、一〇月二五日に福田の名代として森元首相が小沢と会談し、閣僚の配分などについて協議を行い、消費増税についても意見が一致した。これを受けて福田と小沢の党首会談が一〇月三〇日、一一月二日と重ねられ、ついに大連立の実現を目指すことで合意した。[90]ところが、大連立構想は、あっけなく挫折してしまった。二度目の党首会談の直後に小沢が民主党の役員会に諮ったところ、発言者全員が反対したためであった。総選挙で勝利して政権交代を実現すべきという意見が、民主党では圧倒的に強かったのである。

結局、小選挙区制のもとでゼロサム的に争う二大政党が大連立を組むのは至難の業《わざ》であった。かくして民主党は対決路線へと回帰していった。福田内閣も「ねじれ国会」のもと、民主党が反対する法案については、郵政選挙で獲得した衆議院の三分の二の議席を用いて再可決し、成立させざるを得なかった。二〇〇八年一月一一日、新テロ対策特別措置法案が五七年ぶりの再議決で成立した。通常国会に入ると、税制関連法案が年度内に成立せず、ガソリン税の暫定税率が三月末に失効した後、四月三〇日に再議決で成立した。また、衆参両院が対等の権限を持つ国会同意人事では、参議院の不同意の結果、日本銀行の総裁が三週間、二名の副総裁のうち一名が約七カ月間、空席になるという異常事態が起きた。六月一一日には、参議院で初めて首相に対する問責決議案が可決された。

この間、総裁選挙で麻生太郎を支援した議員を中心として、「真・保守政策研究会」が結成されていた。中川昭一が会長、無所属の平沼赳夫が最高顧問に就任し、「総理の座を辞したことによって、安倍政権が掲げた保守の理念そのものが色褪せてしまうこと」を危惧していた安倍晋三が陰で支えた[91]。そして、大連立の失敗とその後の政治情勢は、民主党に融和的なリベラル派を後退させ、右派を復権させることになった。福田首相は、総選挙の実施に向けて、八月一日に麻生太郎を幹事長に起用した上で、九月一日に辞任を表明した。これを受けて二二日に総裁選挙が実施され、麻生が圧倒的な勝利を収めた。二四日に首相に就任した麻生は、総選挙で民主党と対決すべく、「真正保守再生」の幕開けを宣言した[92]。

野党への転落とアイデンティティの模索

この時期、安倍は次のように発言している。「自民党の中で保守と言われる人達は二割で、リベラルな加藤紘一さん的な人達が一二、三%、あとは流れに乗る[93]」。すでに新自由主義の凋落は明らかであった。自民党の地方組織や業界団体の間で不満が蓄積していたところ、貧富や都市と地方の格差が拡大し、固定化しつつあるという批判が、小泉政権の末期から強まり、参院選の敗北を経て、二〇〇八年九月一五日の世界金融危機の発生によって決定的なものとなったからである。しかし、かつてのような利益誘導政治にも回帰できないとすれば、どうやって次の総選挙に向けて民主党と対決するのか。結局、前述した安倍の言葉を使うと、「リベラル」な傾向が強い民主党との差異を示しつつ、自らの組織を固めるべく、「保守」の立場を強調するという「流れ」になるしかなかった。

麻生首相は、すぐに衆議院解散に打って出る予定であったが、思ったほど高い内閣支持率を得られなかったことに加え、就任直前に発生した世界金融危機が深刻化し、その対応を行うために解散を先延ばしにした。ようやく二〇〇九年七月二一日に解散に踏み切った麻生は、「行き過ぎた市場原理主義とは決別する」と表明する一方、「民主党の党大会に国旗が飾ってあるのか」などと述べ、「自由民主党は真の保守政党」だとアピールした。[94]だが、相次ぐ首相の交代、閣僚の不祥事、麻生の失言などもあって、自民党への逆風は止まず、八月三〇日に実施された総選挙は歴史的な敗北に終わった。三〇八議席を獲得した民主党に対して、自民党は一一九議席にとどまり、結党以来初めて衆議院の第二党に転落して政権の座を失い、民主党を中心とする連立内閣が成立することになった。

それでもなお麻生は意見を変えず、総選挙の翌日も、「約一〇年弱の間に、地方で自由民主党を支えていただいていた多くの組織を、壊してしまった」と新自由主義を批判した上で、「保守の魅力についていきちっと伝えるべきでなかったか」と述べた。重要なのは、こうした認識が党内に広く共有されていたことであり、九月四日の全国幹事長会議でも、「地方の声をしっかり聞き、党を再生していかなければならない」「保守政党としての看板を大事にしながら再生を図っていくことが重要だ」といった意見が相次いで出された。また、鳩山由紀夫内閣が成立した翌日の九月一七日に党再生会議がまとめた提言も、「立党精神」への復帰と「保守政党」としての再生を最初に掲げた。[95]野党に転落した自民党は、自らのアイデンティティの確立に努めなければならなかったのである。

九月二八日に実施された総裁選挙は、国会議員数の減少に加え、党員・党友の声を反映させることを目的に、国会議員票一九九、地方票三〇〇で実施された。そのうち国会議員票一二〇、地方票一八〇を獲得して総裁に選出されたのは、ポスト小泉の最後の一人で、リベラル派と目される谷垣禎一であった。しかし、谷垣も流れには逆らえなかった。就任直後の記者会見で谷垣が強調したのは、「保守政党としての大道を歩んでいく」ことであった。「草の根」の民意を汲み上げ、家族や地域の絆、あるいは国を愛する心を大切にして、「自助」を原則にしつつ「共助」と「公助」を積み上げていく。その席で谷垣は、外国人の地方参政権にも、夫婦別姓にも消極的な考えを示した。そして、一〇月一九日、野党ながら自民党総裁としては小泉以来三年二カ月ぶりに、靖国神社を参拝したのであった[96]。

こうした方向性は、総裁直属の機関として設置された「政権構想会議」の議論にも反映された。すなわち、伊吹文明を座長とする政権構想会議は、国政選挙の候補者に関する予備選挙の検討や公募制の活用などを盛り込む一一月六日の第一次勧告に続き、一二月一五日、新たな綱領の制定を提案する第二次勧告をまとめた。この文書は、民主党を「国家社会主義的政党」と断定した上で、それと戦う姿勢を鮮明に打ち出し、「わが党は政治理念として、自由と民主の下に正しい日本の保守の旗を立てねばならない」と説き、「品性ある国民、品格ある日本」「不必要なことをせぬ政府」「憲法改正」という三つの柱を示した。なお、この「不必要なことをせぬ政府」という表現は、これまで掲げられてきた「小さな政府」を置き換えるものであった。[97]

新たな綱領は、二〇一〇年一月二四日に開かれた第七七回党大会で制定された。まず「市場原理主義」や「社会主義的政策」を否定して「日本らしい日本の保守主義」を政治理念にすることを示し、その上で具体的な方針として最初に「新憲法の制定」を挙げ、それに続いて「日本の主権は自らの努力により護る」「自助自立する個人を尊重し、その条件を整えるとともに、共助・公助する仕組を充実する」といった項目を置いた。[98] やはり注目すべきは、こうした内容を持つ綱領が「おおらかな保守主義」を標榜する谷垣総裁のもとで作られたことである。これより前、自民党の憲法改正推進本部の会合に出席した谷垣は、「自主憲法の制定」が党是であることを強調し、「これからの党の旗印として、この問題を眠らせることなく、しっかり前に進めていきたい」と力説していた。[99]

安倍の圧力と新たな憲法改正案

ところが、民主党政権の登場に強い危機感を抱く右派からすれば、このような谷垣執行部の動きも決して十分とはいえなかった。中川昭一の落選と死去を受けて、安倍晋三が会長に就任していた「真・保守政策研究会」は二〇一〇年二月五日、「創生日本」に名称を変更した。平沼赳夫が引き続き最高顧問を務め、幹事長には衛藤晟一が就いた。その衛藤によると、「自民党が再生するためには、なによりも自民党らしさを取り戻さなければならない。そのためには自民党を支える基盤となる「保守の中核体」を何としても残しておかなければならない」という危機感が高まっていた。そこで、安倍が会長に就任するとともに、国会議員による研究会から脱皮して、街頭演説や講演会の実施、地方議員の組織化などを行う運動体に転換したのである。[100]

安倍は、次のように述べている。「私は以前から戦後レジームの脱却を訴えてきましたが、今の民主党はまさに戦後レジームの象徴です。国家観を否定し、教育の場では日本人の誇りを否定する。……この戦後レジームを叩き壊すために「創生日本」が原動力になって活動していきたいと思います」。創生日本の運動方針などをみる限り、鳩山内閣の問題点として具体的に挙げられたのは、日米同盟の動揺、財政赤字の悪化、夫婦別姓や定住外国人の地方参政権の推進などであった。[101] そして、創生日本は、参院選を目前に控えた六月一〇日、最高顧問の平沼が代表を務める新党「たちあがれ日本」などと「日本を救うネットワーク（救国ネット）」を結成し、民主党政権の打倒に向けて、自民党の枠を超えた右派の結集を図った。[102]

七月一一日の参院選で、自民党は改選第一党となる五一議席を獲得した。それに対して民主党は四四議席にとどまり、非改選と合わせた与党全体で過半数を割り込んだ。ところが、自民党は惨敗した前回よりも比例区で得票数を減らし、議席も民主党を四下回る一二議席にとどまった。結局、自民党の勝利は、鳩山に代わる菅直人首相が唐突に消費増税を打ち出し、民主党が一人区で惨敗した結果にすぎなかった。それゆえ、安倍の谷垣執行部に対する批判は止まなかった。

「自民党は民主党との対立軸を明確にし、その対立軸を際立たせる議論を徹底的にすべきでしたが、まだ不十分ということです」。「自民党に求められるのは、野党としての役割をきっちりと果たし、解散総選挙を求めていく迫力です」。このように考える安倍からすると、「ねじれ国会」を解消するための大連立は何としても避けなければならなかった。「それをしたら今度こそ自民党は終わりです」[103]。

安倍は菅内閣を「陰湿な左翼政権」と呼んだ[104]。韓国併合一〇〇年の首相談話、尖閣諸島沖中国漁船衝突事件への対応、朝鮮学校の授業料無償化などを激しく攻撃していた創生日本は、二〇一一年三月一一日の東日本大震災に際しても、民主党と大連立を組むことに強く反対した。他方、谷垣総裁は、結果的に菅首相の提案を拒否したとはいえ、「場合によっては連立も考える必要がある」と判断していた[105]。安倍・谷垣両者の間には、深刻な溝が存在していたのである。菅内閣の次の野田佳彦内閣にも、民主党政権である以上、安倍の批判の矢は向けられた。「野田政権は鳩山、菅政権のような左翼政権ではないと思っていたが、それは間違いだった。……谷垣総裁に必要なのは気迫だ。国のためにこの政権は何としても倒すという気迫であり、自分はこれだという信念の発露が必要になってくる」[106]。

安倍の圧力は、自民党の新たな憲法改正案の作成にも影響した。憲法改正推進本部の事務局長として起草にあたった中谷元によると、その過程で大きな議論となったのは、天皇を元首とするか、国旗・国歌を明記するか、軍隊の名称を「自衛軍」ではなく「国防軍」にするか、改憲の発議要件を過半数に引き下げるかの四点であった。最後の第九六条の改正については、「安倍さんに近い古屋圭司さんや衛藤晟一さん、有村治子さんらが入ってきてこの問題に関わり始め、三分の二を過半数に、絶対に改めろ、と意識的に主張し」たのだという。[107] 憲法改正案について安倍は、「自民党ならこう考える、というものを出すべきだ」と説いていた。[108] そのような案を自民党が作成した場合、他党の賛成を得ることが難しくなる。だからこそ、安倍は第九六条の改正にこだわったとみられる。

最終的にまとめられた「日本国憲法改正草案」は、二〇〇五年の「新憲法草案」と比べて著しく右傾化した。まず前文に「長い歴史と固有の文化」「天皇を戴く国家」といった言葉が置かれた。それに続いて第一条で天皇の元首化、第三条で国旗・国歌、第四条で元号が規定された。また、第九条においては、「国防軍」の保持、自衛権の発動、領土・領海・領空の保全が書き込まれた。第一三条は「個人の尊重」から「人としての尊重」に変更され、第二一条に「公益及び公の秩序を害することを目的」とする結社の禁止、第二四条に家族の尊重と相互扶助義務、第二八条に公務員の労働基本権の制限が盛り込まれた。第九四条では外国人の地方参政権が否定された。さらに第九章として、戦争や内乱、大規模な自然災害などの際の「緊急事態」の項目が設けられた。

重要なのは、現行憲法の第九六条の発議要件の緩和を含め、中谷が挙げた四つの争点について最終的に判断したのが、谷垣総裁だったという事実である。憲法改正推進本部長を務めた保利耕《ほりこう》輔《すけ》も、「最終の成案は谷垣総裁に一任し、わが党の憲法改正草案として正式決定しました」と述べている。[109]そして、谷垣は二〇一二年四月二七日に「日本国憲法改正草案」を発表した際、憲法改正を「立党の原点」と位置づけた上で、「(現行憲法は)日本人ではなく占領下で(外国人によって)つくられたことは厳然たる事実だ」と語り、日本人の血の通った憲法改正案を目指したと強調した。[110]加藤紘一の後継者としてリベラル派と目されていたはずの谷垣は、野党の総裁として民主党政権に対峙しなければならない立場ゆえ、右派に大幅に歩み寄らざるを得なかったのである。[111]

安倍の再登板から政権復帰へ

安倍は意気盛んだった。「自民党は保守政党だという位置付けを強調すべきです。平成二十二年に出した自民党の新しい綱領は、非常に保守的な内容で書かれており、先日とりまとめた憲法改正草案も、前文に「日本国は国民統合の象徴である天皇を戴《いただ》く国家」と記し、国防軍も明記しました。ところが、そのことが一般の国民にほとんど伝わっていないのです。支持率が回復しない要因の一つが、ここにあると思います。……私が谷垣総裁をはじめ党執行部に注文を付けたいことは、もっともっとこの理念を自分自身の信念、情念の発露として国民に訴えかけ、伝えていくべきではないかということです」。これに続けて安倍は、日教組《にっきょうそ》(日本教職員組合)や自治労の支援を受けている民主党との連立は絶対に避けるべきだと発言している。[112]

この安倍の発言の背景には、六月二一日に民主・自民・公明の三党の間で「社会保障と税の一体改革」に関する合意が結ばれ、二六日の衆議院本会議で消費増税を盛り込む関連法案が可決されるという動きがあった。安倍はこれが大連立につながることを強く警戒していた。確かに、総選挙が実施され、勝利を収めたとしても、自民・公明両党で参議院で過半数の議席を持っておらず、直ちに衆参両院の「ねじれ」を解消できない。しかし、「民自公で連立をつくっていくことを考えるのは、間違っている」。こう訴える安倍が主張したのは、大阪で日教組や自治労と戦い、憲法改正にも積極的な姿勢を示す橋下徹《はしもととおる》の「大阪（日本）維新の会」との提携であった。「保守派の政治家が現在、バラバラに分かれていることで力がそがれてしまっている」。自民党を中心とする右派の糾合こそが、安倍の政治戦略であった。[113]

結局、敗れたのは谷垣であった。[114] 野田首相と三党合意を結ぶことで、消費増税をめぐって内部対立が深刻化していた民主党を分裂させたことは、大きな成果といえた。しかし、衆議院解散の時期については、最後まで確約を得られなかった。八月八日に三党首会談を開いて社会保障・税一体改革関連法案の早期成立で合意した際、「近いうち」の解散の約束を取り付けたが、一〇日の参議院本会議で法案が成立した後も野田首相は踏み切らず、二八日に首相の問責決議案を参議院に提出したが、それでも実現できなかった。大敗が予想される民主党では、解散の先送りを求める声が圧倒的であった。こうして、九月二六日の総裁選挙に向けて、谷垣の無投票再選というシナリオが崩れ、最終的に出馬すら断念せざるを得なくなった。
谷垣が出馬断念を表明した二日後の九月一二日、安倍は総裁選挙への立候補を正式に明らかにした。安倍にも躊躇《ちゅうちょ》があった。創生日本の活動を通じて地道に地方を回り、草の根レベルから「安倍待望論」が出始めていたとはいえ、ちょうど五年前に政権を投げ出したことに対する根強い批判が存在していた。石破《いしば》茂や石原伸晃の後塵《こうじん》を拝して三位になるという予想が多く、その場合、安倍の政治生命が絶たれる可能性もあった。一度総裁を務めた人物が再チャレンジして当選した前例もなかった。それゆえ、側近の意見も真っ二つに割れた。しかし、この頃、ロシアのドミトリー・メドベージェフ大統領が北方領土を、韓国の李明博《イミョンバク》大統領が竹島を訪問し、他方、日本が尖閣諸島を国有化するなど、国際環境が悪化していた。こうしたなか、安倍は出馬を決意したのである。[115]
五年間の雌伏の時を経て、安倍には政策的な準備もあった。最も重要な意味を持ったのは、経済政策である。やがてそれは、積極的な金融緩和、公共事業などの財政出動、規制緩和をはじめとする成長戦略を「三本の矢」とし、デフレからの脱却と経済成長を目指す「アベノミクス」として定式化される。安倍が積極的な金融緩和を本格的に唱え始めたのは、東日本大震災の発生から二カ月後、「増税によらない復興財源を求める会」という名称の議員連盟の会長に就任して以降であるが、それを中心に据えながら財政出動と成長戦略の両方を実施することで、新自由主義的改革をめぐる対立を止揚《しよう》する。そして、デフレからの脱却と経済成長を実現して国力を高め、

「戦後レジームからの脱却」を成し遂げる。[116] 安倍は右派的な理念のもと、新たな政策パッケージを提示したのであった。

九月二六日の総裁選挙は、安倍の勝利に終わった。第一回投票において、三〇〇の地方票と一九七の国会議員票の一位は、それぞれ石破と石原であったが、安倍はいずれも二位につけ、国会議員による決選投票の結果、一〇八対八九で石破を破った。総裁に選出された安倍は、総選挙に向けて、外交・安全保障、成長戦略、教育再生、憲法改正などで民主党との違いを強調していく考えを示した。[117] 一一月一六日の解散を受けて一二月一六日に総選挙が実施され、自民党は四八〇議席中二九四を獲得し、二六日、自民・公明両党を与党とする第二次安倍内閣が成立した。三年三カ月ぶりの政権奪還であった。さらに、二〇一三年七月二一日の参院選で、自民党は改選一二一議席中六五を得て、衆参両院の「ねじれ」を解消した。それから五カ月後の一二月二六日、安倍首相は念願の靖国参拝を果たした。

おわりに

利益誘導政治からどう脱却するか

派閥と個人後援会を基礎とする利益誘導政治からの脱却の模索の歴史として、約六〇年間にわたる自民党政治の変容を描き出す。この「はじめに」で提示した視角に沿って、以下、本書の内容を要約し、自民党の現状について若干の分析を行いたい。

利益誘導政治とは、政府の政策決定に影響力を持つ政党や政治家が、選挙での票や政治資金を得る見返りとして、特定の個人・地域・企業・団体などに個別的な利益を供与する政治手法である。自民党が企業・団体などから多額の政治献金を受ける一方、経済成長の果実を自らの支持基盤の農村部や農民・中小企業者などに配分する代わりに票を獲得し、長期政権を続けたことは確かである。[1] この自民党の利益誘導政治の背景になったのが、衆議院の中選挙区制に基づく、国会議員を中心とする分権的な党組織であった。中選挙区制は、一つの選挙区から三―五名の議員を選出する選挙制度である。そのもとで、同士討ちを余儀なくされる自民党の候補者は、党の組織や政策に依存して選挙戦を戦えず、派閥の庇護《ひご》を仰ぎながら利益誘導を行い、個人後援会を作り上げたのである。

ところが、自民党の利益誘導政治には大きな限界が存在した。[2] 一つは、経済成長の阻害要因として働き、そのため財界が批判的な態度を示したことである。とりわけ公共投資を重点的に行う必要性が高かった高度成長の初期には、そのことが顕著であり、石油危機の発生を受けて低成長に陥ると、財政上の制約が強まっていった。もう一つは、数々の汚職事件が発生し、自民党政権の存続を脅かしたことである。田中角栄をめぐる事件は、その代表例であり、政官業の癒着を指して「構造汚職」という言葉も生まれた。特定の有権者に便宜を与える利益誘導政治は正当性を欠き、自民党の金権腐敗体質や「土建国家」などに対する世論の批判は強かった。[3] したがって、利益誘導政治によって自民党長期政権が続いたというのは、やや単純な見方である。

そもそも利益誘導政治は、中選挙区制のもとで当選を目指す個々の国会議員のミクロな行動の総和という側面が強かった。[4] しかも、高度成長などを通じて都市化と工業化が進展し、農民や中小企業者といった伝統的な支持層が減少するなか、利益誘導政治だけで長期政権を続けることは困難だと考えられた。それゆえ、マクロな観点に立脚する党執行部は、一九五五年の結党以来、財界などの要請に応じて国民経済的に合理的な政策を行うためにも、有権者の支持を維持・拡大するためにも、利益誘導政治からの脱却を模索した。そのための鍵として考えられたのが、国会議員を中心とする分権的な党組織の改革であり、派閥や個人後援会にみられる議員政党からの脱皮であった。

一般的に言って、政党の組織は、次の二つの軸を用いて分類することができる。まず一つは、集権―分権という軸である。つまり、党首を中心とする執行部の権限が強いか、弱いかである。もう一つは、国会議員―党員・支持団体という軸である。すなわち、党組織の構成要素が国会議員に偏っているか、それとも党員や支持団体を重視しているかである。以上の二つの軸を組み合わせて用いると、①から④の四つの類型を示すことができる（図表おわりに-1）。この四つの違いはあくまでも相対的なものでしかないが、このうち①の国会議員を中心とする分権的な党組織が、議員政党にあたる。それに対する代替選択肢が②から④であり、それぞれ自民党の歴史を通じて試みられてきた[5]。この図式に従って、利益誘導政治からの脱却がどのように模索されたのかを整理していこう。

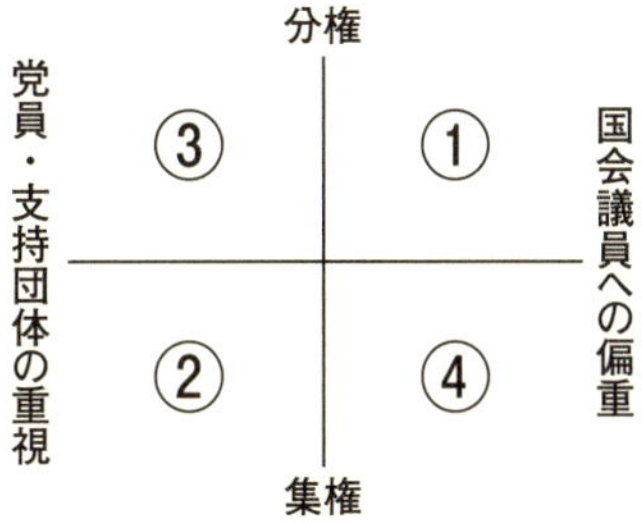

図表おわりに-1　政党の組織の類型

二つの党近代化論の相克

自民党は、階級対立と保革対立を背景として、一九五五年に結成された。結党に際しては、左派の主導で統一した社会党に対抗し、その政権獲得を阻止するため、国会議員が構成する分権的な議員政党から脱皮して、多数の党員を持ち集権的な組織政党を建設しなければならないと考えられた。それによって利益誘導政治から脱却することは、造船疑獄に対する批判や国際収支の危機に伴う緊縮政策の実施などからみても必要であった。図でいえば、①の議員政党から②の組織政党への転換が図られたのである。その際にモデルとされたのはイギリスであり、とりわけ保守党であった。当時の日本で強かった西欧の近代を規範とする近代主義の一種であり、組織政党こそが近代的な党組織とみなされ、その実現は党近代化と呼ばれた。

近代的組織政党の建設をリードしたのは、保守合同の立役者で初代幹事長に就任した岸信介であった。岸の主導のもとで自民党は、戦前への回帰という意味で復古的な色彩が濃い保守の理念を打ち立て、「自主憲法の制定」を掲げるとともに、小選挙区制の導入を図った。ところが、小選挙区制は、階級対立などが強固に存在する以上、政権交代ある二大政党制をもたらさず、自民党政権を長期化させることが予想された。それゆえ社会党が強く反対し、自民党の反主流派の動きもあって、鳩山内閣の小選挙区法案は失敗に終わった。そして、総裁公選や総選挙の実施などを通じて、派閥の固定化が進み、個人後援会が広がった。組織政党の建設や保守の理念の明確化も進められたが、首相になった岸が小選挙区制を先送りした結果、派閥や個人後援会を基礎とする利益誘導政治が定着していったのである。

一九六〇年の安保紛争の発生によって、社会党の脅威が強く印象づけられると、党近代化が再び着手された。憲法改正や小選挙区制の導入を強行しないと明言する池田勇人首相が、その責任者に起用したのは、三木武夫であった。三木は党近代化論者であったが、岸やその後継者の福田赳夫とは異なり、社会党に対して融和的であり、池田と同じく憲法改正や小選挙区制の導入に消極的であった。そして、三木のもとで石田博英が「進歩的」な内容を持つ労働憲章と基本憲章の制定を進めた。つまり、右派の岸・福田とリベラル派の三木・石田の二つの党近代化論が競合したのである。しかし、中選挙区制のもとでは派閥の解消は難しく、一九六三年の三木答申は結果的に失敗に終わった。この時期、自民党は国政選挙で勝利を続け、地方組織も中選挙区制の維持に傾いていた。

ところが、一九六〇年代後半に入ると、自民党の国政選挙での得票率は五割を割り込むようになり、地方では都市部を中心に革新自治体が相次いで誕生した。高度成長によって、派閥や個人後援会を基礎とする利益誘導政治が発展する一方、都市化や工業化により自民党の支持基盤が弱まったのである。しかも、依然として自民党では、利益誘導政治の象徴たる田中角栄を含め、近代的組織政党の建設という目標が共有されていた。そこで、一九七二年の総選挙で敗北し、与野党逆転が予想されるようになると、それを阻止すべく田中内閣は小選挙区制の導入に動いた。しかし、そのあまりに露骨な試みは、鳩山内閣の際とほぼ同じパターンで失敗に終わった。

ここで再び登場したのが、小選挙区制なき党近代化を唱える三木武夫であった。一九七四年の参院選の敗北と田中金脈問題の発覚を受けて総裁に就任した三木は、全党員が参加する総裁予備選挙の導入を主張した。それによって党員が増加するだけでなく、派閥や金権の影響力が低下し、組織政党の建設が進むと考えたのである。この時期、最終的に右派に阻止されたとはいえ、石田らリベラル派の主導で綱領的文書の見直しも進められた。ロッキード事件の発覚や三木おろしにみられる派閥抗争が批判を浴び、一九七六年の総選挙で自民党が敗北し、参議院に続いて衆議院でも与野党伯仲に陥ると、党改革はいよいよ急務となった。そこで、総裁に就任した福田は三木の構想を引き継ぎ、一九七七年に総裁予備選挙が導入された。

日本型多元主義の時代

ところが、総裁予備選挙の導入は、党近代化に批判的な人々によっても唱えられた。香山健一ら日本型多元主義者である。彼らが中心的な課題にしたのは、自由と多様性の擁護であり、階級対立や保革対立の弛緩を背景に増大した都市部の無党派層の取り込みであった。そうした観点からみて、西欧の社会民主主義政党を理念型とする党近代化は望ましくなく、自民党に活力を与えている派閥や個人後援会を積極的に評価した上で、そのエネルギーを密室政治や金権腐敗ではなく、政策上の切磋琢磨や党組織の拡大に向かわせるべきである。このように考える香山らは、日本型多元主義政党の発展を目指して、①の議員政党を③の分権的でありながらも党員や支持団体を重視する党組織に変えていくことを主張し、総裁予備選挙の導入を説いたのである。

結果的にみるならば、総裁予備選挙の導入を通じて勝利を収めたのは、日本型多元主義者であった。第一に、派閥が党員獲得競争を繰り広げ、個人後援会などを通じて全国的に拡散していったからである。日本型多元主義者は、これを党近代化論者とは違って否定的に捉えず、派閥が理念や政策を掲げて争い、個人後援会の会員が党員になり、党員としての意識を持つようになったことを高く評価した。第二に、一九七八年に実施された最初の総裁予備選挙で、香山ら日本型多元主義者をブレーンとする大平正芳が、福田を破って総裁に就任したからである。池田によって創設された宏池会の会長でリベラル派の大平は、派閥の効用を認め、分権的な党組織を基礎にして「開かれた国民政党」を建設する党現代化を唱えていた。

この党改革を契機に自民党の党員は急増し、支持率も回復していった。そして、一九八〇年の衆参ダブル選挙で、保守復調が明確化した。自民党政権は一九八一年から中曽根康弘の主導で行政改革に取り組んだが、その理念に据えられた家族・職場・地域の相互扶助を重視する「日本型福祉社会」論を提示したのも、翌年の総裁予備選挙で勝利して総裁に就任した中曽根のブレーンになったのも、香山ら日本型多元主義者であった。彼らは、近代的な集権国家と個人主義の両方を批判して日本的集団主義を称揚する一方、農村部をはじめとする既存の支持基盤を維持しながら都市部の無党派層を取り込み、徐々に軸足を移していくことを主張したのであり、一九八六年の衆参ダブル選挙での勝利は、その成果であった。理念に即してみると、それはリベラル派の攻勢を意味した。

ところが、幅広い支持基盤を持ち分権的な日本型多元主義政党として、多様な利益を包摂しつつ漸進的に改革を進めていく「包括政党」化戦略には、利益誘導政治の打破という点で大きな限界があった。実際、さらなる行政改革を求めて、財界の内部から中選挙区制の廃止を求める意見が登場してきた。そして、リクルート事件が発生し、日本型多元主義に基づく改革の限界が印象づけられると、自民党の内部でも小選挙区制導入論が再び強まっていった。それを最も体系的に示したのは小沢一郎であり、二大政党間の政権交代の可能性を高め、新自由主義的改革などに不可欠な政治的リーダーシップを創出するための手段として、小選挙区制を位置づけた。すでに連合の結成や冷戦の終焉によって、階級対立や保革対立は決定的に弛緩していた。政権交代の可能性が高まっていたのである。

日本型多元主義者は、利益誘導政治から脱却できない自民党長期政権の限界を認識しながらも、党組織を集権化させる小選挙区制には批判的であり、それとは違う政治改革論を唱えた。分権的な党組織を持つ三つ以上の政党が連立を組みかえつつ政権交代を行い、変化に柔軟に対応していく「穏健な多党制」である。こうした観点から香山は、日本新党の結成を支援し、中選挙区連記制を説いた。ところが、一九九三年の総選挙によって、日本新党の細川護熙代表が非自民連立政権の首相に就任し、そのもとで政治改革が行われたにもかかわらず、香山の構想は実現しなかった。細川がそれにこだわりを持たなかったことに加え、連立与党から造反者が出たこともあって、自民党の主張が大幅に受け入れられ、小選挙区制を基調とする選挙制度が導入されたのである。

選挙プロフェッショナル政党化

一九九四年の小選挙区比例代表並立制の導入を中心とする政治改革は、自民党を大きく変貌させていく。しかし、その直後に生じたのは、小沢が主導した政治改革に対する反動であり、自民・社会・さきがけの三党による連立政権の成立であった。小沢の強引な政治手法への反発ゆえに、三党間ではコンセンサス重視の政策決定がなされ、憲法改正を唱える小沢への対抗もあって、自民党では河野洋平総裁をはじめ社会党に融和的なリベラル派の優位が確立した。階級対立や保革対立の弛緩を背景として政界再編が起き、対抗政党との違いが曖昧になったからこそ差異化が必要になったのであり、綱領的文書の改訂を通じて「自主憲法の制定」の党是が事実上棚上げされた。また、加藤紘一政調会長の尽力によって戦後五〇年の国会決議も実現した。

ところが、やがて二つの重要な変化が生じた。第一に、リベラル派に対する右派の優位である。一九九八年、自社さの枠組みが崩れるとともに、新進党に代わって民主党が二大政党の一角を占めると、自民党には右傾化のドライブがかかるようになった。そして、同年の参院選での惨敗をきっかけに自自公政権が成立したことを受けて、自社さ政権を幹事長などとして支えた加藤率いる宏池会は、非主流派に転落した。さらに「加藤の乱」が失敗に終わると、リベラル派の凋落は決定的なものとなった。第二は、無党派層の政治的影響力の高まりである。政党の合従連衡によって無党派層が増大しただけでなく、小選挙区制のもとで無党派層が総選挙の帰趨《きすう》を握るようになった。そこで、「選挙の顔」としての総裁の役割が高まった。

こうしたなか、二〇〇一年に小泉純一郎が総裁に就任し、小選挙区制によって強化された総裁の権限を用いながら、新自由主義的改革を断行していった。かつての小沢の構想を事実上継承し、実行に移したということができる。日本型多元主義と比べると、都市部の無党派層の支持を求めた点では同じであったが、それを組織化しようとせず、「古い自民党をぶっ壊す」と訴えて利益誘導政治の解体を推し進め、農村部などの既存の支持基盤を破壊していった点で決定的に異なっていた。自民党では、派閥や族議員の影響力が弱まり、党員・支持団体や個人後援会が衰退し、「選挙の顔」たる総裁がマス・メディアを通じて無党派層から集票する傾向が強まった。選挙プロフェッショナル政党化である。すなわち自民党は、④の国会議員による集権的な党組織に近づいていったのである。

ところが、無党派層の支持は不安定であり、民主党の台頭も続いた。だが、かつてのような利益誘導政治に回帰することはできない。そこで、小泉のもとで幹事長に就任した安倍晋三は、憲法改正をはじめ、民主党に対抗する理念の明確化に努めた。それを通じて「草の根保守」の動員を図ろうとしたのである。ところが、小泉首相は、無党派層の支持を求めて新自由主義的改革を加速させ、右派の一部の反対を押し切って郵政民営化を推進し、二〇〇五年の総選挙で大勝した。その結果、右派が分裂し、その一部が離党するなど、安倍は困難に陥った。また、自民党は結党以来初めて条文化した憲法改正案を決定したが、安倍にとって不満が残る内容であった。首相に就任した後も、安倍は右派的な理念と新自由主義との間の矛盾を解くことができず、造反議員の復党問題で躓いてしまった。

ところが、安倍の挫折にもかかわらず、自民党の右傾化は止まらなかった。自民党は、二〇〇七年の参院選の大敗を受けて、世論の間でも批判が高まっていた新自由主義から離脱していったが、「ねじれ国会」を解消するためにリベラル派の主導で試みられた大連立が失敗に終わると、右派的な理念を掲げて民主党に対抗するほかなくなった。さらに、二〇〇九年の総選挙で大敗して政権の座を奪われると、自民党は民主党との差異を示しつつ、「草の根保守」を動員するため、ますます右傾化していった。二〇一二年に決定された新たな憲法改正案は、その表れであり、民主党に一貫して対決姿勢をとってきた安倍が、再び総裁に選出された。民主党政権の失敗を受けて自民党が政権を奪還したのは、その三カ月後のことであった。

右傾化する自民党とその限界

この党執行部の主導によって右派的な理念を掲げ、安定した支持基盤を構築しようという試みは、②の多数の党員を持ち集権的な組織政党の建設を目指す党近代化論の復活のようにみえる。自民党の機関紙にも、国政選挙の候補者選考に際しての公募や党員参加の予備選挙の実施について、「議員政党から党員・党友を中心とした組織的国民政党に生まれ変わるための胎動」と説明している例がある。[6] しかし、少なくとも現在のところ、かつてのような組織政党の建設に向けた積極的かつ体系的な構想が、自民党のなかに存在しているようにはみえない。右派的な理念についても、公募や予備選挙など無党派層を意識したオープンな候補者選考によって緩みかねない党の結束を固める効果はあるとしても、[7] 有権者の間に党組織を浸透させ、支持を広げる効果までは十分に持ち得ていない。

例えば、党員の減少が依然として続いている。政治資金収支報告書の記載によると、一九九一年に五四六万四八七三人と史上最高を記録した党員数は、一九九九年から恒常的に二〇〇万人を下回るようになり、政権から転落した二〇〇九年に八七万一八七一人と一〇〇万人を切り、二〇一二年には六一万九二四五人まで低下した。危機感を強めた自民党は、二〇一四年一月一九日の第八一回党大会で、一二〇万人の党員獲得目標を掲げ、ノルマを果たさなかった国会議員に対して罰金などのペナルティを科す方針を決めた。[8] この便宜的な措置からみても組織政党の建設を本格的に推進しているとは言い難いが、いずれにせよ、党員の獲得に関する限り、右派的な理念による「草の根保守」の動員は必ずしもうまくいっていないと考えられる。

インターネットの活用という新たな取り組みも行われている。二〇〇九年の総選挙の際、一八〇〇名の人々が自民党のネット上の呼びかけに応じてボランティアとして登録し、安全保障、教育、憲法・国家観の三点にわたって民主党との違いを示すパンフレットを一三七万部配布した。その有志一七名が中心となって二〇一〇年六月九日、自民党ネットサポーターズクラブ（J－N

SC）が結成された。ネットメディア局長を務めていた新藤義孝が創設し、故中川昭一の著書のタイトル「飛翔する日本」をキャッチ・フレーズに掲げ、麻生元首相が揮毫するなど、右派的な色彩が濃厚である。ネット上で「草の根保守」を動員する試みだと言えるが、無料で登録できるにもかかわらず、二〇一三年六月一九日の総会で公表された会員数は、約一万七〇〇〇人にとどまっている。[9]

自民党が掲げる右派的な理念と世論との間にも、大きなずれが存在する。二〇一四年二月から三月にかけて実施された朝日新聞の調査によると、安倍内閣の支持率は五二％、自民党の支持率は三八％であったが、憲法第九条を「変えないほうがよい」が六四％（前年は五二％）、「変えるほうがよい」が二九％であり、自衛隊を国防軍にすることに関しては「反対」が六八％（前年は六二％）、「賛成」が二五％であった。日本の歴史教育が自虐的かについても「そうは思わない」が五三％を占め、「その通りだ」の三七％を上回り、安倍首相の靖国参拝も「よくなかった」が四七％、「よかった」が四一％であった。[10]また、自民党を支持する有権者と比べてみても、自民党の国会議員は総体として右派的であり、政策的な乖離《かいり》が存在している。[11]

二〇一二年の総選挙で政権を奪還した自民党は、二〇一三年の参院選においても勝利を収め、連立を組む公明党と合わせて、衆参両院で圧倒的多数の議席を確保している。ところが、自民党は「草の根保守」の動員に成功しておらず、有権者の間に安定した支持基盤を再構築するには至っていない。むしろ、そのための右傾化は、世論との乖離を生じてしまっている。それにもかかわらず、民主党政権の失敗を原因とする野党の分裂状況が解消されない限り、勝者総取りの小選挙区制のもと、自民党による長期政権が継続していく可能性が高い。ただし、このまま民主党が衰退した場合、右派的な理念は自民党を結束させる紐帯《ちゅうたい》としての機能を低下させてしまうはずである。

自民党はどこに向かっていくのか。それを正確に見通すことは難しい。しかし、自民党の理念と組織の変容の歴史が今後も続いていくことだけは確かである。

注

はじめに

〔1〕『朝日新聞』二〇一四年一月三一日。
〔2〕『朝日新聞』二〇一二年一二月一二日。
〔3〕安倍晋三『新しい国へ』文春新書、二〇一三年、二一ページ。
〔4〕櫻井よしこ・安倍晋三（対談）「自民党五〇年の功罪」（『Voice』二〇〇五年八月）三八ページ。
〔5〕安倍自身も右派あるいはタカ派と呼ばれることを拒否していないようである。塩田潮『安倍晋三の力量』平凡社新書、二〇〇六年、一三―一四ページ。
〔6〕一九五五年体制下の自民党の通史で最もスタンダードなものとして、北岡伸一『自民党』読売新聞社、一九九五年。
〔7〕利益誘導政治に関する研究として、河野武司・岩崎正洋編『利益誘導政治』芦書房、二〇〇四年、河田潤一編『汚職・腐敗・クライエンテリズムの政治学』ミネルヴァ書房、二〇〇八年。
〔8〕当初、『自由民主』と題して発行されていた機関紙は、一九六七年一〇月五日号から『自由新報』、一九九九年一月五・一二日号から『自由民主』と、タイトルが変更された。また、機関誌も、政務調査会が編集する『政策月報』から、一九七四年二月号以降、中央機関誌の『月刊自由民主』に変わったが、二〇一〇年四月号をもって廃刊された。
〔9〕石川真澄・山口二郎『戦後政治史（第三版）』岩波新書、二〇一〇年。本書における議席数・率と得票数・率は、特に断らない場合、追加公認を含んでいる。また、得票率については、得票数を有効投票数で割った相対得票率を基本的に用いている。
〔10〕自由民主党編『自由民主党党史（本編、資料編、証言・写真編）』自由民主党、一九八七年、自由民主党編『自由民主党五十年史（上・下巻および資料編）』自由民主党、二〇〇六年。

第一章

〔1〕中北浩爾『一九五五年体制の成立』東京大学出版会、二〇〇二年。
〔2〕網谷龍介ほか編『ヨーロッパのデモクラシー（第二版）』ナカニシヤ出版、二〇一四年。
〔3〕以下、中北浩爾「自民党型政治の定着」（『年報日本現代史』第一三号、二〇〇八年）。

〔4〕岸信介「新年に寄せて」（『実業之日本』一九五三年一月）四四ページ、岸信介「新保守党論」（『改造』一九五三年五月）九一ページ。

〔5〕岸信介「保守結集について」（『風声』一九五五年七月）五―六ページ。

〔6〕前掲、自由民主党編『自由民主党党史　資料編』九七―一〇一ページ。

〔7〕モーリス・デュベルジェ（岡野加穂留訳）『政党社会学』潮出版社、一九七〇年、第一部。

〔8〕森本哲郎「政治における『理念』の運命」（『奈良法学会雑誌』第八巻第三・四号、一九九六年）。

〔9〕和歌山県の地方駐在組織員となった玉置和郎は、次のように語っている。「昭和三十年に最初の「組織要綱」が発表されたときに、従来保守党を支持しておった若い連中が、あの要綱を読んで、ようもわれわれの保守党がここまで進歩したものだということで、ほんとうに随喜の涙を流した」。安達孝一ほか（座談会）「われらは自民党の地方オルグ」（『中央公論』一九六〇年四月）九一ページ。

〔10〕前掲、自由民主党編『自由民主党党史　資料編』三〇―三七、五五―五九ページ。

〔11〕同右、八―一〇ページ。

〔12〕『読売新聞』一九五四年一〇月一九日、『朝日新聞』一九五四年一〇月一九日、二三日。

〔13〕「憲法改正の問題点」（『政策月報』一九五六年五月）。

〔14〕渡辺治『日本国憲法「改正」史』日本評論社、一九八七年、第三章二。

〔15〕「造船疑獄事件」（田中二郎ほか編『戦後政治裁判史録　第二巻』第一法規出版、一九八〇年）。

〔16〕川人貞史『日本の国会制度と政党政治』東京大学出版会、二〇〇五年、第六章。

〔17〕『国民政治協会二十年史』国民政治協会、一九八一年、二一五―二一八ページ、花村仁八郎『政財界パイプ役半生記』東京新聞出版局、一九九〇年、八三―八六ページ。

〔18〕『経済同友会十年史』経済同友会、一九五六年、五七一―五七四ページ。

〔19〕「選挙法の改正とその経緯」（『政策月報』一九五六年六月）四〇ページ。

〔20〕山田栄三『正伝　佐藤栄作　上』新潮社、一九八八年、二三四ページ。

〔21〕岸信介・御手洗辰雄（対談）「保守結集の展望」（『風声』一九五五年七月）二〇ページ。

〔22〕第三次鳩山内閣期の小選挙区法案については、楠精一郎「小選挙区制法案の挫折」（中村隆英・宮崎正康編『過渡期としての1950年代』東京大学出版会、一九九七年）。以下の記述は、この論文と『朝日年鑑　昭和三二年版』朝日新聞社、一九五七年、二七九―二八〇ページに基づいている。

〔23〕三木武吉ほか（座談会）「新党は約束する」（『毎日新聞』一九五五年一一月一七日）。

〔24〕岸信介『岸信介回顧録』廣済堂出版、一九八三年、二三一、二三五ページ。

〔25〕中正雄『益谷秀次』益谷秀次伝記刊行会、一九六七年、三五一―三八七ページ、山本幸一『山幸風雲録』日本評論社、一九八三年、八三―八六ページ。

〔26〕石田博英『石橋政権・七十一日』行政問題研究所出版局、一九八五年、一一八―一三七ページ。

〔27〕渡辺恒雄『派閥』弘文堂、一九五八年、四三、一〇七ページ、内田健三『戦後日本の保守政治』岩波新書、一九六九年、一〇一―一〇三ページ。

〔28〕『毎日新聞』一九五七年四月五日。

〔29〕Tokyo to the Department of State, May 2, 1957, No. 1178, 794.00/5-257, *Records of the U. S. Department of State Relating to Internal Affairs of Japan (RDOS, IAJ), 1955-1959*, Wilmington: Scholarly Resources, 1990, Roll 27.

〔30〕『朝日新聞』一九五七年八月八日。

〔31〕前掲、岸『岸信介回顧録』三七二ページ。

〔32〕『朝日新聞』一九五八年五月一八日夕刊。

〔33〕個人後援会には、選挙の際の集票を目的として有権者を組織化したものと、政治資金の調達を目的とするものとがあるが、本書では主に前者を指してこの言葉を用いる。

〔34〕『朝日新聞』一九五八年四月一五日。

〔35〕大蔵省財政史室編『昭和財政史――昭和27～48年度　第三巻』東洋経済新報社、一九九四年、三七八―三八七ページ。

〔36〕Tokyo to Secretary of State, May 28, 1958, No. 3117, 794.00/5-2858, *RDOS, IAJ, 1955-1959*, Roll 28.

〔37〕『毎日新聞』一九五九年六月一六日夕刊、一九六〇年一月三日、『朝日新聞』一九五九年一二月一九日夕刊。

〔38〕前掲、安達ほか（座談会）「われらは自民党の地方オルグ」一〇一ページ。

〔39〕前掲、自由民主党編『自由民主党史』二一三―二七八ページ、『自由民主』一九五九年一月三〇日。

〔40〕前掲、自由民主党編『自由民主党党史　資料編』二〇―二六、一五七―一五八ページ。
〔41〕Tokyo to Secretary of State, January 6, 1960, No. 2139, 794.00/1-660, 石井修・小野直樹監修『アメリカ合衆国対日政策文書集成　三　日本の国内事情　1960年　第一巻』柏書房、一九九七年、一七―一八ページ。
〔42〕冨森叡児『戦後保守党史』日本評論社、一九七七年、一〇三―一〇五ページ。
〔43〕福田篤泰ほか（座談会）「選挙戦の跡を顧みる」（『政策月報』一九五九年七月）八二―八三ページ。
〔44〕高原真男「保守政党の組織活動」（『思想』一九五九年六月）、真野純「一兆五千六百九十六億七千四百万円の予算」（『世界』一九六〇年三月）。
〔45〕前掲、自由民主党編『自由民主党党史』三二七―三二八ページ。
〔46〕国民協会編『国民協会十年の歩み』国民協会、一九七二年、一一―三五ページ、『国民政治協会四〇年史』国民政治協会、二〇〇一年、二〇―三〇ページ、『経済同友会十五年史』経済同友会、一九六二年、三一九―三二六ページ。
〔47〕福田赳夫「自民党は派閥だけか」（『朝日ジャーナル』一九六二年七月二九日）一三ページ、福田赳夫『保守革命に賭ける』読売新聞社、一九七四年、五六―六二ページ、福田赳夫『回顧九十年』岩波書店、一九九五年、一四七―一五七ページ。
〔48〕倉石が第二次組織調査会の中間報告をまとめる際に参考にしたのも、イギリス保守党であった。飯島博『倉石忠雄』倉石忠雄先生顕彰会、一九八七年、四二〇ページ。
〔49〕以下、第三次組織調査会については、前掲、自由民主党編『自由民主党党史』三六八―三八二ページ、前掲、自由民主党編『自由民主党史　資料編』四七八―四八九ページ、升味準之輔『現代日本の政治体制』岩波書店、一九六九年、三五七―三六八ページ。
〔50〕三木と第二保守党の党組織については、小宮京『自由民主党の誕生』木鐸社、二〇一〇年、第三章。
〔51〕松下圭一『現代日本の政治的構成』東京大学出版会、一九六二年、一五一ページ。
〔52〕三木武夫「わが党の歩むべき道」（『自由民主』一九五七年二月一〇日）。
〔53〕岸は安保紛争によって首相を退任する際、福田の進言に従い、民社党の西尾末広委員長を後継首

班に擁立する工作を進めた。ただし、西尾の拒絶で失敗に終わった。前掲、福田『回顧九十年』一四〇―一四三ページ。

〔54〕この対比は労働政策にも当てはまる。岸や福田に近い倉石忠雄は、民社党系の全労を支援して社会党系の総評を抑圧したが、三木と親しい石田博英は、総評に融和的な姿勢で臨んで穏健化を図ることを主張し、池田首相から二度にわたって労相に起用された。中北浩爾『日本労働政治の国際関係史』岩波書店、二〇〇八年、二七八―二七九ページ。

〔55〕『議会政治とともに　下巻』三木武夫出版記念会、一九八四年、二五一ページ、三木武夫ほか（座談会）「野党よ、政権交代できる党たれ」（『月刊自由民主』一九八〇年一一月）六七ページ。

〔56〕灘尾弘吉・安井謙（対談）「三木答申と党近代化」（『月刊自由民主』一九七六年二月）九二ページ。

〔57〕「党近代化に関する組織調査会答申」（『政策月報』一九六三年一一月）。

〔58〕前掲、石田『石橋政権・七十一日』一二二―一二三、一三三ページ。

〔59〕吉村正「保守政党の組織のあり方」（『政策月報』一九五九年九月）。

〔60〕石田博英『私の政界昭和史』東洋経済新報社、一九八六年、一二一―一二三ページ、石田博英「保守政党のビジョン」（『中央公論』一九六三年一月）九〇、九六、九七ページ。

〔61〕「労働憲章草案」（『政策月報』一九六三年一一月）。

〔62〕前掲、石田『私の政界昭和史』一二四ページ。

〔63〕「自由民主党基本憲章草案」（『政策月報』一九六三年一一月）。

〔64〕宮沢喜一『社会党との対話』講談社、一九六五年、六一、六八ページ。

〔65〕前掲、石田『私の政界昭和史』一二三―一二四ページ、「労働憲章とその解説」（『政策月報』一九六六年八月）。

〔66〕「自由民主党基本憲章」（『政策月報』一九六五年二月）。

〔67〕田中善一郎『自民党のドラマツルギー』東京大学出版会、一九八六年、第一章二。

〔68〕ジェラルド・カーティス『代議士の誕生（新版）』サイマル出版会、一九八三年、一六二―一六五ページ。

〔69〕三木武夫ほか（座談会）「党近代化への課題」

（『自由民主』一九六三年七月一五日）。
〔70〕 福井治弘『自由民主党と政策決定』福村出版、一九六九年、八三—八四ページ。
〔71〕 佐藤誠三郎・松崎哲久『自民党政権』中央公論社、一九八六年、四二—四四、六七ページ、松崎哲久『日本型デモクラシーの逆説』冬樹社、一九九一年。
〔72〕 奥健太郎「事前審査制の起点と定着に関する一考察」（慶應義塾大学『法学研究』第八七巻第一号、二〇一四年）。
〔73〕 「政務調査会はどう運営されているか」（『政策月報』一九五六年六月）。
〔74〕 賀屋興宣ほか（座談会）「政調会十年の歩みを語る」（『政策月報』一九六四年五月）一四四ページ。
〔75〕 小杉慶「組織なき自民党の組織」（『中央公論』一九六七年八月）、前掲、佐藤・松崎『自民党政権』八四—九五ページ。
〔76〕 空井護「自民党支配体制下の農民政党結成運動」（北岡伸一・御厨貴編『戦争・復興・発展』東京大学出版会、二〇〇〇年）、功刀俊洋『戦後型地方政治の成立』敬文堂、二〇〇五年、橋本信之「行政機関と政策転換（一）—（四）」（関西学院大学『法と政治』第三二巻第一号—第三三巻第一号、一九八一年—一九八二年）。
〔77〕 五十嵐暁郎「自民党型政治機構」（『中央公論』一九八六年一〇月）、五十嵐暁郎「代議士後援会の精神的・組織的構造」（『思想』一九八九年五月）。
〔78〕 三宅一郎ほか『55年体制下の政治と経済』木鐸社、二〇〇一年、第二章。
〔79〕 例えば、「選挙を反省する」（『政策月報』一九六七年六月）。
〔80〕 原武史『団地の空間政治学』ＮＨＫブックス、二〇一二年。
〔81〕 進藤兵「革新自治体」（『日本の時代史　第二七巻』吉川弘文館、二〇〇四年）。
〔82〕 田中角栄「自民党の反省」（『中央公論』一九六七年六月）二八六、二八七ページ。
〔83〕 早坂茂三『政治家田中角栄』中央公論社、一九八七年、第三篇第二章。
〔84〕 新川敏光『日本型福祉の政治経済学』三一書房、一九九三年、一〇九ページ。
〔85〕 前掲、自由民主党編『自由民主党党史　資料編』四九六—四九七ページ。
〔86〕 『自由民主』一九六七年八月五日、一九六八年一月五日。

〔87〕松野頼三『保守本流の思想と行動』朝日出版社、一九八五年、一七七―一七八ページ。
〔88〕田中内閣期の小選挙区制問題については、『朝日年鑑　一九七三年版』朝日新聞社、一九七三年、二四五ページ、『朝日年鑑　一九七四年版』朝日新聞社、一九七四年、二二〇、二五〇ページ、田中善一郎『自民党体制の政治指導』第一法規出版、一九八一年、四二四―四三〇ページ。
〔89〕毎日新聞社政治部編『自民党』毎日新聞社、一九七三年、一〇三―一一二ページ。
〔90〕後藤田正晴『政治とは何か』講談社、一九八八年、一八〇ページ、竹下登『証言　保守政権』読売新聞社、一九九一年、八六ページ。
〔91〕『自由新報』一九七三年一月一日。
〔92〕『朝日新聞』一九七三年四月三〇日。
〔93〕森田一『心の一燈』第一法規、二〇一〇年、一三八ページ。
〔94〕『自由新報』一九七三年八月二一日。
〔95〕『朝日新聞』一九七四年五月二七日、六月一日、九月二五日。
〔96〕前掲、後藤田『政治とは何か』一八〇―一八一ページ。

第二章

〔1〕以下、三木内閣にかけての政治過程については、前掲、田中『自民党体制の政治指導』Ⅱ―第二・三章。
〔2〕前掲『議会政治とともに　下巻』二五七ページ。
〔3〕前掲、福田『保守革命に賭ける』二八ページ。
〔4〕『自由新報』一九七四年七月三〇日、八月六日。
〔5〕『自由新報』一九七四年一一月五日。
〔6〕『自由新報』一九七四年一二月一〇日、藤田義郎『椎名裁定』サンケイ出版、一九七九年。
〔7〕前掲『議会政治とともに　下巻』二七三―二七四ページ。
〔8〕『議会政治とともに　上巻』三木武夫出版記念会、一九八四年、一四〇―一四一ページ、『朝日新聞』一九七四年一二月二七日夕刊。
〔9〕前掲、自由民主党編『自由民主党党史　資料編』四九六ページ。
〔10〕前掲『議会政治とともに　下巻』二五二ページ。
〔11〕小沢一郎「保守政党の体質改善論」（安倍晋太郎ほか『自民党改造案』読売新聞社、一九七二年）一七三―一八二ページ。
〔12〕椎名悦三郎（インタビュー）「党近代化への前進」

(『月刊自由民主』一九七六年五月)一六七ページ。
〔13〕前掲、花村『政財界パイプ役半生記』一八三ページ。
〔14〕前掲『国民政治協会四〇年史』三四―四三ページ、今里広記『私の財界交友録』サンケイ出版、一九八〇年、一一九―一二九ページ、『自由新報』一九七五年五月六日。
〔15〕『自由新報』一九七五年二月二五日、五月二七日、九月九日、一二月二三日。
〔16〕『自由新報』一九七六年八月三一日、一〇月一二日、二六日、一一月九日。
〔17〕前掲『議会政治とともに　上巻』一七四ページ。
〔18〕『自由新報』一九七四年七月二三日、九月一七日、一二月三日、『朝日新聞』一九七四年九月一九日。
〔19〕『朝日新聞』一九七四年一〇月一四日、一一月二九日夕刊、前掲、石田『私の政界昭和史』一三五ページ。
〔20〕『自由新報』一九七五年一〇月二八日、前掲、松野『保守本流の思想と行動』二三三―二三四ページ、前掲、石田『私の政界昭和史』一三五ページ。
〔21〕『朝日新聞』一九七五年一一月四日夕刊、七日。
〔22〕『朝日新聞』一九七五年一一月七日、一四日、二一日、二七日夕刊、『自由新報』一九七五年一二月九日。
〔23〕『朝日新聞』一九七五年一一月三〇日、一九七六年一月一五日、二一日。
〔24〕河野洋平「時代の証言者　保守・ハト派(一〇)『新自由クラブ』六人で船出」(『読売新聞』二〇一二年九月二九日)。
〔25〕『朝日新聞』一九七六年一一月二四日。
〔26〕前掲、自由民主党編『自由民主党党史』七三一―七三三ページ、前掲、自由民主党編『自由民主党党史　資料編』三六〇―三六四、五二二―五二六ページ。
〔27〕日本型多元主義については、すでにいくつかの論文を発表している。中北浩爾「日本型多元主義の時代へ」(『同時代史研究』第四号、二〇一一年)、中北浩爾「自民党政治の変容」(安田常雄編『シリーズ戦後日本社会の歴史　第一巻』岩波書店、二〇一二年)。
〔28〕自民党基本問題懇談会「二十一世紀を準備する新しい型の政党へ」(自由民主党『党改革(党近代化)に関する提案資料集』一九七七年)九八、九九、一八〇、一八四ページ。
〔29〕吉村正「自民党近代化の構想」(『月刊自由民主』

一九七四年九月）三六ページ。
〔30〕香山健一「新しいパターンの政党組織へ」（『自由新報』一九七二年一月一日）、香山健一「体質改善に英知集めよ」（『自由新報』一九七二年七月一八日）。
〔31〕佐藤三七次・香山健一（対談）「小選挙区制は国民のための『国民政党』育成の布石」（『自由新報』一九七三年六月一二日）。
〔32〕香山の経歴については、『天籟を聞く』香山健一先生追悼集編集委員会、一九九八年。
〔33〕香山健一「情報社会論序説」（『別冊中央公論　経営問題』一九六八年冬季号）九七ページ。
〔34〕グループ一九八四年「日本共産党『民主連合政府綱領』批判」（『文藝春秋』一九七四年六月）、グループ一九八四年「日本共産党への再批判」（『文藝春秋』一九七四年八月）。
〔35〕田中健五「『グループ一九八四年』との出会い」（グループ一九八四年『日本の自殺』文春新書、二〇一二年）一六四―一六五ページ。
〔36〕大野敏明「『グループ一九八四年』の執筆者」（前掲、グループ一九八四年『日本の自殺』）一六八―一六九ページ。
〔37〕グループ一九八四年「日本の自殺」（『文藝春秋』一九七五年二月）一〇六ページ。
〔38〕前掲、田中「『グループ一九八四年』との出会い」一六五―一六六ページ。
〔39〕香山健一『英国病の教訓』ＰＨＰ研究所、一九七八年、三七、一七九―一八四、二一〇―二一四ページ。
〔40〕月刊自由民主編集部「社会工学研究所」（『月刊自由民主』一九七八年二月）、立林英昭「社会工学研究所時代」（前掲『天籟を聞く』）三〇三、三〇四ページ。
〔41〕毎日新聞政治部『自民党』角川文庫、一九八六年、二四―二六ページ、鈴木淑夫「ライフサイクル計画と政策構想フォーラム」（村上泰亮『村上泰亮著作集　第六巻』月報五、中央公論社、一九九七年）。
〔42〕政策フォーラム『脱「保革」時代のビジョン』一九七六年、佐藤誠三郎ほか「脱『保革』時代の到来」（『中央公論』一九七七年二月）。村上はその後、社会学者からの批判を受けて、高度大衆消費社会のもとで、学歴は高いが所得は低い、財産は多いが学歴は低いといったように、階層に関わる各次元の一貫性が失われ、階層が非構造化した結果、ホワイトカラー、ブルーカラー、農民、自営業者など、内部

に多様性を孕みながらも、中流意識を持つ階層非整合型の「新中間大衆」が多数を占めるようになったと主張し直した。村上泰亮「新中間大衆政治の時代」（『中央公論』一九八〇年一二月）。

〔43〕村上泰亮・公文俊平・佐藤誠三郎『文明としてのイエ社会』中央公論社、一九七九年。

〔44〕村上泰亮ほか『生涯設計計画』日本経済新聞社、一九七五年、政策構想フォーラム『新しい経済社会建設の合意をめざして』一九七六年、四ページ。

〔45〕佐藤誠三郎「現実を踏まえて理想とロマンを追い続けたリーダー」（前掲『天籟を聞く』）三〇五ページ。

〔46〕「議会政治近代化委の提言」（『自由新報』一九七四年一一月五日）。

〔47〕グループ一九八四年「腐敗の研究」（『文藝春秋』一九七六年七月）九五、一二六、一二九、一三一ページ。

〔48〕前掲、佐藤「現実を踏まえて理想とロマンを追い続けたリーダー」三〇五ページ。

〔49〕グループ一九八四年「日本の成熟」（『文藝春秋』一九七七年二月）一一七、一三四、一三五ページ。

〔50〕『自由新報』一九七七年二月二二日、四月一二日。

〔51〕吉村正ほか（座談会）「パーソナリティーで脱政党社会に斬りこめ」（『月刊自由民主』一九七七年五月）五二ページ。

〔52〕福田一ほか（座談会）「総裁選挙を立派にやりとげよう」（『月刊自由民主』一九七八年一一月）四四—四六ページ。

〔53〕大平の伝記として、福永文夫『大平正芳』中公新書、二〇〇八年。

〔54〕公文俊平「大平正芳の時代認識」（公文俊平ほか監修『大平正芳』大平正芳記念財団、一九九四年）六九—七八ページ。

〔55〕長富祐一郎『近代を超えて　上巻』大蔵財務協会、一九八三年、一ページ。

〔56〕宇治敏彦「大平正芳氏の派閥観」（前掲、公文ほか監修『大平正芳』）三〇九—三一〇ページ。

〔57〕大平正芳「〝百術は一清に如かず〟」（『自由新報』一九七七年一月四・一一日）。

〔58〕大平正芳（インタビュー）「党改革、実施あるのみ」（『自由新報』一九七七年二月八日）。

〔59〕『自由新報』一九七七年四月五日。

〔60〕『自由新報』一九七七年二月一日。

〔61〕『自由新報』一九七七年一月二五日。
〔62〕『自由新報』一九七七年六月一四日。
〔63〕以下の総裁予備選挙の実施に至るまでの経過は、『朝日年鑑　一九七八年版』朝日新聞社、一九七八年、二三四―二三五ページ、『朝日年鑑　一九七九年版』朝日新聞社、一九七九年、二三四―二三五ページ、前掲、自由民主党編『自由民主党党史』第九章。
〔64〕『自由新報』一九七七年一〇月一八日、一九七八年三月一四日、前掲、竹下『証言　保守政権』一〇六ページ。
〔65〕『自由新報』一九七八年四月四日、五月三〇日、一〇月三一日。
〔66〕前掲、後藤田『政治とは何か』三八―四二ページ。
〔67〕前掲、福田『回顧九十年』二三一、二四九ページ。
〔68〕佐藤誠三郎ほか（座談会）「自民党改革　今が好機だ」（『月刊自由民主』一九七九年二月）四〇―四二ページ。
〔69〕牛尾治朗「大平さんの政治観と人間像」（前掲、公文ほか監修『大平正芳』）二九三ページ。
〔70〕前掲、森田『心の一燈』一六六ページ。
〔71〕公文俊平「文化の時代への先見性」（『去華就實』大平正芳記念財団、二〇〇〇年）四〇九ページ。
〔72〕大平正芳「政治に複合力を」（『大平正芳回想録　資料編』大平正芳回想録刊行会、一九八二年）二八二、二八三ページ。
〔73〕「第八七国会での施政方針演説」（前掲『大平正芳回想録　資料編』）二八四―二八五ページ。
〔74〕前掲、長富『近代を超えて　上巻』二ページ。
〔75〕前掲、公文「文化の時代への先見性」四〇八―四一一ページ、前掲、長富『近代を超えて　上巻』一―二一ページ、長富祐一郎「大平政策研究会の意義」（前掲『去華就實』）三八五―三八九ページ、照山正夫「大平総理・政策研究会と香山先生」（前掲『天籟を聞く』）三〇八―三〇九ページ。
〔76〕月刊自由民主編集部「総選挙結果の徹底分析と提言」（『月刊自由民主』一九七九年一二月）七六―七八ページ。
〔77〕『自由新報』一九八〇年一月二九日。
〔78〕この当時、参議院議員の岩動《いするぎ》道行も、総裁予備選挙が保守復調の一因になったと分析している。岩動道行・本沢二郎『新自民党論』日本ジャーナル出版、一九七九年、一二ページ。

〔79〕佐藤誠三郎ほか（座談会）「圧勝支えた潜在的支持層」（『月刊自由民主』一九八〇年八月）四四―四五ページ。
〔80〕『自由新報』一九八〇年七月一五日。
〔81〕以下、総裁予備選挙の見直しについて、前掲、田中『自民党のドラマツルギー』第一章三。
〔82〕『自由新報』一九七九年一二月一一日、一二五日。
〔83〕前掲、三木ほか（座談会）「野党よ、政権交代できる党たれ」。
〔84〕『自由新報』一九八〇年八月五日、一九八一年二月三日、一〇日、三月一七日。
〔85〕『自由新報』一九八一年三月二四日、四月七日、一四日、二一日、六月一六日。
〔86〕中曽根康弘『天地有情』文藝春秋、一九九六年、三七六―三八二ページ、前掲、福田『回顧九十年』二六一―二六四ページ。
〔87〕前掲、中曽根『天地有情』三八三ページ。
〔88〕『自由新報』一九八二年一一月二八日。
〔89〕加藤六月（インタビュー）「組織拡充にたゆまぬ闘い」（『月刊自由民主』一九八二年一〇月）、竹下登「〝八三政治決戦〟わが党の心構え」（『月刊自由民主』一九八二年一一月）、『自由新報』一九八三年二月二二日、三月一五日、四月五日。
〔90〕神原勝『転換期の政治過程』総合労働研究所、一九八六年、四五―五一ページ。
〔91〕中曽根康弘「行政改革の理念と行動」（『月刊自由民主』一九八一年九月）五九、六六―六七ページ。
〔92〕村上泰亮『新中間大衆の時代』中央公論社、一九八四年、二五四ページ。
〔93〕浅利慶太「香山先生との想い出と中曽根政権」（前掲『天籟を聞く』）三一一ページ、前掲、長富「大平政策研究会の意義」三九八―三九九ページ、前掲、森田『心の一燈』二二六―二二七ページ、香山健一「鈴木新内閣の政策課題」（『月刊自由民主』一九八〇年九月）五三ページ。
〔94〕前掲、公文「文化の時代への先見性」四一八ページ。
〔95〕日本経済新聞社編『自民党政調会』日本経済新聞社、一九八三年、一二―一三ページ、田中六助（インタビュー）「今注目される自民党政調会の実力」（『月刊自由民主』一九八三年一二月）二七ページ、松崎哲久「保守政治をリベラルに探究」（『月刊日本』二〇〇〇年二月）四五ページ。
〔96〕田中六助『保守本流の直言』中央公論社、一九

八五年、一四ページ。
〔97〕前掲、中曽根『天地有情』三五三―三五七ページ。
〔98〕『自由新報』一九八三年九月二七日、香山健一「自民党改革への提言」(『月刊自由民主』一九八四年四月)。
〔99〕『自由新報』一九八三年七月二六日、一九八四年一月三一日、四月一〇日、一七日、五月一日。
〔100〕『中曽根内閣史　資料篇』世界平和研究所、一九九五年、六三七ページ、前掲、田中『保守本流の直言』一五ページ。
〔101〕中曽根康弘「新しい日本の主体性」(『月刊自由民主』一九八五年九月)。
〔102〕田中秀征「『六〇年綱領』制定しよう」(『自由新報』一九八五年一月一五・二二日)、『朝日新聞』一九八五年四月八日、一〇月三日、二二日、三〇日、一一月一日、三日、一三日。
〔103〕香山健一「自民党の活力」(『月刊自由民主』一九八五年一二月)。
〔104〕中曽根康弘「新時代を築く自民党の使命」(『月刊自由民主』一九八六年一〇月)四五―四六ページ。
〔105〕香山健一「靖国神社公式参拝を行わぬよう決断を」(『中曽根内閣史　資料篇(続)』世界平和研究所、一九九七年)二三四、二三六ページ。
〔106〕香山健一「新時代を切り開く自民党の政策課題」(『月刊自由民主』一九八七年二月)七五、八〇ページ。
〔107〕中曽根康弘「民族主義と国際主義の調和を」(『月刊自由民主』一九八七年一〇月)五三ページ。

第三章

〔1〕佐藤誠三郎ほか(座談会)「安心と安定を求めた国民の選択」(『月刊自由民主』一九八八年二月)一四〇ページ。
〔2〕Otto Kirchheimer, "The Transformation of the Western European Party Systems," in Joseph LaPalombara and Myron Weiner, eds., *Political Parties and Political Development*, Princeton: Princeton University Press, 1966.
〔3〕「昭和六一年衆参同日選挙の分析」(『月刊自由民主』一九八八年二月)一五一、一九一、二二九、二三五ページ。
〔4〕宮本太郎『福祉政治』有斐閣、二〇〇八年、第四

章。

〔5〕飯尾潤『民営化の政治過程』東京大学出版会、一九九三年、第Ⅱ部第三章。

〔6〕篠原一「団体の新しい政治機能」（『岩波講座　基礎法学　第二巻』岩波書店、一九八三年）。

〔7〕井芹浩文『派閥再編成』中公新書、一九八八年。

〔8〕亀井正夫「政治臨調のすすめ」（『経団連月報』一九八八年一〇月）八六ページ。

〔9〕『議会政治への提言』社会経済国民会議政治問題特別委員会、一九八八年。

〔10〕前掲、亀井「政治臨調のすすめ」九〇ページ。

〔11〕前掲、後藤田『政治とは何か』一九〇―一九三ページ。

〔12〕香山健一「国際化時代に対応する政治改革」（『月刊自由民主』一九八八年八月）八七ページ。

〔13〕以下、飯尾潤「竹下・宇野・海部内閣」（佐々木毅編著『政治改革１８００日の真実』講談社、一九九九年）。

〔14〕『自由新報』一九八九年二月一四日、二一日。

〔15〕『自由新報』一九八九年三月二一日、四月一一日。

〔16〕『朝日新聞』一九八九年五月二三日。

〔17〕『自由新報』一九八九年五月二三日、三〇日、六月六日。

〔18〕自由民主党政治改革委員会「政治改革大綱」（『月刊自由民主』一九八九年六月）。

〔19〕『自由新報』一九八九年八月一五日。九月二六日、一〇月三日。

〔20〕『自由新報』一九八九年七月四日、一二月一二日。

〔21〕『自由新報』一九八九年七月二八日、一二月一九日。

〔22〕『私の後藤田正晴』講談社、二〇〇七年、一六一ページ。

〔23〕『自由新報』一九九〇年一二月一一日、一九九一年三月一二日、「いま、なぜ政治改革か」（『月刊自由民主』一九九一年二月）。

〔24〕『自由新報』一九八九年九月五日、羽田孜『志』朝日新聞社、一九九六年、一〇九―一一〇ページ。

〔25〕小沢一郎「不退転の決意で改革を断行」（『月刊自由民主』一九八九年一一月）三九ページ。

〔26〕五百旗頭真ほか編『90年代の証言　小沢一郎』朝日新聞社、二〇〇六年、四六―四七ページ。

〔27〕小沢一郎「父・小沢佐重喜」（『人間小沢佐重喜』小沢一郎後援会・陸山会、一九八〇年）三九六ページ。

〔28〕渡辺乾介『あの人』飛鳥新社、一九九二年。
〔29〕小沢一郎（インタビュー）「九〇年代政界再編はわが手で」（『中央公論』一九九〇年一月）一五五、一五六、一五八ページ。
〔30〕小沢一郎『日本改造計画』講談社、一九九三年、一九、二五、六七、一〇四、二四四ページ。
〔31〕香山健一「『五五年体制』の幻影」（『諸君！』一九九一年九月）九六―九七ページ。
〔32〕俵孝太郎ほか（座談会）「徹底討論・政治改革への提言」（『月刊自由民主』一九九二年五月）六一、七三、八〇ページ。
〔33〕香山健一「日本の争点」（『文藝春秋』一九九二年七月）一一二、一一三ページ。
〔34〕香山健一「派閥解消と政治改革」（『月刊自由民主』一九九二年一一月）三九ページ。
〔35〕前掲、香山「日本の争点」一一一ページ。
〔36〕黒河小太郎「風を求めた人たち」（『中央公論』一九九二年八月）、中井歩「『外からきた』改革派」（大嶽秀夫編『政界再編の研究』有斐閣、一九九七年）。
〔37〕細川護熙「政界・忘れがたきこと」（『自由新報』一九八七年六月三〇日）。
〔38〕細川護熙「『自由社会連合』結党宣言」（『文藝春秋』一九九二年六月）九五、一〇〇、一〇一―一〇五ページ。
〔39〕松崎哲久「日本新党　痛恨の〝微勝利〟宣言」（『中央公論』一九九二年九月）六八―六九ページ。
〔40〕松崎哲久「『わが日本新党』との訣別」（『中央公論』一九九三年八月）、松崎哲久「日本新党が『政党』になる日」（『諸君！』一九九三年九月）。
〔41〕武村正義『小さくともキラリと光る国・日本』光文社、一九九四年、八三―九三ページ、武村正義『私はニッポンを洗濯したかった』毎日新聞社、二〇〇六年、一四四―一七〇ページ、田中秀征『さきがけと政権交代』東洋経済新報社、一九九四年、三―四四ページ。
〔42〕細川護熙「『改革』の旗のもとに」（『文藝春秋』一九九三年一月）一五八―一五九ページ。
〔43〕以下、谷口将紀「宮沢内閣」（前掲、佐々木編著『政治改革１８００日の真実』）。
〔44〕『自由新報』一九九二年九月二九日、一〇月二〇日、一一月二四日、一二月二二日、一九九三年一月一七日。
〔45〕小沢一郎「我々はなぜ改革をめざすか」（『文藝春秋』一九九二年一二月）一三六―一三七ページ。

〔46〕 河野洋平「野党総裁として政権復帰を果たす」（自由民主党編『決断！』中央公論事業出版、二〇〇六年）一七四ページ。

〔47〕 山岸章『「連立」仕掛人』講談社、一九九五年、一二―一六ページ、山岸章『我かく闘えり』朝日新聞社、一九九五年、六―九ページ、山岸章『「連立政権時代」を斬る』読売新聞社、一九九五年、一七〇―一七二ページ。

〔48〕 細川護熙「『和して同ぜず』わが日本新党」（『文藝春秋』一九九三年八月）一四八―一四九ページ。

〔49〕 前掲、武村『小さくともキラリと光る国・日本』一一一―一一四ページ、前掲、田中『さきがけと政権交代』九三―一〇三ページ。

〔50〕 前掲、田中『さきがけと政権交代』二九ページ。

〔51〕『自由新報』一九九三年八月一〇日。

〔52〕 前掲、武村『私はニッポンを洗濯したかった』一八七―一八八ページ。

〔53〕 小沢一郎『語る』文藝春秋、一九九六年、八八―八九ページ。

〔54〕 佐藤誠三郎「政治改革　八つの誤謬」（『中央公論』一九九三年一一月）一〇七ページ。

〔55〕 香山健一「三大政党への『創造的進化』論」（『諸君！』一九九三年九月）三三―三四ページ。

〔56〕 諸井虔・香山健一（対談）「二大政党制か、多党連合か」（『諸君！』一九九三年一一月）六八、七一ページ。

〔57〕 以下、岩井奉信「細川内閣」（前掲、佐々木編著『政治改革1800日の真実』）。

〔58〕『自由新報』一九九三年九月一四日。

〔59〕 森喜朗「大局に立った政策と党運営」（『月刊自由民主』一九九三年一一月）六八ページ。

〔60〕『自由新報』一九九四年二月八日。

〔61〕 細川護熙『内訟録』日本経済新聞出版社、二〇一〇年、三九五ページ。

〔62〕 森喜朗『私の履歴書　森喜朗回顧録』日本経済新聞出版社、二〇一三年、一七五ページ。次の森の対談も興味深い。森喜朗・小里貞利（対談）「試練を乗り越え、新しい国家モデルの構築を目指す」（『月刊自由民主』二〇〇三年八月）、森喜朗・亀井静香（対談）「毅然と対決、死闘十一か月の攻防」（『月刊自由民主』二〇〇五年三月）。

〔63〕 森喜朗・俵孝太郎（対談）「『自社連立』は野合ではない」（『月刊自由民主』一九九四年八月）四七ページ。

（64）『自由新報』一九九四年七月五・一二日。
（65）「新しい連立政権の樹立に関する合意事項」（『自由民主党五十年史　資料編』自由民主党、二〇〇六年）三一〇三―三一〇五ページ。
（66）伊東秀子『政治は、いまドラマティック』社会思想社、一九九四年、七四―七五、九一―九六ページ。
（67）白川勝彦『新憲法代議士』サイマル出版会、一九八三年、白川勝彦『戦うリベラル』共栄書房、一九八九年。
（68）森喜朗「私が下した五つの決断」（前掲、自由民主党編『決断！』）二七五―二七六ページ。
（69）『自由新報』一九九四年七月五・一二日。
（70）「平成六年党運動方針」（『月刊自由民主』一九九四年二月）七八ページ。
（71）白川勝彦・伊東秀子（対談）「われわれは『反一・一』で結集した」（『月刊自由民主』一九九四年八月）七五―七六ページ。
（72）『自由新報』一九九四年五月二四日、中島幸治「『二十一世紀委員会』が新政策大綱試案を発表」（『月刊自由民主』一九九四年七月）。
（73）『自由新報』一九九四年七月二六日。
（74）『朝日新聞』一九九四年一〇月五日。
（75）後藤田正晴「村山内閣の十二の政治課題」（『月刊自由民主』一九九四年一〇月）五一、五四ページ。
（76）『朝日新聞』一九九四年一〇月四日、一一月四日、一五日。
（77）『朝日新聞』一九九四年一〇月一四日、二六日、一一月一日、一二月二四日。
（78）「理念・新綱領・新宣言・総裁選挙に関する事項及び党名等」（『月刊自由民主』一九九五年二月）六二ページ、『自由新報』一九九五年三月一四日。
（79）加藤紘一「村山連立政権とわが党の課題」（『月刊自由民主』一九九四年九月）四七ページ、加藤紘一「『三党同等の原則』で政策を調整」（『月刊自由民主』一九九四年一一月）五七―五八ページ。
（80）加藤紘一『新しき日本のかたち』ダイヤモンド社、二〇〇五年、一五五―一五九ページ。
（81）「矛盾を指摘する勇気（小泉純一郎）」（新保守政策研究会『構想 新ニッポン』官庁ニュース社、一九七八年）。
（82）加藤紘一ほか（座談会）「悪いのは制度か政治家か」（『文藝春秋』一九九一年九月）。
（83）小泉純一郎ほか（座談会）「政治改革」（『世界』一九九二年一二月）五四ページ。

〔84〕石原伸晃・根本匠『自民復権』幻冬舎新書、二〇〇九年、一七五―一八〇ページ、『朝日新聞』一九九四年五月一七日。
〔85〕五百旗頭真ほか編『森喜朗　自民党と政権交代』朝日新聞社、二〇〇七年、一六五ページ。
〔86〕加藤紘一・ジェラルド・カーティス（対談）「自民一党支配は国民の選択か」（『中央公論』一九九七年九月）二九ページ。
〔87〕小里貞利『秘録・永田町』講談社、二〇〇二年、二九、五七ページ。
〔88〕山崎拓ほか（座談会）「われらYKKいま再結束の狙い」（『中央公論』一九九四年八月）一二一ページ。
〔89〕村山富市・野中広務（対談）「小選挙区制を廃さねば国は滅ぶ」（『月刊現代』一九九八年七月）六五ページ。
〔90〕月刊自由民主編集部「低投票率のもと宗教政党が跋扈」（『月刊自由民主』一九九五年八月）八六―八七ページ。
〔91〕俵孝太郎ほか（座談会）「新進党はやはり創価学会党だった」（『月刊自由民主』一九九五年八月）五二ページ。
〔92〕亀井静香ほか（座談会）「総選挙で示した新進党＝創価学会の限界」（『月刊自由民主』一九九六年一一月）四四ページ。
〔93〕『自由新報』一九九五年一〇月一〇日。
〔94〕「総裁選挙での所見発表と推薦演説」（『月刊自由民主』一九九五年一〇月）五八、六一―六六ページ。
〔95〕梶本幸治ほか編『元内閣総理大臣村山富市の証言録』新生舎出版、二〇一一年、二二六―二二七ページ、前掲、森『私の履歴書　森喜朗回顧録』一九一ページ。
〔96〕『自由新報』一九九六年一一月一九日。
〔97〕亀井静香「加藤幹事長よ、目を覚ましなさい」（『月刊現代』一九九七年七月）。
〔98〕加藤紘一「保保連合は反党行為だ」（『月刊現代』一九九七年七月）。
〔99〕『自由新報』一九九七年六月一〇日。

第四章

〔1〕加藤政調会長は、最終段階で「こうした」という言葉を口頭で挿入し、村上正邦参議院幹事長らの反対をかわしたという。椛島有三「戦後五十年」（『祖国と青年』一九九五年八月）、魚住昭『証言　村上正邦』講談社、二〇〇七年、一七二―一八〇ページ。

〔2〕上杉聡「宗教右翼と現代日本のナショナリズム」(『年報日本現代史』第一二号、二〇〇七年)。
〔3〕小熊英二・上野陽子『〈癒し〉のナショナリズム』慶應義塾大学出版会、二〇〇三年。
〔4〕『朝日新聞』一九九七年五月三〇日、六月二七日。
〔5〕五百旗頭真ほか編『90年代の証言　野中広務』朝日新聞出版、二〇〇八年、一六八―一八三ページ、野中広務『老兵は死なず』文藝春秋、二〇〇三年、七四―七九ページ。
〔6〕前掲、森『私の履歴書　森喜朗回顧録』二〇二―二〇三ページ。
〔7〕『自由新報』一九九八年一二月八日。
〔8〕前掲、五百旗頭ほか編『90年代の証言　森喜朗』二〇〇―二一一ページ。
〔9〕加藤紘一・篠原文也(対談)「〝ハト・タカ〟政治の終わり」(『Voice』一九九九年四月)一四五ページ。
〔10〕前掲、魚住『証言　村上正邦』一八七―一九七ページ。
〔11〕『自由民主』一九九九年七月二〇日。
〔12〕森喜朗「日本再生に向けて政治の安定を選択」(『月刊自由民主』一九九九年九月)四五ページ。
〔13〕白川勝彦『自自公を批判する』花伝社、二〇〇〇年、一八三―一八四ページ。
〔14〕加藤紘一『いま政治は何をすべきか』講談社、一九九九年、序章。
〔15〕『東京新聞』一九九八年一〇月二一日、『産経新聞』一九九八年一〇月二二日。
〔16〕『自由民主』一九九九年四月一三日。
〔17〕安倍晋三『美しい国へ』文春新書、二〇〇六年、四〇ページ。
〔18〕『自由民主』一九九九年四月一三日。
〔19〕『東京新聞』一九九八年一一月一五日。
〔20〕加藤紘一(インタビュー)「改めて言う、自自公では選挙に負ける」(『月刊現代』一九九九年一一月)一〇五、一〇六ページ。
〔21〕加藤紘一「『保守政治』を取り戻せ」(『諸君!』二〇〇〇年三月)六四ページ。
〔22〕小泉純一郎・鳩山由紀夫(対談)「小渕『御用聞き』内閣打倒宣言」(『文藝春秋』二〇〇〇年一月)一五二―一五九ページ。
〔23〕小泉純一郎「自自公の前提の比較第一党の座さえ危ない。公明よりも無党派層を考えた選挙を」(『論座』二〇〇〇年三・四月)六四ページ。

〔24〕前掲、森『私の履歴書　森喜朗回顧録』二〇七―二一四ページ。
〔25〕加藤紘一（インタビュー）「小泉新総理、国民のマグマのうねりは収まらない」（『中央公論』二〇〇一年六月）五二ページ。
〔26〕前掲、野中『老兵は死なず』一九二―二〇六ページ。
〔27〕加藤紘一（インタビュー）「敗将、『ナゾの大反転』を語る」（『諸君！』二〇〇一年六月）三六―三七ページ。
〔28〕同右、四三―四四ページ。
〔29〕前掲、小里『秘録・永田町』二三六―二五三ページ。
〔30〕前掲、森田『心の一燈』二四七ページ。
〔31〕前掲、野中『老兵は死なず』二〇〇ページ。
〔32〕堀内光雄（インタビュー）「王道を貫いて今こそ日本再生の時へ」（『財界人』二〇〇一年四月）三九ページ。
〔33〕前掲、小里『秘録・永田町』二三一ページ。
〔34〕前掲、加藤（インタビュー）「敗将、『ナゾの大反転』を語る」三五、三八ページ。
〔35〕前掲、野中『老兵は死なず』一九六―一九七、二〇八ページ。
〔36〕同右、一九七―一九八ページ。
〔37〕前掲、小里『秘録・永田町』二四八ページ。
〔38〕加藤紘一『強いリベラル』文藝春秋、二〇〇七年、六ページ。
〔39〕古賀誠（インタビュー）「宏池会は分裂せざるを得ない」（『中央公論』二〇〇一年三月）一一三―一一五ページ、前掲、加藤（インタビュー）「敗将、『ナゾの大反転』を語る」三九ページ。
〔40〕前掲、加藤（インタビュー）「小泉新総理、国民のマグマのうねりは収まらない」五四ページ。
〔41〕小泉純一郎「森政権維持と私の政策は別だ」（『月刊現代』二〇〇〇年八月）。
〔42〕『朝日新聞』一九九七年一一月一四日。山崎は加藤との対談で、「郵便事業を民営化するなんて、僕らの常識を超えた話だから、何たることかと思いました」と振り返っている。加藤紘一・山崎拓（対談）「小泉政権『行くも地獄、退くも地獄』」（『月刊現代』二〇〇四年一月）四七ページ。
〔43〕山崎拓『二〇一〇年　日本実現』ダイヤモンド社、一九九九年、二五三ページ。
〔44〕前掲、野中『老兵は死なず』二一九―二二二ページ、前掲、森『私の履歴書　森喜朗回顧録』二三五ページ。

〔45〕『自由民主』二〇〇一年四月一七日、二四日。
〔46〕前掲、加藤『新しき日本のかたち』一七一―一七二ページ。
〔47〕前掲、五百旗頭ほか編『90年代の証言　野中広務』二七八―二七九ページ。
〔48〕『自由民主』二〇〇一年五月二二日。
〔49〕小泉内閣の政策については、内山融『小泉政権』中公新書、二〇〇七年、が詳しい。
〔50〕前掲、加藤『強いリベラル』七九―八二ページ。
〔51〕平沼赳夫『七人の政治家の七つの大罪』講談社、二〇〇九年、二三―二五ページ、前掲、森『私の履歴書　森喜朗回顧録』四二四―四二五ページ。
〔52〕梶島有三「『聖域なき構造改革』を歴史認識にまで掘り下げよ」(『祖国と青年』二〇〇一年九月)、森田次夫「遺族から見た靖国問題」(『月刊自由民主』二〇〇二年八月)。
〔53〕大嶽秀夫『日本型ポピュリズム』中公新書、二〇〇三年、九〇―九三、一〇三―一〇四ページ。
〔54〕『自由新報』一九九一年九月二四日、『朝日新聞』二〇〇七年二月一七日。
〔55〕アンジェロ・パーネビアンコ(村上信一郎訳)『政党』ミネルヴァ書房、二〇〇五年。
〔56〕大嶽秀夫『小泉純一郎　ポピュリズムの研究』東洋経済新報社、二〇〇六年、二―七ページ。
〔57〕飯島勲『小泉官邸秘録』日本経済新聞社、二〇〇六年、三四ページ。
〔58〕亀井静香『ニッポン劇的大改造』扶桑社、二〇〇三年。
〔59〕前掲、野中『老兵は死なず』三四〇―三四三ページ。
〔60〕『自由民主』二〇〇三年九月三〇日。
〔61〕『自由民主』二〇〇三年一二月二日、一六日、二〇〇四年六月一五日。
〔62〕『自由民主』二〇〇四年一月六・一三日、与謝野馨(インタビュー)「憲法改正で政界再編までいってもいい」(『政財界』二〇〇四年五月)九ページ。
〔63〕野上忠興『ドキュメント安倍晋三』講談社、二〇〇六年、六八ページ。
〔64〕『自由民主』二〇〇四年六月二二日。
〔65〕安倍晋三(インタビュー)「私が考える『この国のかたち』」(『WiLL』二〇〇六年四月)四五ページ。
〔66〕『自由民主』二〇〇五年一月四・一一日、五月一七日。
〔67〕安倍晋三「ブッシュ大勝は日本のチャンス」(『Voice』二〇〇五年一月)六九ページ。

〔68〕読売新聞政治部『自民党を壊した男』新潮社、二〇〇五年、一一、一五八ページ。
〔69〕亀井静香「いま、最大の課題は日本人の魂の復権にある」（『月刊自由民主』二〇〇四年一一月）八八ページ。
〔70〕前掲、平沼『七人の政治家の七つの大罪』三二―六一ページ。
〔71〕世耕弘成『自民党改造プロジェクト650日』新潮社、二〇〇六年。
〔72〕『自由民主』二〇〇五年一一月二〇、二七日。
〔73〕舛添要一『憲法改正のオモテとウラ』講談社現代新書、二〇一四年、二〇三、二六九ページ。舛添は当時、次のように語っている。「今の憲法は非常によくできています。……私は権利・義務は、普遍性があって、どの国で憲法を作っても、表現の仕方が若干違うだけでそうは変わらないので、そんなに動かすことはないだろうと思います。ですから、やはり焦点は九条の二項の問題だと思います」。舛添要一「憲法改正のゆくえ」（『世界と議会』二〇〇六年八・九月）八ページ。
〔74〕前掲、加藤『新しき日本のかたち』一〇五ページ。
〔75〕安倍は幹事長代理になった頃、小泉首相から「君もそろそろ総理を目指すという気持ちを持ってもらわなければ困る」と言われたという。安倍晋三「『総理』という大志」（『週刊新潮』二〇〇六年九月二八日）五四ページ。
〔76〕柿崎明二『「次の首相」はこうして決まる』講談社現代新書、二〇〇八年、第一章。
〔77〕『自由民主』二〇〇六年一〇月三日。
〔78〕安倍晋三「正気ですか?野田さん」（『ＷｉＬＬ』二〇一一年一一月）二九ページ。
〔79〕安倍晋三（インタビュー）「『負け組』も救える構造改革」（『Ｖｏｉｃｅ』二〇〇五年一二月）六二ページ。
〔80〕『自由民主』二〇〇六年一二月一九日。この過程で安倍は平沼を次のように説得したという。「憲法改正や教育基本法の改正、拉致《らち》問題、人権擁護法案などで、自民党にはあなたの力が必要なのです。それに比べたら、郵政民営化法案は小さな問題ではありませんか」。前掲、平沼『七人の政治家の七つの大罪』一〇四ページ。
〔81〕安倍晋三「わが盟友のかくも壮絶なる生き様」（『正論』二〇〇九年一二月）一三四―一三五ページ。

安倍晋三・日下公人（対談）「『戦後体制』からの脱却なくして国起たず」（『正論』二〇一〇年一〇月）七〇ページ。

〔82〕谷垣禎一「『絆』の精神で国民を結ぶ」（『月刊自由民主』二〇〇六年一一月）六八―七〇ページ、谷垣禎一「敗軍の将、兵を語る」（『日経ビジネス』二〇〇六年一〇月二日）一八六ページ。

〔83〕『自由民主』二〇〇七年九月四日。

〔84〕『自由民主』二〇〇七年九月一一日、麻生太郎「俺が新しい自民党を作る」（『文藝春秋』二〇〇七年一一月）一一二ページ。なお、官房長官になった与謝野も、「永田町を含め巷《ちまた》にはびこる「市場原理主義」的な考えと戦うということを密かに心に決めていた」という。与謝野馨『堂々たる政治』新潮新書、二〇〇八年、二七ページ。

〔85〕前掲、麻生「俺が新しい自民党を作る」一一〇―一一一ページ。

〔86〕平沼赳夫「日本会議十周年、保守勢力の結集に向けて」（『祖国と青年』二〇〇七年一一月）二九ページ。

〔87〕谷垣禎一（インタビュー）「なぜ安倍晋三ではいけないのか」（『週刊朝日』二〇〇六年八月一一日）三四ページ。

〔88〕中谷元『右でも左でもない政治』幻冬舎、二〇〇七年、一〇五ページ。

〔89〕日本経済新聞社編『政権』日本経済新聞出版社、二〇一〇年、三七二―三八一ページ。

〔90〕渡辺恒雄『反ポピュリズム論』新潮新書、二〇一二年、八〇―八八ページ、前掲、森『私の履歴書　森喜朗回顧録』二五一―二五三ページ。

〔91〕浜田和幸責任編集『「国力」会議』祥伝社、二〇〇八年、一七二ページ、安倍晋三「わが告白　総理辞任の真相」（『文藝春秋』二〇〇八年二月）一二三ページ。

〔92〕麻生太郎「強い日本を！　私の国家再建計画」（『文藝春秋』二〇〇八年一一月）九五ページ。

〔93〕安倍晋三ほか（座談会）「真正保守の政治を再建せよ」（『表現者』二〇〇九年九月）一三七ページ。

〔94〕『自由民主』二〇〇九年八月二五日。

〔95〕『自由民主』二〇〇九年九月一五日、一〇月六日、党再生会議「自民党再生への提言」（『月刊自由民主』二〇〇九年一一月）六二―六三ページ。

〔96〕谷垣禎一「保守政党の大道を歩み、政権を奪還する」（『月刊自由民主』二〇〇九年一一月）、谷垣禎

一（インタビュー）「戦う自民へ、わが決意に一点の曇りなし」（『正論』二〇一〇年一月）。

〔97〕「党政権構想会議　第一次勧告」（『月刊自由民主』二〇一〇年一月）、「党政権構想会議　第二次勧告」（『月刊自由民主』二〇一〇年二月）、『自由民主』二〇一〇年一月五・一二日。

〔98〕「平成二十二年（二〇一〇年）綱領」（『月刊自由民主』二〇一〇年三月）。

〔99〕『自由民主』二〇〇九年一二月一五日。

〔100〕衛藤晟一（インタビュー）「総理補佐官ただいま奮闘中」（『明日への選択』二〇一三年三月）三三―三四ページ。

〔101〕安倍晋三ほか（座談会）「暴走内閣を阻止せよ！」（『WiLL』二〇一〇年七月）六五ページ。なお、創生日本の運動方針やメンバーなどについては、http://www.sosei-nippon.jp/。

〔102〕櫻井よしこほか（座談会）「今こそ、反民主救国ネットワークを！」（『WiLL』二〇一〇年八月）。

〔103〕安倍晋三・櫻井よしこ（対談）「進むべき道を正々堂々と」（『Voice』二〇一〇年九月）四九―五三ページ。

〔104〕安倍晋三「『陰湿な左翼政権』これだけの危険」（『WiLL』二〇一〇年八月）六一ページ。

〔105〕『朝日新聞』二〇一二年七月一一日。

〔106〕安倍晋三（インタビュー）「憲法改正を争点に『政界再編』を急げ」（『テーミス』二〇一二年一月）一四―一五ページ。

〔107〕中谷元・塩田潮（対談）「なぜいま憲法改正なのか」（『ニューリーダー』二〇一三年八月）三七ページ。

〔108〕安倍晋三（インタビュー）「憲法改正、靖国参拝今日は本音で語ります」（『中央公論』二〇一三年七月）二〇ページ。

〔109〕保利耕輔（インタビュー）「主権回復60周年〝日本らしい〟憲法改正を」（『りぶる』二〇一二年七月）七ページ。

〔110〕『自由民主』二〇一二年五月一五日。

〔111〕谷垣が譲歩を重ねた理由として、「みんなでやろうぜ」を標語とするリーダーシップのあり方も影響していたと考えられる。実際、谷垣は「全体を分裂しないように、どうまとめていくかについて意識をしてきました」と振り返っている。谷垣禎一（インタビュー）「地域に根差して安定した政治をつくるために」（『世界』二〇一三年一月）一一五ページ。

〔112〕安倍晋三・百田尚樹（対談）「『安倍晋三再登板待望論』に応える」（『WiLL』二〇一二年一〇月）一〇六―一〇七ページ。

〔113〕安倍晋三（インタビュー）「橋下維新と共闘し、民自公談合連立を潰す」（『週刊ポスト』二〇一二年九月七日）三九―四〇ページ。

〔114〕以下のプロセスについては、読売新聞政治部『安倍晋三　逆転復活の300日』新潮社、二〇一三年、第一章。

〔115〕安倍晋三・金美齢（対談）「安倍晋三復活宣言！」（『WiLL』二〇一二年一二月）、前掲、衛藤（インタビュー）「総理補佐官ただいま奮闘中」、世耕弘成「安倍新政権に向け、全力で」（『じゅん刊世界と日本』二〇一二年一二月一日）。

〔116〕『日本経済新聞』二〇一二年一二月二四日、前掲、安倍・金（対談）「安倍晋三復活宣言！」四〇―四一ページ。

〔117〕『自由民主』二〇一二年一〇月九日。

おわりに

〔1〕ケント・E・カルダー（淑子・カルダー訳）『自民党長期政権の研究』文藝春秋、一九八九年。

〔2〕政治学的な分析として、斉藤淳『自民党長期政権の政治経済学』勁草書房、二〇一〇年。

〔3〕例えば、室伏哲郎『汚職の構造』岩波新書、一九八一年、広瀬道貞『補助金と政権党』朝日新聞社、一九八一年。

〔4〕建林正彦『議員行動の政治経済学』有斐閣、二〇〇四年。

〔5〕この整理の原型を示したのが、中北浩爾「政党政治はどこへ向かっているのか」（『論座』二〇〇六年一月）。

〔6〕『自由民主』二〇一〇年三月三〇日。

〔7〕都道府県連の多くは、自民党のアイデンティティを守るため、公募の条件として愛党精神や理念への共感などを求めている。庄司香「日本の二大政党と政党候補者公募制度」（『学習院大学法学会雑誌』第四八巻第一号、二〇一二年）三二一ページ。また、注〔6〕の機関紙の記事は、予備選挙で公認を得られず離党するケースが生じていることを問題視して、「問われるのは、「公認が得られるから自民党に所属する」のか、「理念に共鳴するから自民党に所属する」のかという根源的な問題だ」と書き、理念の重要性を説いている。

〔8〕『朝日新聞』二〇一四年一月二〇日。

〔9〕新藤義孝「J-NSC　合言葉は『結束』」（『りぶる』二〇一二年五月）、新藤義孝「『隠れた支持者』の力得る」（『自由民主』二〇一二年一一月六日）、https://www.jimin.jp/activity/news/121519.html（最終閲覧日二〇一四年四月一六日）。なお、小泉首相のメールマガジンの登録者は最盛期で二二七万人、年会費が二〇〇〇円かかる民主党のサポーターは二〇一〇年に過去最高の三五万人に達した。

〔10〕『朝日新聞』二〇一四年四月七日。

〔11〕『朝日新聞』二〇一三年一月二八日、八月二五日。

【謝辞】資料の収集やデータの処理に関しては、一橋大学大学院社会学研究科後期博士課程の山本章子さんと大和田悠太君の協力を得た。また、NHK出版の大場旦・倉園哲両氏のご助力がなければ、本書を完成させることはできなかった。そして、五十嵐広美さんの緻密な校正作業によって、本書の信頼性は大幅に高められた。記して感謝したい。なお、本書は、二〇一二―一四年度の日本学術振興会科学研究費補助金基盤研究(C)「戦後日本の保守主義の政治史的分析――自民党結成から現在まで」（課題番号20530119）による研究成果の一部である。

巻末資料① 主要政党の変遷

数字は西暦の下2桁

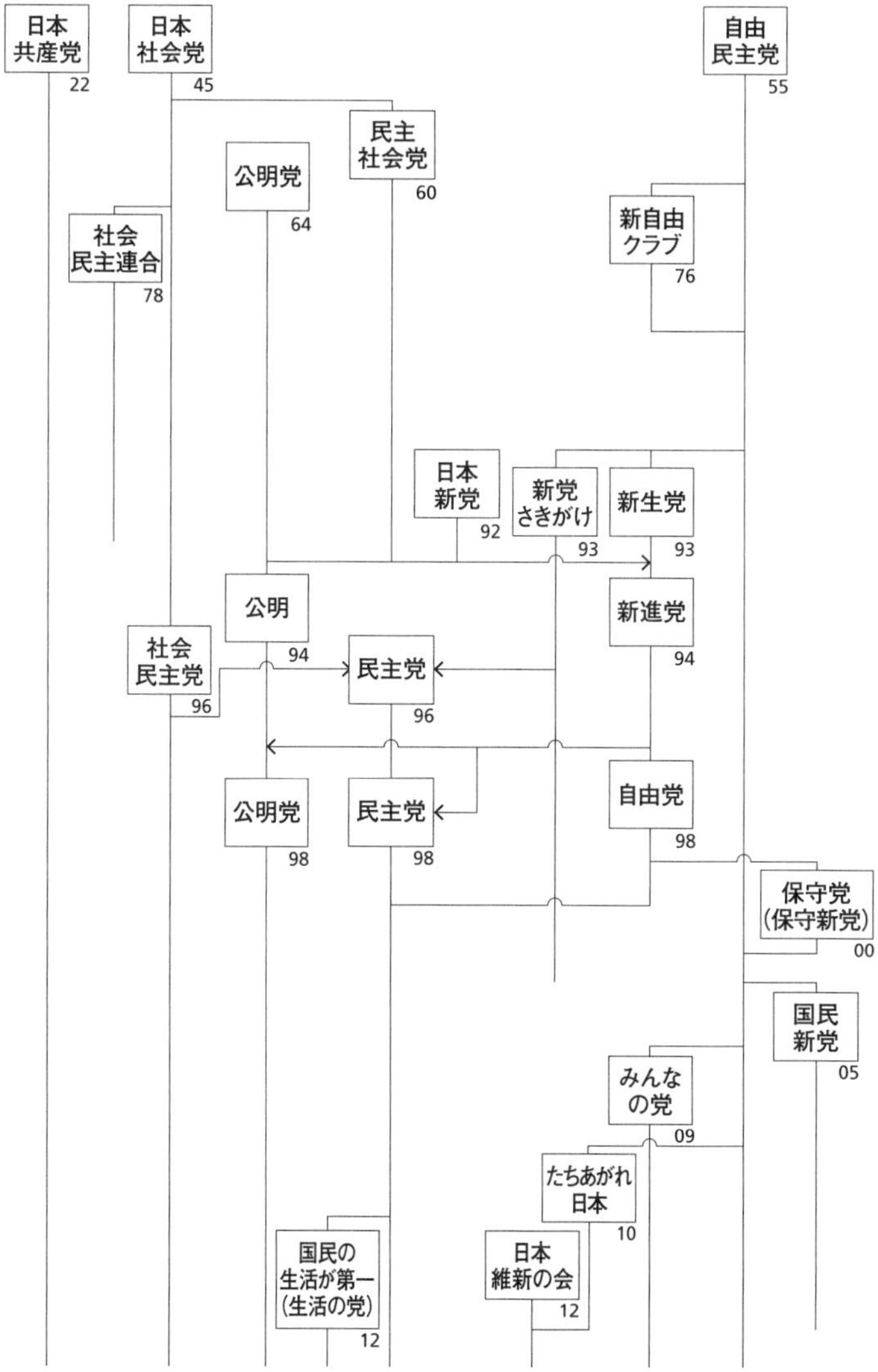

巻末資料② 自民党の派閥の変遷

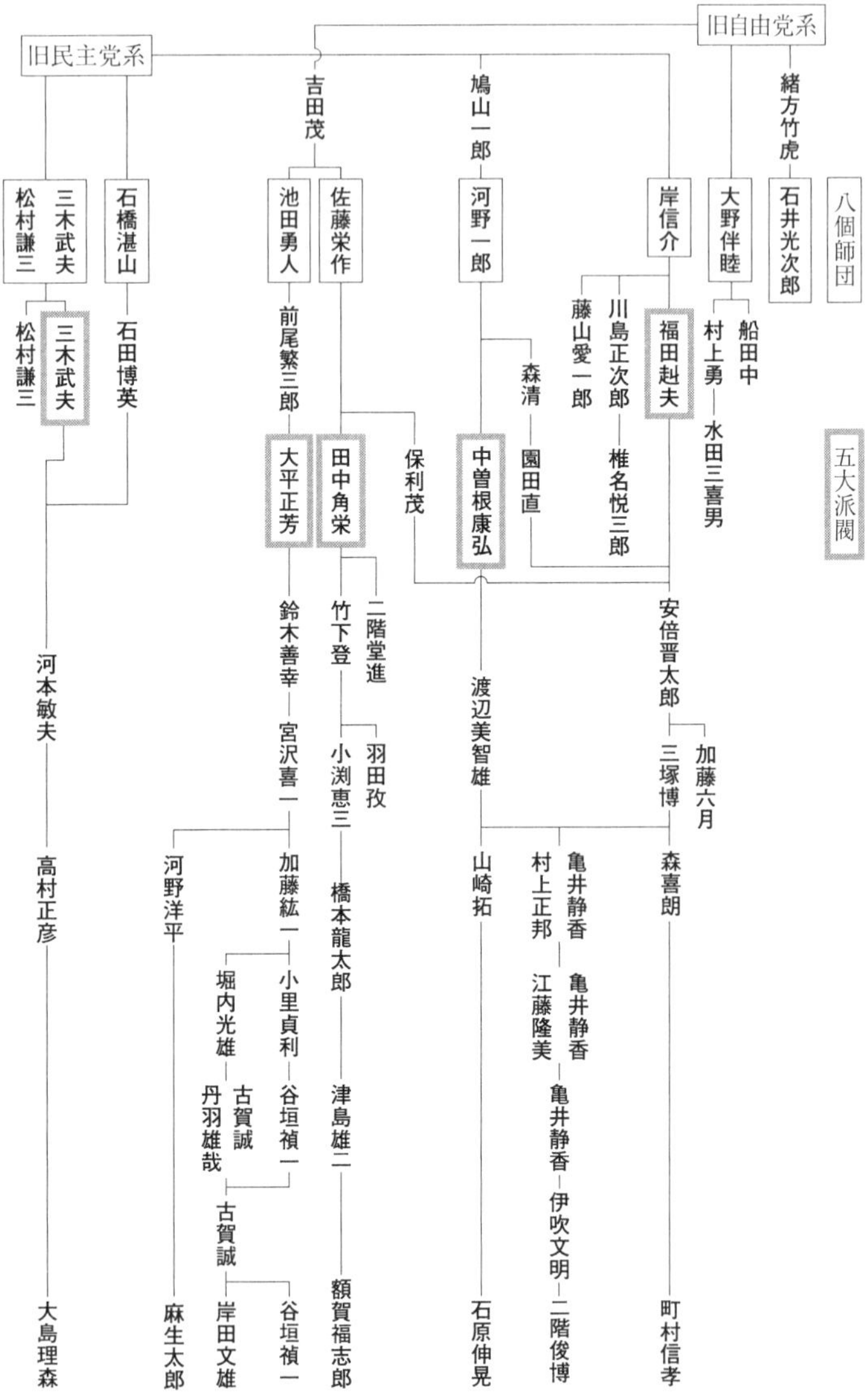

巻末資料③　総選挙と参院選における主要政党の獲得議席数の推移

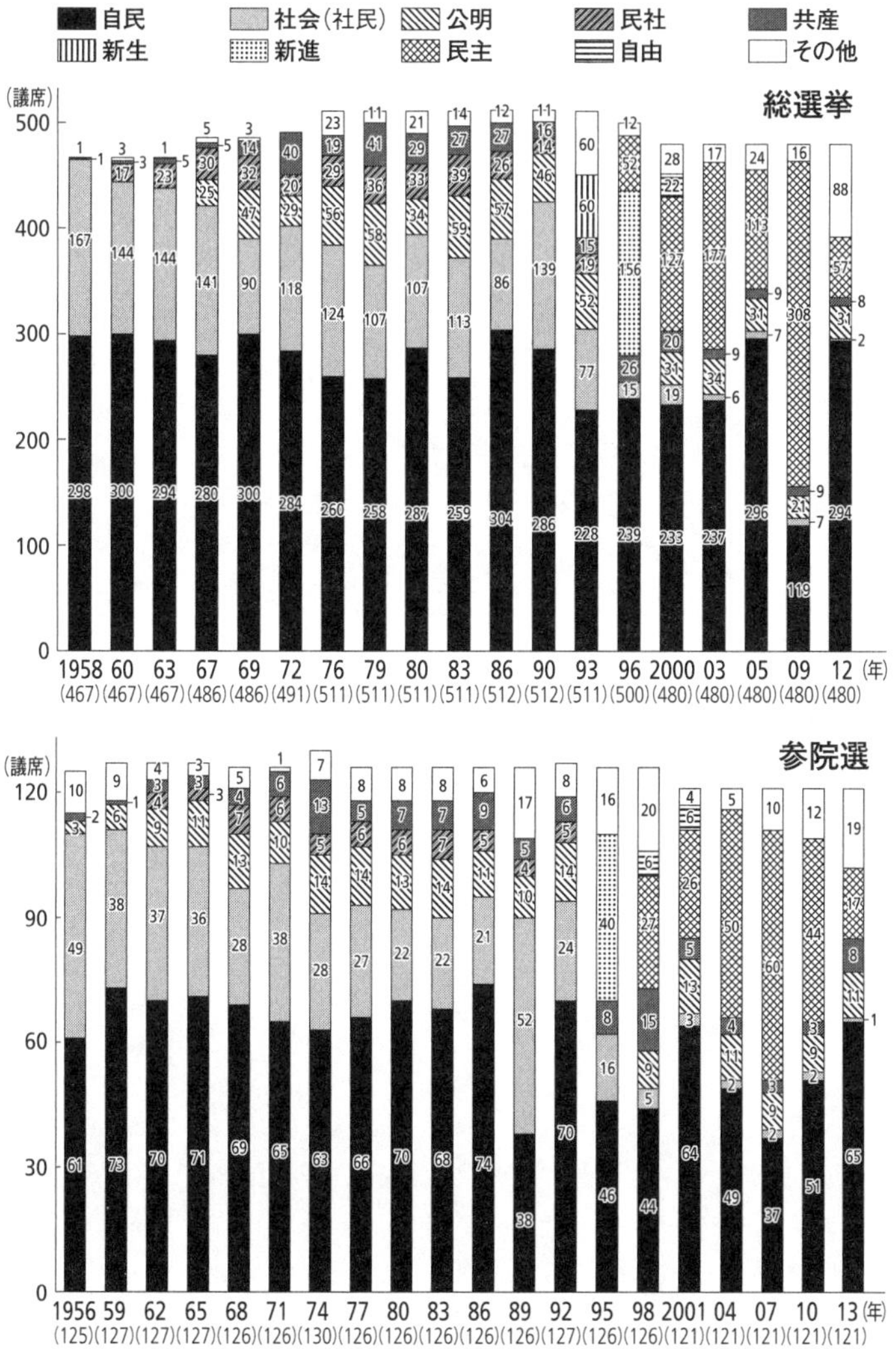

巻末資料④ 自民党支持率と無党派層の比率の推移

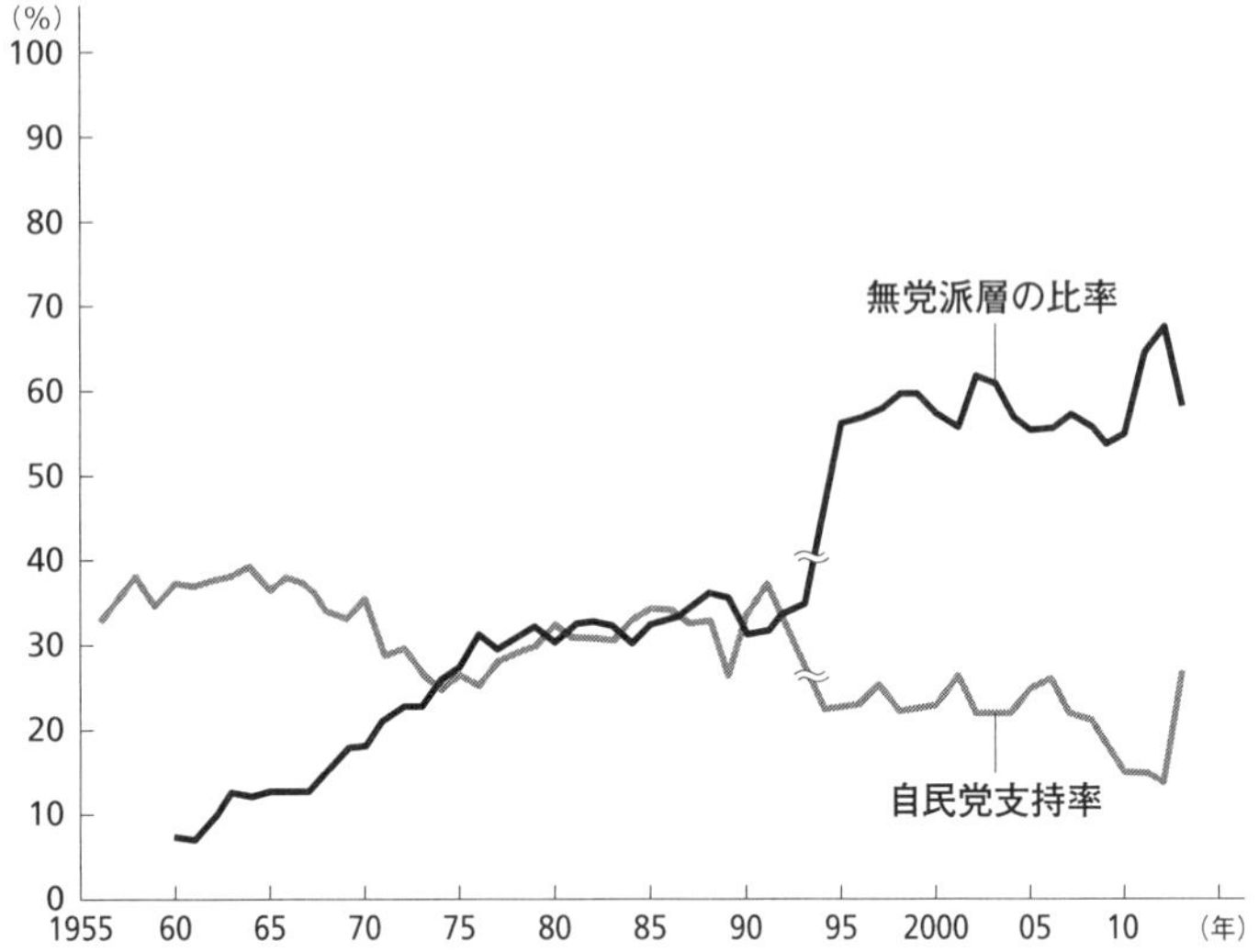

(時事通信社編『戦後日本の政党と内閣』国民経済新聞社、1981年、時事通信社・中央調査社編『日本の政党と内閣1981-91』時事通信社、1992年、『時事世論調査特報』各号より)

人名索引

あ　行

か　行

さ　行

た　行

な　行

は　行

ま　行

や　行

わ　行

関連年表

内閣総理大臣	年月日	事　　項
鳩山一郎	1955(昭30). 1.27	経済再建懇談会設立
	2.27	第27回総選挙、両派社会党3分の1超の議席獲得
	10.13	日本社会党統一
	11.15	自由民主党結成、代行委員に鳩山一郎、緒方竹虎・三木武吉・大野伴睦
	11.22	第3次鳩山内閣発足[自民党]
	1956(昭31). 3.19	鳩山内閣、小選挙区法案を第24回国会に提出
	4. 5	自民党第2回臨時党大会、鳩山一郎初代総裁選出
	6. 3	参議院で小選挙区法案審議未了・廃案
	7. 8	第4回参院選
	10.19	日ソ国交回復に関する共同宣言調印
	12.14	自民党第3回党大会、石橋湛山総裁選出
石橋湛山	12.23	石橋内閣発足[自民党]
岸信介	1957(昭32). 2.25	第1次岸信介内閣発足[自民党]
	3.21	自民党第4回党大会、岸総裁選出
	1958(昭33). 5.22	第28回総選挙、自民党現状維持、社会党伸び悩み
	1959(昭34). 6. 2	第5回参院選
	1960(昭35). 1.24	民主社会党結成
	1.27	自民党第7回党大会、「保守主義の政治哲学要綱」承認
	5.19	衆議院で新日米安保条約強行採決へ
	6.23	新日米安保条約批准書交換、岸首相辞意表明
	7.14	自民党第8回臨時党大会、池田勇人総裁選出
池田勇人	7.19	第1次池田内閣発足[自民党]
	11.20	第29回総選挙、自民党勝利
	1961(昭36). 1.27	自民党第9回党大会、党近代化方針採択
	7.15	財団法人国民協会設立

	1962（昭37）．7．1	第6回参院選
	1963（昭38）．10.17	自民党第3次組織調査会、「党近代化に関する最終答申」提出
	11.21	第30回総選挙
	1964（昭39）．1.17	自民党第13回党大会、「近代化大会」として乏しい成果
佐藤栄作	11．9	第1次佐藤栄作内閣発足［自民党］
	11.17	公明党結成
	12．1	自民党第15回臨時党大会、佐藤総裁正式選出
	1965（昭40）．1.19	自民党第16回党大会、基本憲章制定
	7．4	第7回参院選
	1966（昭41）．6.28	自民党両院議員総会、労働憲章制定
	1967（昭42）．1.29	第31回総選挙、自民党得票率初の50%割れ
	4.15	東京都知事選挙、美濃部亮吉当選、革新都政成立
	1968（昭43）．7．7	第8回参院選
	1969（昭44）．12.27	第32回総選挙
	1970（昭45）．6.23	日米安保条約自動延長
	1971（昭46）．6.27	第9回参院選
	1972（昭47）．5.15	沖縄の日本復帰
	7．5	自民党第27回臨時党大会、田中角栄総裁選出
田中角栄	7．7	第1次田中内閣発足［自民党］
	9.29	日中国交正常化に関する共同声明調印
	12.10	第33回総選挙、自民党不振、共産党躍進
	12.20	第7次選挙制度審議会、田中首相に審議経過報告書提出
	1973（昭48）．4.27	自民党総務会、小選挙区比例代表並立制導入の党議決定
	5.16	田中内閣、小選挙区法案の第71回国会への提出断念
	10.23	第1次石油危機発生
	1974（昭49）．7．7	第10回参院選、参議院与野党伯仲
	12．4	自民党両院議員総会、椎名裁定に基づき三

		木武夫総裁選出
三木武夫	12. 9	三木内閣発足[自民党]
	1975(昭50). 3.28	国民協会、国民政治協会に改称
	7. 4	公職選挙法・政治資金規正法改正案成立
	1976(昭51). 2. 4	ロッキード事件発覚
	6.25	新自由クラブ結成
	7.27	ロッキード事件で田中前首相逮捕
	12. 5	第34回総選挙、衆議院与野党伯仲
	12.23	自民党両院議員総会、福田赳夫総裁選出
福田赳夫	12.24	福田内閣発足[自民党]
	1977(昭52). 4.25	自民党第33回臨時党大会、総裁予備選挙導入決定
	7.10	第11回参院選
	1978(昭53).11.27	自民党初の総裁予備選挙、大平正芳勝利
	12. 1	自民党第35回臨時党大会、大平総裁選出
大平正芳	12. 7	第1次大平内閣発足[自民党]
	1979(昭54). 4. 8	東京都知事選挙、革新都政崩壊
	10. 7	第35回総選挙、自民党敗北
	1980(昭55). 5.16	大平内閣不信任決議案可決
	6.12	大平首相急死
	6.22	第36回総選挙・第12回参院選、自民党大勝
	7.15	自民党両院議員総会、鈴木善幸総裁選出
鈴木善幸	7.17	鈴木内閣発足[自民党]
	1981(昭56). 3.16	第2次臨時行政調査会(第2臨調)発足
	1982(昭57).11.24	自民党総裁予備選挙、中曽根康弘圧勝
	11.25	自民党第41回臨時党大会、中曽根総裁選出
中曽根康弘	11.27	第1次中曽根内閣発足[自民党]
	1983(昭58). 6.26	第13回参院選、拘束名簿式比例代表制初実施
	10.12	東京地裁、田中元首相に懲役4年実刑判決
	12.18	第37回総選挙、自民党敗北
	12.27	第2次中曽根内閣発足[自民党・新自由クラブ]
	1984(昭59).10.27	二階堂擁立工作表面化
	1985(昭60). 2. 7	竹下登、創政会結成

	2.27	田中元首相、脳梗塞で入院
	4. 1	NTT・JT発足
	8.15	中曽根首相、戦後の首相として初の靖国神社公式参拝
	11.15	自民党立党30周年記念式典
	1986(昭61). 7. 6	第38回総選挙・第14回参院選、自民党圧勝
	8.15	新自由クラブ解党、河野ら自民党復党へ 中曽根首相、靖国神社公式参拝見送り
	1987(昭62). 4. 1	JRグループ発足
	7. 4	経世会(竹下派)結成
	10.31	自民党第48回臨時党大会、竹下登総裁選出
竹下登	11. 6	竹下内閣発足[自民党]
	1988(昭63). 6.18	リクルート事件発覚
	12.24	消費税導入を含む税制改革関連法案成立
	1989(平 1). 5.23	自民党「政治改革大綱」党議決定
	6. 2	自民党両院議員総会、宇野宗佑総裁選出
宇野宗佑	6. 3	宇野内閣発足[自民党]
	7.23	第15回参院選、社会党大勝、自民党惨敗、「ねじれ国会」へ
	8. 8	自民党両院議員総会、海部俊樹総裁選出
海部俊樹	8.10	第1次海部内閣発足[自民党]
	11.21	日本労働組合総連合会(連合)結成
	12. 3	米ソ首脳会談で冷戦終結宣言
	1990(平 2). 2.18	第39回総選挙、自民党勝利
	4.26	第8次選挙制度審議会1次答申
	1991(平 3). 1.17	湾岸戦争勃発
	8. 5	第121回国会召集、海部内閣、政治改革関連3法案国会提出
	9.30	政治改革関連3法案、審議未了・廃案へ
	10.27	自民党総裁選挙、宮沢喜一総裁選出
宮沢喜一	11. 5	宮沢内閣発足[自民党]
	12.26	ソ連解体
	1992(平 4). 5.22	日本新党結成
	7.26	第16回参院選
	8.27	金丸信、東京佐川急便献金問題で自民党副

		総裁辞任
	10.28	竹下派、小渕派と羽田派に分裂
	1993(平 5). 4. 2	自民党、政治改革関連4法案を第126回国会に提出
	6.18	宮沢内閣不信任決議案可決、衆議院解散
	6.21	新党さきがけ結成
	6.23	新生党結成
	7.18	第40回総選挙、新党躍進
	7.30	自民党両院議員総会、河野洋平総裁選出
細川護煕	8. 9	細川護煕内閣発足[社会党・新生党・公明党・日本新党・さきがけなど]
	9.17	第128回国会召集、細川内閣、政治改革関連4法案国会提出
	1994(平 6). 1.28	細川首相・河野自民党総裁会談、法案修正で合意
	1.29	施行期日削除の上、修正政府案成立
	3. 4	政治改革関連4法改正案成立
	4.15	さきがけ、閣外協力へ
	4.25	新生党・日本新党・民社党など統一会派「改新」結成
	4.26	社会党、連立離脱
羽田孜	4.28	羽田孜内閣発足[新生党・公明党・日本新党など、さきがけ=閣外協力]
	5.16	加藤紘一・山崎拓・小泉純一郎(YKK)、グループ新世紀結成
村山富市	6.30	村山富市内閣発足[自民党・社会党・さきがけ]
	12.10	新進党結成
	1995(平 7). 1.17	阪神・淡路大震災発生
	3. 5	自民党第59回党大会、新綱領など採択
	4. 9	東京都知事選挙、青島幸男当選
	6. 9	衆議院本会議で戦後50年国会決議採択
	7.23	第17回参院選、新進党健闘
	9.22	自民党総裁選挙、橋本龍太郎総裁選出
	12.13	政党助成法改正案成立、3分の2条項」撤廃

橋本龍太郎	1996(平 8). 1.11	第1次橋本内閣発足[自民党・社会党・さきがけ]
	1.19	社会党、社会民主党に党名変更
	9.28	(旧)民主党結成
	10.20	第41回総選挙、自民党勝利、新進党敗北
	11. 7	第2次橋本内閣発足[自民党、社民党・さきがけ=閣外協力]
	1997(平 9). 4.17	駐留軍用地特別措置法改正案成立
	5.30	日本会議設立
	11.17	北海道拓殖銀行破綻
	12.27	新進党、解党決定
	1998(平10). 1. 6	自由党結成
	4.27	(新)民主党結成
	6. 1	社民党とさきがけ、閣外協力解消
	6. 9	中央省庁等改革基本法成立
	7.12	第18回参院選、自民党惨敗、「ねじれ国会」へ
	7.24	自民党総裁選挙、小渕恵三総裁選出
小渕恵三	7.30	小渕内閣発足[自民党]
	11. 7	公明党再結成
	1999(平11). 1.14	小渕内閣第1次改造、自自連立発足
	5.24	ガイドライン関連法案成立
	8. 9	国旗・国歌法案成立
	9.21	自民党総裁選挙、小渕総裁再選、加藤紘一・山崎拓敗北
	10. 5	小渕内閣第2次改造、自自公連立発足
	2000(平12). 4. 1	自由党、連立離脱決定
	4. 3	自由党分裂、保守党結成
森喜朗	4. 5	自民党両院議員総会、森喜朗総裁選出、第1次森内閣発足[自民党・公明党・保守党]
	6.25	第42回総選挙
	11.21	森内閣不信任決議案否決、「加藤の乱」失敗
	2001(平13). 1. 6	中央省庁再編実施
	4.24	自民党総裁選挙、小泉純一郎総裁選出
	4.26	第1次小泉内閣発足[自民党・公明党・保

小泉純一郎		守党]
	7.29	第19回参院選、非拘束名簿式比例代表制初実施、自民党勝利
	8.13	小泉首相、靖国神社参拝
	9.11	アメリカ同時多発テロ
	10. 7	米・英軍、アフガニスタン攻撃開始
	2002(平14). 7.24	郵政公社関連法案成立
	9.17	小泉首相、北朝鮮訪問
	12.25	保守党と民主党離党者で保守新党結成
	2003(平15). 3.20	イラク戦争開始
	9.20	自民党総裁選挙、小泉総裁再選
	9.24	民主党・自由党合併(民由合併)
	11. 9	第43回総選挙、民主党健闘
	11.21	保守新党、自民党に合流
	2004(平16). 5.22	小泉首相、北朝鮮再訪問
	7.11	第20回参院選、自民党敗北、民主党改選第1党
	2005(平17). 8. 8	参議院で郵政民営化関連法案否決、衆議院解散
	8.17	国民新党結成
	9.11	第44回総選挙(郵政選挙)、自民党圧勝
	10.14	郵政民営化法案成立
	11.22	自民党立党50年記念党大会、新理念・綱領と「新憲法草案」決定
	2006(平18). 9.20	自民党総裁選挙、安倍晋三総裁選出
安倍晋三	9.26	第1次安倍内閣発足[自民党・公明党]
	12. 4	自民党党紀委員会、造反議員11名の復党承認
	12.15	教育基本法改正案・防衛「省」昇格関連法案成立
	2007(平19). 7.29	第21回参院選、民主党大勝、「ねじれ国会」へ
	9.23	自民党総裁選挙、福田康夫総裁選出
福田康夫	9.26	福田内閣発足[自民党・公明党]
	11. 2	福田首相・小沢民主党代表会談、大連立で合意、民主党役員会で拒否決定
	2008(平20). 6.11	参議院初の首相問責決議案可決

首相	年月日	事項
	9.15	リーマン・ブラザーズ経営破綻、世界金融危機発生
	9.22	自民党総裁選挙、麻生太郎総裁選出
麻生太郎	9.24	麻生内閣発足［自民党・公明党］
	2009(平21). 8. 8	「みんなの党」結成
	8.30	第45回総選挙、自民党大敗、民主党圧勝、政権交代へ
鳩山由紀夫	9.16	鳩山由紀夫内閣発足［民主党・社民党・国民新党］
	9.28	自民党総裁選挙、谷垣禎一総裁選出
	2010(平22). 1.24	自民党第77回党大会、新綱領制定
	2. 5	真・保守政策研究会、創生日本に改称
	4.10	「たちあがれ日本」結成
	5.30	社民党、連立離脱
菅直人	6. 8	菅直人内閣発足［民主党・国民新党］
	7.11	第22回参院選、民主党敗北、「ねじれ国会」へ
	2011(平23). 3.11	東日本大震災発生
野田佳彦	9. 2	野田佳彦内閣発足［民主党・国民新党］
	11.27	大阪府知事選挙・大阪市長選挙で「大阪維新の会」勝利
	2012(平24). 4.27	自民党、「日本国憲法改正草案」発表
	6.26	衆議院で社会保障・税一体改革関連法案可決、小沢一郎ら造反
	7.11	「国民の生活が第一」結成
	8.10	参議院で社会保障・税一体改革関連法案可決・成立
	9.26	自民党総裁選挙、安倍晋三総裁選出
	9.28	「日本維新の会」結成
	12.16	第46回総選挙、自民党圧勝、民主党惨敗、政権交代へ
安倍晋三	12.26	第2次安倍内閣発足［自民党・公明党］
	2013(平25). 7.21	第23回参院選、自民党大勝、「ねじれ国会」解消
	12.26	安倍首相、靖国神社参拝

中北浩爾（なかきた・こうじ）
1968年、三重県生まれ。東京大学大学院法学政治学研究科博士課程中途退学。立教大学法学部教授などを経て、現在、一橋大学大学院社会学研究科教授（政治学）。専門は日本政治外交史、現代日本政治論。
著書に『経済復興と戦後政治』（1998年、東京大学出版会）、『一九五五年体制の成立』（2002年、同前）、『日本労働政治の国際関係史』（2008年、岩波書店）、『現代日本の政党デモクラシー』（2012年、岩波新書）、『自民党——「一強」の実像』（2017年、中公新書）、『自公政権とは何か』（2019年、ちくま新書）など。

NHK BOOKS 1217

自民党政治の変容

2014年5月25日　第1刷発行
2022年5月20日　第2刷発行

著　者　**中北浩爾**　
発行者　**土井成紀**
発行所　**NHK出版**
東京都渋谷区宇田川町41-1　郵便番号150-8081
電話 0570-009-321（問い合わせ）0570-000-321（注文）
ホームページ　https://www.nhk-book.co.jp
振替　00110-1-49701
装幀者　**水戸部 功**
印　刷　**亨有堂印刷所・近代美術**
製　本　**三森製本所**

Printed in Japan　ISBN978-4-14-091217-1 C1331

NHK BOOKS

＊歴史（Ⅰ）

出雲の古代史　門脇禎二
法隆寺を支えた木［改版］　西岡常一／小原二郎
「明治」という国家［新装版］　司馬遼太郎
「昭和」という国家　司馬遼太郎
日本文明と近代西洋―「鎖国」再考―　川勝平太
戦場の精神史―武士道という幻影―　佐伯真一
知られざる日本―山村の語る歴史世界―　白水　智
古文書はいかに歴史を描くのか―フィールドワークがつなぐ過去と未来―　白水　智
関ヶ原前夜―西軍大名たちの戦い―　光成準治
江戸に学ぶ日本のかたち　山本博文
天孫降臨の夢―藤原不比等のプロジェクト―　大山誠一
親鸞再考―僧にあらず、俗にあらず―　松尾剛次
山県有朋と明治国家　井上寿一
明治〈美人〉論―メディアは女性をどう変えたか―　佐伯順子
『平家物語』の再誕―創られた国民叙事詩―　大津雄一
歴史をみる眼　堀米庸三
天皇のページェント―近代日本の歴史民族誌から―　T・フジタニ
禹王と日本人―「治水神」がつなぐ東アジア―　王　敏
江戸日本の転換点―水田の激増は何をもたらしたか―　武井弘一
外務官僚たちの太平洋戦争　佐藤元英
天智朝と東アジア―唐の支配から律令国家へ―　中村修也
英語と日本軍―知られざる外国語教育史―　江利川春雄
象徴天皇制の成立―昭和天皇と宮中の「葛藤」―　茶谷誠一
維新史再考―公議・王政から集権・脱身分化へ―　三谷　博
壱人両名―江戸日本の知られざる二重身分―　尾脇秀和
戦争をいかに語り継ぐか―「映像」と「証言」から考える戦後史―　水島久光

※在庫品切れの際はご容赦下さい。